राष्ट्रपिता
की
पत्रकारिता

राष्ट्रपिता की पत्रकारिता

प्रो. (डॉ.) अर्जुन तिवारी

वाणी प्रकाशन

वाणी प्रकाशन
4695, 21-ए, दरियागंज, नयी दिल्ली 110 002
फ़ोन : +91 11 23273167 फ़ैक्स : +91 11 23275710
शाखाएँ
अशोक राजपथ, पटना 800 004, बिहार
कॉफ़ी हाउस कैम्पस, महात्मा गांधी मार्ग, इलाहाबाद 211 001, उत्तर प्रदेश
महात्मा गांधी अन्तरराष्ट्रीय हिन्दी विश्वविद्यालय, वर्धा 442 001, महाराष्ट्र
सुल्तानिया रोड, मोतिया पार्क, भोपाल 462 001, मध्य प्रदेश
www.vaniprakashan.in
marketing@vaniprakashan.in
sales@vaniprakashan.in

RASHTRAPITA KI PATRAKARITA
by Prof. (Dr.) Arjun Tiwari

ISBN : 978-93-88684-93-4
Journalism

प्रथम संस्करण 2019

मूल्य : ₹ 495

सिटी प्रेस, दिल्ली-110 095 में मुद्रित

वाणी प्रकाशन का लोगो मक़बूल फ़िदा हुसेन की कूची से

विश्ववंद्य बापू के निमित्त...

"आने वाली पीढ़ियाँ शायद ही विश्वास करें कि गांधी जैसा हाड़-मांस का पुतला कभी इस धरती पर हुआ होगा।"

अल्बर्ट आइन्स्टीन

बम्बई, 3 जून। "**यदि संसार विनाश और तबाही से बचना चाहता है तो उसका नेतृत्व निश्चित रूप से महात्मा गांधी द्वारा होना चाहिए। उनके सत्य और अहिंसा के सिद्धान्त से ही इस समय एक मात्र आशाएँ हैं।**" कान्दिवली व्यायाम मन्दिर का उद्घाटन करते हुए **सरदार बल्लभ भाई पटेल** ने उपरोक्त शब्द कहे।

हिन्दुस्तान, 4 जून 1940 ई.

गांधी अपने राष्ट्र की अनुपम विभूति हैं। उनको पाकर हम भारतवासी भाग्यवान हैं क्योंकि हमारे राष्ट्रपिता भारत ही नहीं पूरे विश्व में शान्ति, अहिंसा, प्रेम, सद्भाव जैसे व्यापक महत्ता वाले मानव मूल्यों के प्रेरक हैं। उन्होंने धरती के प्राणियों की अस्मिता को पहचाना, सबके दुःख-दर्द को जाना, स्थिति-परिस्थिति को समझा तथा सब जनहिताय सब जन सुखाय की यात्रा पर निकल पड़े। गांधी जी ने भारत को चैतन्य किया, विश्व की लोकशक्ति को जगाया, तन-मन-धन-वचन से सत्य, अहिंसा, सेवा, सद्भाव के द्वारा मानवता की अभूतपूर्व सेवा की। श्रम, सेवा, सहयोग की प्रवृत्ति को जगाने के लिए महामानव गांधी जी ने जीवन-जगत् के अन्तःसूत्रों को जोड़ने वाली, चेतना की संवाहिका पत्रकारिता को अपनाया और उसे गौरवदीप्त किया।

सत्य के उद्गाता, स्वतंत्रता के अनुष्ठाता, कर्त्तव्य पथ के पथिक गांधी की लेखनी **'द वेजीटेरियन'**, **'ग्रीन पैम्फलेट'**, **'इंडियन ओपिनियन'**, **'यंग इंडिया'**, **'सत्या ग्रही'**, **'हरिजन'**, **'नवजीवन'** के माध्यम से नयी-नयी प्रतिभाओं, आन्दोलनों को जन्म देती रही। इन पत्रों ने लोक-मानस को सशक्त वाणी दी जिससे

विराट पुरुष जाग उठा। युगीन चेतना की रश्मियों से मंडित, जागरण स्वर से झंकृत, निर्माण और विकास की वंशी को टेरने वाली गांधी की पत्रकारिता वस्तुतः विश्व पत्रकारिता की थाती है। उनके द्वारा सम्पादित पत्र स्वतः संस्था, विचार एवं मंच हो चुके हैं जिनसे भूतकाल तेजोदीप्त था, वर्तमान स्पृहणीय है और भविष्य उज्ज्वल बन सकता है।

सम्प्रति पत्रकारिता विचित्र है। चरित्र और चेतना के हनन, स्वार्थ साधन, शोषण तथा साजिश का बोलबाला है। सुविधाभोगी पत्रकारिता विज्ञापन की वैशाखी पर घिसट रही है। व्यवस्था का रिंग मास्टर तथाकथित स्वतंत्र मीडिया को नचा रहा है। मानवीय मूल्य प्रौद्योगिकी के शिकार हैं। ऐसे समय में युगपुरुष गांधी स्वतः याद आ रहे हैं जो पत्रकारिता-जगत हेतु आदर्श और अनुकरणीय हो चुके हैं। विनोबा भावे ने लिखा–"भगवान की अपार कृपा है कि उसने मुझे बापू के चरणों में स्थिर किया....आश्रम में आने के बाद मुझे आँख मिल गई। बापू का आश्रम मेरे लिए दृष्टिदायी मातृस्थान है।" मेरी हार्दिक इच्छा है कि पूज्य विनोबा की भाँति सभी पत्रकारों को रचनात्मक दृष्टि मिल जाय।

वर्तमान पत्रकारिता के सामने कई चुनौतियाँ हैं। प्रिंट और इलेक्ट्रॉनिक मीडिया दोनों ही बाजार, राजनीतिक और वैश्विक सरोकारों को लेकर एक खास दिशा की ओर आगे बढ़ रहे हैं। 'पेडन्यूज' और इसी की तर्ज पर होने वाले निहित स्वार्थ के दाँव पत्रकारिता को जिस हद तक प्रभावित कर रहे हैं–यह एक कठिन चुनौती हो रही है। वह सामाजिक संचार और परिवर्तन का अचूक उपकरण बन चुका है पर कभी-कभी भस्मासुर की याद दिलाता है। ऐसे परिप्रेक्ष्य में जब हम डेढ़ शताब्दी पहले के रूप पर गौर करते हैं तो महात्मा गांधी की पत्रकारिता का एक अलग ही स्वरूप दिखलाई पड़ता है। पीड़ित, दलित मानवता की आवाज सुनना और अन्याय के प्रति आग्रहपूर्वक विरोध दर्ज करना गांधी जी की पत्रकारिता का मूल स्वर रहा है। यहाँ पूज्य बापू के व्याख्यान, लेखन सब में स्पष्ट अनुशासन की छवि देखी जा सकती है। वे शब्दों के साधक थे, उनकी शैली सरलता और लालित्य से परिपूर्ण है। गांधी की पत्रकारिता की शैली प्रश्नों, सरोकारों को जिस तरह उठाती है और बेबाक ढंग से मनुष्यता के तर्क के आधार पर प्रतिकार, सहयोग और सहकार का आवाहन करती है, वह पाठक पर जादुई असर करने में सफल होती है।

बापू के प्रति मेरी निष्ठा के मूल में माननीय प्रोफेसर श्री गिरीश्वर मिश्र (कुलपति-महात्मा गांधी अन्तरराष्ट्रीय हिन्दी विश्वविद्यालय वर्धा, महाराष्ट्र) की प्रेरणा है। भारत के वरिष्ठ पत्रकार और माधव राव सप्रे संग्रहालय, भोपाल के सर्वस्व श्री विजयदत्त श्रीधर के प्रोत्साहन से ग्रन्थ की रचना हुई। इसके प्रकाशन को राष्ट्रहित

में अत्यन्त उपयोगी समझकर वाणी प्रकाशन, नई दिल्ली के श्री अरुण माहेश्वरी ने तत्काल ठोस कदम उठाया। एतदर्थ मैं सभी का ऋणी हूँ तथा सबके यशस्वी जीवन की शुभकामना व्यक्त करता हूँ। काल के कपाल पर अमिट हस्ताक्षर गांधी जी की डेढ़ सौवीं जयन्ती की सार्थकता तभी सिद्ध होगी जब मीडिया-जगत इस विश्व पत्रकारिता के आलोक पुरुष से स्वतः दीपित हो तथा विश्व शांति, विश्व विकास एवं विश्व कल्याण पथ को प्रशस्त करे।

15 अगस्त, 2018

अर्जुन तिवारी

निदेशक
काशी पत्रकारिता पीठ
एन-10/29 के-1,
जानकी नगर, बजरडीहा,
वाराणसी

अनुक्रम

अध्याय-1
राष्ट्रपिता से विश्ववंद्य तक की यात्रा 11

अध्याय-2
परम पावन जीवन-जाह्नवी 20

अध्याय-3
श्रद्धार्चन 41

अध्याय-4
स्मृति-मन्दाकिनी 46

अध्याय-5
'सत्यमेव जयते' और गांधी 71

अध्याय-6
सत्य ही परमेश्वर है 91

अध्याय-7
पत्रकारिता में गांधी का प्रवेश 98

अध्याय-8
'इंडियन ओपिनियन' : एक वैश्विक विचार-पत्र 105

अध्याय-9
'यंग इंडिया' और निष्पक्ष पत्रकारिता 124

अध्याय-10

नवजीवन 139

अध्याय-11

'हरिजन' : अप्रतिम विचार-पत्र 146

अध्याय-12

गांधी का सम्पादन कौशल 166

अध्याय-13

विज्ञापन और गांधी जी 175

अध्याय-14

राष्ट्रपिता और राष्ट्रभाषा 187

अध्याय-15

पत्रकारिता जिनकी चिर ऋणी है 196

परिशिष्ट-I

एक अचूक मंत्र 207

परिशिष्ट-II

आज मेरी भी दास्तां सुनो 208

परिशिष्ट-III

नील का धब्बा 210

परिशिष्ट-IV

गांधी के पंत्रों की झाँकी 213

अध्याय-1

राष्ट्रपिता से विश्ववंद्य तक की यात्रा

एक सामान्य कद-काठी का व्यक्ति अपनी सत्य-अहिंसा की साधना, त्याग-तपस्या से मानव, महामानव, राष्ट्रपिता, राष्ट्रनायक, राष्ट्रदेव से लेकर विश्ववंद्य तक की यात्रा पूरी कर लेता है। यही अनमोल हीरा गांधी विधाता का अनुपम वरदान है जो बालक मोहनदास, बैरिष्टर गांधी, कर्मवीर गांधी, सम्पादक गांधी, महात्मा गांधी, लोक देवता गांधी, विश्ववंद्य गांधी के रूप में हमारा राष्ट्रपिता है। इसी भारतीय संस्कृति के उन्नायक, बहुआयामी व्यक्तित्व के प्रति वरिष्ठतम कवयित्री कैथलीन रेन के उद्गार मननीय हैं–

"**भारत बचेगा तो दुनिया भी बचेगी।** विश्व में भारत ही एक ऐसा देश है जिसकी संस्कृति सही मायने में विश्वजनीन है। भारत की चराचरवादी, पावनतामूलक विश्वदृष्टि ही विश्वमानवता की आशा का आधार है। उसकी लौ को इस झंझावत में बुझने से बचाना हम सबका कर्त्तव्य है।"

विश्ववंद्य....राष्ट्रपिता : चिन्तन-अनुचिन्तन

राष्ट्रगीत में भला कौन वह भारत भाग्य विधाता है।
फटा सुथन्ना पहने जिसके गुन हरचरना गाता है।।

–रघुवीर सहाय

"जब हमारे युग के सभी राजाधिराज और सेनापति, जो आज इतना शोर करते हैं और जीवन में जिन्हें इतना प्रमुख स्थान प्राप्त है, वे सब विस्मृति के गर्त में समा चुकेंगे, महात्मा जी फिर भी '**गौतम बुद्ध के बाद सबसे बड़े भारतीय और ईसा के बाद सबसे बड़े मानव**' के रूप में जीवित और सम्मानित रहेंगे।"

–जान हेन्स होम्स

जिस तरह लोगों ने महात्मा ईसा को मारा था
उसी तरह लोगों ने महात्मा गांधी को मार डाला।

—पर्लबक

"आधुनिक इतिहास में किसी भी एक व्यक्ति ने अपने चरित्र की वैयक्तिक शक्ति, ध्येय की पावनता और अंगीकृत उद्देश्य के प्रति निस्वार्थ निष्ठा से लोगों के दिमागों पर इतना असर नहीं डाला। मेरा विश्वास है कि दूसरे पैगम्बरों की भाँति उनका महान कार्य आगे चलकर सामने आएगा।"

—फिलिप नोएल बेकर

6 जुलाई, 1944 को 'आजाद हिन्द रेडियो' से महात्मा गांधी के नाम प्रसारित संदेश में राष्ट्रनायक सुभाषचन्द्र ने महात्मा गांधी को सबसे पहले **'राष्ट्रपिता'** सम्बोधित किया–

"हमारे राष्ट्रपिता! भारत की आजादी की इस पावन लड़ाई में हम आपके आशीर्वाद और शुभकामनाओं की कामना कर रहे हैं। जय हिन्द।"

राष्ट्रनायक श्री बोस ने राष्ट्रपिता को बतलाया–"युद्ध के दौरान दुनिया भर में घूमने के बाद और भारत-बर्मा सीमा पर तथा भारत के भीतर दुश्मन की अंदरूनी कमजोरियों को देखने के बाद और अपनी ताकत और साधनों का जायजा लेने के बाद मुझे इस बात का पूरा भरोसा है कि आखिरी जीत हमारी होगी।"

"भारत की आजादी का आखिरी युद्ध शुरू हो चुका है। आजाद हिन्द फौज के सैनिक भारत की भूमि पर बहादुरी से लड़ रहे हैं और हर तरह की कठिनाई के बावजूद वे धीरे-धीरे किन्तु दृढ़ता के साथ आगे बढ़ रहे हैं। जब तक आखिरी ब्रिटिश भारत से बाहर नहीं फेंक दिया जाता और जब तक नई दिल्ली में वायसराय हाउस पर हमारा तिरंगा शान से नहीं लहराता, यह लड़ाई जारी रहेगी।"

गांधी जी के प्रति गुरुदेव के उद्‌गार :

गुरुदेव ने विभिन्न अवसरों पर महात्मा गांधी के बारे में जो कहा, उनमें से कुछ उद्‌गार यहाँ दिए जा रहे हैं–

1. हम लोग इतने बिखरे हुए थे, इतने निराश कि कई लोग मानने लगे थे कि भारत अपने बल-बूते पर शायद ही उठ सके। तभी एक महान आत्मा का, एक महान नेता का, उदय हुआ **जिनके पीछे महान संतों की एक लंबी परंपरा है। उनका नाम है महात्मा गांधी।**
2. हम सभी के हृदय में निवास करने वाले प्रभु को उपनिषद में महात्मा कहा

गया है। आज हम जिनका सम्मान करने जा रहे हैं, उन्हें उचित ही महात्मा कहा गया है। **उनका निवास किसी व्यक्ति तक सीमित नहीं है, उसका आवास तो करोड़ों के हृदय में है।**

3. गांधीजी ने निरीह अहिंसा को श्रेष्ठतम शौर्य बना दिया है। उनकी अहिंसा ताकतवर की हिंसा के लिए शाश्वत चुनौती है। हम अहिंसा की उस ऊँचाई तक शायद न भी पहुँच सकें, फिर भी हमें उसका स्वीकार करना चाहिए, उसमें विश्वास करना चाहिए। क्योंकि आज हमारे बीच में एक ऐसा आदमी है, जिसने अपने जीवन और अपने कार्य से अहिंसा का ऊँचा प्रतिमान स्थापित किया है। हम उनका अनुसरण करें।
4. यहाँ तक कि महाभारत में भी, सभ्य पश्चिम के युद्धों की तो बात ही नहीं करता, हम देखते हैं कि 'धर्मयुद्ध' भी हिंसा और क्रूरता से भरा है। संभवतः पहली बार कहा गया है कि हमें जीवन देना है, लेना नहीं, मरना है, मारना नहीं; फिर भी हम जीतेंगे! हिंसक युद्ध में मृत्यु यानी अंत, अहिंसक युद्ध में मृत्यु के बाद अमरत्व, पराजय के बाद विजय।
5. हमें अपने देश के भविष्य को लेकर निराश होने की आवश्यकता नहीं क्योंकि एक दुर्दम्य आत्मा का आविर्भाव हो चुका है। महात्मा गांधी ने हमें यह राह दिखाई है जिस पर चलने पर हम न केवल अपना उद्धार कर सकेंगे, बल्कि दूसरों को अपना उद्धार करने में भी सहायक सिद्ध हो सकेंगे।
6. जो सत्य के बल पर विजय प्राप्त करते हैं, शरीर न रहने पर भी उनका प्रभाव बना रहता है और हम सभी जानते हैं कि महात्माजी में यह शक्ति है।
7. शस्त्र और सेना हमारे घरों में कभी नहीं घुस पाते, अगर हमने उन्हें आश्रय न दिया होता। हमने खुद होकर उनके आगे हार मान ली है। महात्माजी ने हमें अपनी इस कायरता से मुक्त किया है। उनके जीवन का यह संदेश समूचे देश में फैल चुका है और हमारी अकर्मण्यता को भगा रहा है। साधक गांधी का यह रूप, जो इस शक्ति के तेज से दैदीप्यमान है, शाश्वत की आधारशिला पर खड़ा है।

सरदार पटेल का भाषण—बम्बई, 3 जून। "**यदि संसार विनाश और तबाही से बचना चाहता है तो उसका नेतृत्व निश्चित रूप से महात्मा गांधी द्वारा होना चाहिए।** उनके सत्य और अहिंसा के सिद्धान्त से ही इस समय एकमात्र आशाएँ हैं।" कान्दिवली व्यायाम मन्दिर का उद्घाटन करते हुए सरदार बल्लभ भाई पटेल ने उपरोक्त शब्द कहे।

4 जून, 1940, हिन्दुस्तान दैनिक

"गांधीजी अपनी जनता के ऐसे नेता थे, जिसे किसी बाह्य सत्ता की सहायता प्राप्त नहीं थी। वे एक ऐसे राजनीतिज्ञ थे, जिसकी सफलता न चालाकी पर आधारित थी और न किसी शिल्पिक उपायों के ज्ञान पर, बल्कि उनके व्यक्तित्व की दूसरों को कायल कर देने की शक्ति पर ही आधारित थी। वे एक ऐसे विजयी योद्धा थे, जिसने बल-प्रयोग का सदा उपहास किया। वे बुद्धिमान, नम्र, दृढ़-संकल्पी और अडिग निश्चय के व्यक्ति थे। उन्होंने अपनी सारी ताकत अपने देशवासियों को उठाने और उनकी दशा सुधारने में लगा दी। वे एक ऐसे व्यक्ति थे जिसने यूरोप की पाशविकता का सामना मानवी यत्न के साथ किया और इस प्रकार सदा के लिए सबसे ऊँचे उठ गए।

—अलबर्ट आइन्सटीन

"उन्होंने चाहे किसी धर्म की प्रतिष्ठा न की हो, पर वे धर्म-प्रवर्तकों के साथ रखे जा सकते हैं। वे बड़े कलाकारों के साथ हैं हालाँकि कला उनके जीवन का माध्यम नहीं थी। वे उन सभी स्त्री-पुरुषों के साथ हैं, जिन्होंने यंत्रवाद और विप्लव से अलग जीवन में कोई नई बात खोजने की कोशिश की, जिन्होंने आनन्द को स्वामित्व या अधिकार से, विजय को सफलता से सदा अलग समझा और जिनका प्रेम में अटल विश्वास रहा।"

—स्टैफर्ड क्रिप्स

"गांधी जी अनुपम है। उनकी स्थिति के किसी अन्य व्यक्ति का, जिसने एक महान साम्राज्य को चुनौती दी हो, दूसरा उदाहरण नहीं मिलता। वे कार्यक्षेत्र में और बुद्धि में सुकरात के समान थे। उन्होंने अपने उद्देश्य की प्राप्ति के लिए हिंसा का सहारा लेने वाले राजनीतिज्ञों के तरीकों के थोथेपन को विश्व के सामने रखा। इस संघर्ष में आत्मिक संपूर्णता ने राज्य-बल के भौतिक प्रतिरोध पर सफलता पाई।"

—डॉ. फ्रांसिस नीलसन

('ट्रेजिडी ऑव यूरोप' पुस्तक से)

"मनुष्यों में से एक देव उठ गया। यह कृशकाय छोटा-सा व्यक्ति अपनी आत्मा की महानता के कारण मनुष्यों में देव था।"

—ट्रूमेन

"उनकी किताबों से रोशनी लेता हूँ।"

—बर्ट्रेंड रसल

"दुनिया ने दूसरी बार ईसा को सूली पर चढ़ते देखा।"

–श्रीमती पर्लबक

"गांधी के लिए राजनीति कोई बहुत भारी चीज नहीं है और मूंगफली कोई मामूली चीज नहीं है। एक लेख में गांधी भारत के लिए कैसी आजादी चाहिए इसकी व्याख्या करते थे और दूसरी में मिठाई बनाने के लिए दिये जाने वाले चीनी के राशन में कमी करने की मांग करते थे। तीसरे में अपराध और अपराधियों की समस्या पर विचार करते और चौथे में यह आशा प्रकट करते थे कि स्वतंत्र भारत में सेनाएँ रखने के बारे में नियंत्रण से काम किया जाएगा। पाँचवें में वे यह फैसला करते हैं कि झूठ बोलना किसी भी अवस्था में उचित नहीं हो सकता और सत्य बोलने में किसी अपवाद की स्वीकृति की गुंजाइश नहीं।"

–पत्रकार लुई फिशर

"हममें से बहुत-से गोरे लोग मानते थे कि वह एक शेखचिल्ली और निश्चय ही ऐसे व्यक्ति थे जिनका असलियत से कोई संबंध न था। हमारे युग के शक्तिशाली व्यक्तियों–रूजवेल्ट, चर्चिल और स्तालिन–की तुलना में वे अपनी चादर और लंगोटी में असर डालने वाले नहीं दीखते थे। लेकिन दुर्बलों से ही तो एक बार कहा गया था कि उन्हें दुनिया का राज्य मिलेगा, और अब हर जगह आदमी आश्चर्य करते हैं कि यह दुर्बल व्यक्ति हमारे युग का सबसे शक्तिशाली मनुष्य था।"

–मिल्टन मेयर

"महात्मा गांधी वर्तमान विश्व के सबसे महान व्यक्तियों में से एक थे, लेकिन उनके विषय में ऐसा लगता था मानो वे किसी और युग के प्राणी हों। वे घोर तपश्चर्या का जीवन व्यतीत करते थे और उनके **करोड़ों देशवासी उन्हें दैवी-प्रेरणा प्राप्त संत मानते थे**।"

–क्लीमेण्ट एटली

"अपने जीवनकाल ही में गांधी जी के साथ एक पौराणिक हस्ती की कहानी जुड़ गई थी, वे एक प्रतिमा बन गए थे जिसके नाम की शपथ ली जा सकती है। एक आश्चर्यजनक शक्ति और ईश्वरी गुणों के प्रतीक का स्थान उन्हें मिल गया था।"

–हरमन ओल्ड

माधवराव सप्रे स्मृति समाचार-पत्र संग्रहालय एवं शोध संस्थान, भोपाल के संस्थापक-संयोजक श्री विजयदत्त श्रीधर, आधुनिक हिन्दी पत्रकारिता के पितामह के

रूप में प्रतिष्ठित हैं। गांधी-चिंतन से संदर्भित 'महामानव गांधी' एक अनूठी कृति है जिसकी प्रस्तावना में श्रद्धेय श्रीधर जी ने **राष्ट्रपिता गांधी के विश्ववंद्य तक की अनुकरणीय यात्रा** को मंत्रवत् रेखांकित किया है जिसको अविकल रूप में प्रस्तुत किया जा रहा है–

राजनीतिक इतिहास बताता है कि महात्मा गांधी की असहमति और मतभेद के कारण त्रिपुरी कांग्रेस में निर्वाचित अध्यक्ष नेताजी सुभाषचन्द्र बोस को कांग्रेस छोड़कर आजाद हिन्द फौज के गठन का मार्ग अपनाना पड़ा था। उन्होंने देश छोड़ा और दूसरे महायुद्ध में उलझे इंग्लैण्ड के खिलाफ सशस्त्र संग्राम छेड़ा। संग्राम शुरू करते समय आजाद हिन्द रेडियो से जो पहला संदेश प्रसारित किया उसमें महात्मा गांधी को 'राष्ट्रपिता' सम्बोधित किया था। उनसे भारत की आजादी के लिए अपने संग्राम की सफलता का आशीर्वाद माँगा था। नेताजी भारतीय राजनीति के सबसे मेधावी महानायकों में से थे। वे इस हकीकत को जानते थे कि भारत के जनमानस में गांधी जी की पैठ कितनी गहरी है। जनता उन्हें अपार मान-सम्मान देती है। उन पर गहरी आस्था रखती है। नेताजी बहुत खुले दिल और दिमाग वाले थे, धीरोदात्त नायक के गुणों से भरपूर। **पहले पहल उन्होंने ही 'राष्ट्रपिता' विरुद का प्रयोग महात्मा गांधी के लिए किया।** नेताजी के इस सम्बोधन को देश ने तहे दिल से अपनाया। !

एक और अद्‌भुत-अलौकिक दृष्टान्त, महात्मा गांधी के लोक देवता स्वरूप का। एक दिसम्बर 1933 की घटना है। महात्मा गांधी सुबह तड़के पैसेंजर ट्रेन से जबलपुर से करेली पहुँचते हैं। इस ऐतिहासिक हरिजन दौरे में उनके साथ सेठ गोविन्ददास और व्योहार राजेन्द्र सिंह भी थे। गांधी जी को बरमान होते हुए अनन्तपुरा-देवरी जाना था। नर्मदा पर तब पुल नहीं था। नाव से नदी पार करना पड़ती थी। परन्तु यहाँ भारी असमंजस की स्थिति बन गई। ढीमर (मल्लाह) अड़ गया कि पहले पाँव पखारूँगा, फिर गांधी जी को नाव में चढ़ाकर उस पार उतारूँगा। ऐसा ही तो त्रेता युग में भगवान राम के साथ केवट ने किया था। परन्तु तब श्रीराम के स्पर्श से पत्थर बन गई अहिल्या का उद्धार हुआ था, इसलिए केवट संशय में था। परन्तु गांधी जी के साथ ऐसा क्यों हुआ ? बापू के सामने विकट समस्या, पुण्य सलिला नर्मदा मैया के जल से पाँव कैसे पखारने दें ! अन्ततः समाधान निकला। पहले महात्मा गांधी ने नर्मदा मैया की पूजा की, फिर मल्लाह को पाँव पखारने की अनुमति दे दी। परात में उसने बापू के पाँव पखारे। फिर परिजनों को चरणामृत पान कराया। तब गांधी जी को नर्मदा पार उतारा।

दरअसल, लोक मानस में महात्मा गांधी की छवि चमत्कारी महापुरुष की बन गई थी। तभी तो लोक गाथाओं में, लोक काव्य में, उनके नाना रूप में, जितनी महात्मा जी की गाथा गाई गई है, लोक आस्था का वैसा विस्तीर्ण फलक भारत में और किसी को नसीब नहीं हुआ। सुदूर आंचलिक और जनजातीय संस्कृतियों में भी बापू सघनता से रचे-बसे हैं। साहित्य ने और किसी नायक को इतना नहीं अपनाया।

एक और दृष्टान्त। दुनिया भर में महापुरुषों के सम्मान में स्मारक डाक टिकिट जारी किए जाते हैं। परन्तु यह एक दुर्लभ दृष्टान्त है कि **महात्मा गांधी ऐसे इकलौते महामानव हैं जिनके सम्मान में 150 देशों ने 381 डाक टिकिट जारी किए हैं। आगामी 2 अक्टूबर, 2019 को जब गांधी जी की 150वीं जयन्ती दुनिया भर में मनाई जाएगी, तब तक डाक टिकिटों की संख्या और भी बढ़ जाएगी।** इससे महात्मा गांधी का विश्ववंद्य स्वरूप प्रकट होता है, पुष्ट होता है।

अब चलें विज्ञान की ओर! महान वैज्ञानिक अलबर्ट आइन्सटीन ने कहा है–"आने वाली पीढ़ियाँ शायद मुश्किल से ही यह विश्वास कर सकेंगी कि गांधी जी जैसा हाड़-मांस का पुतला कभी इस धरती पर हुआ होगा।"

जान हेन्स होम्स ने कहा है–"जब हमारे युग के सभी राजाधिराज और सेनापति, जो आज इतना शोर करते हैं और जीवन में जिन्हें इतना प्रमुख स्थान प्राप्त है, वे सब विस्मृति के गर्त में समा चुकेंगे, महात्मा जी फिर भी 'गौतम बुद्ध के बाद सबसे बड़े भारतीय और ईसा के बाद सबसे बड़े मानव' के रूप में जीवित और सम्मानित रहेंगे।"

महात्मा गांधी क्या हैं? **उन्नीसवीं शताब्दी उनके जन्म की, बीसवीं शताब्दी कर्म की और इक्कीसवीं सदी विकल्प की है।** हिंसा-द्वेष-कलह-क्लेश की मारी इस दुनिया की मुक्ति और अस्तित्व-रक्षा का उपाय गांधी-मार्ग का अवलंबन ही है।

यह साधारण मानव के अपनी त्याग-तपस्या और कष्ट-साधना से महामानव बनने का दृष्टान्त है। मोहनदास! बैरिस्टर एम.के. गांधी! कर्मवीर गांधी! संपादक गांधी! महात्मा गांधी! लोकदेवता गांधी! राष्ट्रपिता महात्मा गांधी! महामानव गांधी! व्यक्ति एक, स्वरूप अनेक। बहुआयामी व्यक्तित्व, कालजयी कृतित्व। सत्य और अहिंसा का व्रत तथा साध्य के साथ-साथ साधनों की भी पवित्रता का ह

दक्षिण अफ्रीका में बतौर बैरिस्टर जाने वाले मि. एम.के. गांधी

से मुठभेड़ होती है कि गांधी जी की सोच और दृष्टि बदल जाती है। एक सच्चे भारतीय का जन्म होता है। 'सत्याग्रह' का अमोघ अस्त्र सिद्ध होता है। 'हिन्द स्वराज' सदृश बीज मंत्र की रचना होती है। दक्षिण अफ्रीका में गांधीजी के सफल संघर्ष की कीर्ति-कथा उनके भारत लौटने के पहले भारत के कोने-कोने में पहुँच जाती है। परन्तु गांधी जी सफलता के घोड़े पर सवार होकर भारत नहीं आते। वे गोखले जी की सलाह मानकर भारत भ्रमण पर निकलते हैं। ट्रेन के तीसरे दर्जे में सफर करते हैं। भारत में पहचान करने का यह तरीका उन्हें जन समाज से जोड़ता है। आम लोगों के दुख-तकलीफें, समस्याएँ-कठिनाइयाँ, उम्मीदें, सबसे उनका साक्षात्कार होता है।

सन् 1916 की लखनऊ कांग्रेस में चम्पारण के किसान राजकुमार शुक्ल गांधीजी से मिलते हैं। चम्पारण के किसानों की अमानुषिक पीड़ाओं की जानकारी देते हैं। तीन कठिया प्रथा किसानों के लिए आफत बनी हुई थी। किसानों को अपनी जमीन के 3/20 हिस्से में मजबूरन नील की खेती करनी पड़ती थी। राजकुमार शुक्ल ने गांधी जी को न्योता दिया कि वे किसानों की लड़ाई लड़ें। निलहे अँगरेजों के अत्याचारों से उन्हें मुक्ति दिलाएँ। लखनऊ में गांधीजी ने इतना ही आश्वासन दिया कि पहले वे स्थिति का जायजा लेंगे, तभी कोई फैसला करेंगे। धुन के पक्के राजकुमार शुक्ल लखनऊ से कानपुर और कोलकाता तक गांधी जी के पीछे पड़े रहे हैं। अप्रैल, 1917 के मध्य में राजा जनक की भूमि चम्पारण में किसानों की पीड़ा से साक्षात्कार करने गांधी जी पहुँच गए। उनकी दीन दशा से रू-ब-रू हुए। किसानों को जागरूक किया, भय की कैद से निकाला, एकजुट किया। सत्याग्रह के अमोघ अस्त्र का प्रयोग किया। अन्ततः चम्पारण सत्याग्रह की सफल परिणति हुई।

चम्पारण सत्याग्रह के दो फलितार्थ हुए। एक, भारत की आजादी की लड़ाई का पथ प्रशस्त हुआ। दो, किसानों का सवाल राष्ट्रीय एजेण्डा बना। कुछ और प्रयोग इसी दिशा में आगे बढ़े। जैसे दांडी मार्च, अर्थात् सन् 1930 का नमक सत्याग्रह। बापू ने तो समुद्र तट से केवल मुट्ठी भर नमक उठाया था, परन्तु कोटि-कोटि भारतवासियों को गुलामी के अभिशाप का अहसास करा दिया। रोजमर्रा की जरूरतों में सबसे सस्ती, लेकिन सबसे जरूरी चीज, ऐसी अपरिहार्य वस्तु जिसे किसी धर्म, किसी जाति, किसी वर्ग, किसी आयु वाला व्यक्ति नकार नहीं सकता। नमक तक मयस्सर नहीं, मुक्त नहीं। बाद के बरसों में गांधी जी ने दलितों के साथ अमानुषिक बरताव का शमन करने पर ध्यान केन्द्रित किया। अछूतोद्धार का कार्यक्रम हाथ में लिया। देश भर में अलख जगाने निकल पड़े। समाज का एक

बड़ा श्रमशील हिस्सा उपेक्षा का दंश झेले। निर्ममता और छुआछूत का अत्याचार सहे। यह किसी सभ्य समाज की निशानी तो नहीं! गांधी जी के प्रभावी हस्तक्षेप ने समाज की सोच को बदलने की ठोस नींव रखी।

गांधीजी आजादी की कसौटी मानते थे समाज के अंत्य जन के जीवन में खुशहाली की रोशनी लाना। वे कहते भी थे–''जब भी तुम्हें संदेह हो या तुम्हारा अहं तुम पर हावी होने लगे तो यह कसौटी आजमाओ। जो सबसे गरीब और कमजोर आदमी तुमने देखा हो उसको याद करो और अपने दिल से पूछो कि जो कदम उठाने का तुम विचार कर रहे हो वह उस आदमी के लिए कितना हितकारी होगा।''

अध्याय-2

परम पावन जीवन-जाह्नवी

(क) गांधी-जीवन-जाह्नवी

2 अक्टूबर 1869 – जन्म, पोरबंदर, गुजरात (सुदामापुरी, काठियाबाड़)।

1883 – कस्तूरबा से विवाह।

1887 – अहमदाबाद से मैट्रिक परीक्षा उत्तीर्ण।

4 सितम्बर 1888 – बैरिस्टरी पढ़ने के लिए इंग्लैण्ड प्रस्थान।

12 जनवरी 1891 – बैरिस्टरी की परीक्षा में उत्तीर्ण।

10-11 जून 1891 – ब्रिटिश अदालत जाकर उच्च-न्यायालय में नामांकन।

12 जून 1891 – इंग्लैंड से हिंदुस्तान के लिए प्रस्थान।

6 जुलाई 1891 – हिंदुस्तान में रायचंदभाई (श्रीमद् राजचंद्र) से परिचय, जिन्हें बाद में गुरु समान समझा।

16 नवंबर 1891 – बंबई हाईकोर्ट में दाखिला लिया।

24 मई 1892 – वकालत आरंभ करने के निमित्त बंबई में आगमन।

19 अप्रैल 1893 – पोरबंदर की एक व्यापारिक फर्म की ओर से बैरिस्टर के रूप में दक्षिण अफ्रीका के लिए प्रस्थान।

31 मई 1893 – वैध टिकट रहने पर भी पीटरमारित्सबर्ग रेलवे स्टेशन पर प्रथम श्रेणी के रेल डिब्बे से बाहर निकलने का आदेश दिया गया। आदेश न मानने पर उनके सामान को रेल के डिब्बे से बाहर कर दिया गया।

22 मई 1894 – दक्षिण अफ्रीका में प्रवासी भारतीयों के हितों की रक्षा तथा रंगभेद की नीति के विरुद्ध कार्य करने के लिए एक संगठन की स्थापना का निर्णय।

22 अगस्त 1894 – रंगभेद की नीति के विरुद्ध आवाज उठाने के लिए नाटाल इंडियन कांग्रेस की स्थापना की।

3 सितम्बर 1894 – नाटाल लॉ सोसाइटी के विरोध के बावजूद नाटाल सुप्रीम कोर्ट में दाखिला मिला।

17 अक्टूबर 1899 – बोअर युद्ध आरंभ, हिंदुस्तानी एम्बुलेंस टुकड़ी की स्थापना।

18 अक्टूबर 1901 – दक्षिण अफ्रीका से हिन्दुस्तान के लिए प्रस्थान।

27 दिसंबर 1901 – कलकत्ता कांग्रेस के अधिवेशन में दक्षिण अफ्रीका पर प्रस्ताव पारित।

20 नवंबर 1902 – प्रवासी हिंदुस्तानियों के आग्रह पर पुनः दक्षिण अफ्रीका में आगमन।

1903 – ट्रांसवाल ब्रिटिश इंडिया एसोसिएशन की स्थापना।

1 अक्टूबर 1904 – 'इंडियन ओपिनियन' के प्रबंध और प्रकाशन की जिम्मेदारी।

नवंबर-दिसंबर, 1904 – दक्षिण अफ्रीका में 'फीनिक्स आश्रम' की स्थापना।

11 सितंबर 1906 – 'पैसिव रसिस्टैन्स आंदोलन' का आरंभ, 'सत्याग्रह' का जन्म, गांधी ने इस आंदोलन का नाम सिविल रसिस्टैन्स आंदोलन सुझाया और इसे 'सविनय अवज्ञा आन्दोलन' भी कहा गया।

13-22 नवंबर, 1909 – लंदन से दक्षिण अफ्रीका की यात्रा में 'एस.एस. किल्डोनन कैसरा' नामक जहाज में गुजराती भाषा में 'हिंद स्वराज' पुस्तक लिखी।

9 जनवरी 1915 – दक्षिण अफ्रीका से इंग्लैंड के रास्ते हिंदुस्तान में आगमन।

20 मई 1915 – कोचरब, अहमदाबाद में सत्याग्रह आश्रम की स्थापना।

15 अप्रैल 1917 – राजकुमार शुक्ल के साथ चम्पारण आगमन एवं सत्याग्रह।

1918 – अहमदाबाद में मिल मजदूरों एवं खेड़ा में किसानों के लिए सत्याग्रह।

13 अप्रैल 1919 – जलियाँवाला बाग हत्याकांड। गांधी की जनता को शांत रहने की अपील। गांधी के पंजाब प्रवेश पर रोक।

7 सितंबर 1919 – गांधी के संपादन में 'नवजीवन' का प्रकाशन आरंभ।

8 अक्टूबर 1919 – गांधी के संपादन में 'यंग इंडिया' का प्रकाशन आरंभ।

1920-21 – खिलाफत व असहयोग आंदोलन।

5 फरवरी 1922 – चौरी-चौरा की घटना स्थगित, असहयोग आन्दोलन को रोका।

10 मार्च 1922 – गिरफ्तारी, 21 मार्च को यरवडा जेल में स्थानांतरण, जहाँ मार्च 1924 तक रहे।

17 सितंबर 1924 – हिन्दू-मुस्लिम एकता के लिए 21 दिन का उपवास।

23 सितंबर 1924 – बेलगाँव कांग्रेस की अध्यक्षता की।

26 दिसंबर 1928 – कलकत्ता कांग्रेस में उपस्थित। यहाँ 31 दिसंबर 1928 को हिंदुस्तानी संविधान के मसौदे को स्वीकृति दी गई।

31 दिसंबर 1929 – लाहौर कांग्रेस के अधिवेशन में गांधी के 'पूर्ण स्वराज' के प्रस्ताव पर सबकी सहमति।

26 जनवरी 1930 – पूरे देश में पूर्ण स्वतंत्रता के लिए प्रतिज्ञा ली गई।

19 फरवरी 1930 – ऑल इंडिया कांग्रेस समिति द्वारा सविनय अवज्ञा आन्दोलन छेड़ने का निश्चय।

12 मार्च 1930 – 78 आश्रमवासियों को लेकर गांधी द्वारा अहमदाबाद से (241 मील लंबी) दांडी यात्रा के लिए कूच। 6 अप्रैल को नमक कानून भंग।

5 मई 1930 – गिरफ्तारी, यरवडा जेल में रखे गए।

26 जनवरी 1931 – जेल से रिहाई।

5 मार्च 1931 – गांधी-इर्विन समझौता।

29 अगस्त 1931 – गोलमेज कॉन्फ्रेंस में उपस्थित होने के लिए लंदन के लिए प्रस्थान।

13 सितम्बर 1931 – बापू का पहला रेडियो प्रसारण।

28 दिसंबर 1931 – हिंदुस्तान आगमन।

31 दिसंबर 1931 – असहयोग आंदोलन शुरू करने का निर्णय।

20 सितंबर 1932 – हरिजनों के लिए 'सांप्रदायिक निर्णय' में अलग मताधिकार की योजना के विरुद्ध उपवास।

8 मई 1933 – हरिजनों की स्थिति में सुधार के लिए 21 दिन का उपवास।

31 जुलाई 1933 – व्यक्तिगत सविनय अवज्ञा आंदोलन आरम्भ।

1 अगस्त 1933 – गिरफ्तारी, 23 अगस्त 1933 तक कारावास में रहे।

7 नवंबर 1933 – हरिजन यात्रा शुरू।

17 सितंबर 1934 – कांग्रेस छोड़ने की घोषणा।

29 अक्टूबर 1934 – कांग्रेस से पूरी तरह अलग होने की घोषणा।

1936 – वर्धा में सेवाग्राम आश्रम की स्थापना।

1937 – वर्धा शिक्षा योजना।

1938 – उत्तर पश्चिमी सीमांत प्रांत की यात्रा।

3 मार्च 1939 – राजकोट में आमरण उपवास।

7 मार्च 1939 – समझौता के बाद उपवास की समाप्ति।

15 अक्टूबर 1940 – युद्ध विरोधी व्यक्तिगत सत्याग्रह आरंभ।

15 जनवरी 1942 – **'जवाहर मेरे उत्तराधिकारी होंगे'** गांधी की घोषणा।

23 मार्च 1942 – क्रिप्स मिशन का हिंदुस्तान में आगमन।

30 मार्च 1942 – 'हिंद छोड़ो' आंदोलन का विचार मन में आया।

8 अगस्त 1942 – 'ऑल इंडिया कांग्रेस समिति' द्वारा 'हिंद छोड़ो' प्रस्ताव मंजूर किया गया। 'हिंद छोड़ो' आंदोलन का आरम्भ।

9 अगस्त 1942 – गिरफ्तारी और आगा खां महल में नजरबंदी।

15 अगस्त 1942 – गांधी के सचिव महादेव देसाई का देहावसान।

10 फरवरी 1943 – आगा खाँ महल में उपवास आरंभ।

3 मार्च 1943 – उपवास की समाप्ति।

22 फरवरी 1944 – शाम के 7:30 बजे कस्तूरबा का देहावसान। गांधी द्वारा काते गए सूत की साड़ी में दाह-संस्कार सम्पन्न।

6 मई 1944 – जेल से रिहाई।

जून-जुलाई 1945 – शिमला कॉन्फ्रेंस।

मार्च 1946 – कैबिनेट मिशन का आगमन।

1946 – कैबिनेट मिशन योजना की स्वीकृति।

10 अक्टूबर 1946 – नोआखाली तथा पूर्वी बंगाल में अनेक स्थानों पर अशांति।

6 नवंबर 1946 – कलकत्ता से नोआखाली के लिए स्पेशल ट्रेन से प्रस्थान।

जन.-दिसंबर 1947 – बंगाल, बिहार और दिल्ली के अशांत क्षेत्रों में शांति स्थापना का प्रयास।

15 अगस्त 1947 – देश के बँटवारे से क्षुब्ध कलकत्ता में उपवास।

13 जनवरी 1948 – सांप्रदायिक दंगों के विरोध में उपवास।

16 जनवरी 1948 – **मैं अपना जीवन व्यर्थ समझूँगा यदि हिंदुस्तान और पाकिस्तान में अशांति का माहौल बना रहेगा** 'गांधी की घोषणा'।

18 जनवरी 1948 – गांधी ने उपवास तोड़ा।

20 जनवरी 1948 – गांधी की प्रार्थना सभा में बम विस्फोट।

27 जनवरी 1948 – गांधी ने कहा कि कांग्रेस को भंग करके नई संस्था बनाई जाए।

30 जनवरी 1948 – शाम 5-17 बजे बिड़ला हाउस में प्रार्थना के लिए जाते समय नाथूराम गोडसे की गोली से हत्या। बिन्दु का सिन्धु में विलय।

(ख) सत्याग्रह

1915 – वीरम गाँव (गुजरात) में सत्याग्रह की घोषणा। काठियावाड़ जाने वाले यात्रियों से चुंगी लिए जाने के संदर्भ में हुआ, बाद में चुंगी हटा ली गई।

अप्रैल 1917 – चंपारण में यूरोपीय निहलों के संदर्भ में, गांधी पर मुकद्दमा चला पर सजा नहीं हुई।

मई 1917 – बंबई में इंडियन इमिग्रेशन एक्ट के विरुद्ध 1 जनवरी 1920 को गांधी के धरना देने के कारण स्थगित।

26 फरवरी 1918 – अहमदाबाद श्रमिक हड़ताल के संदर्भ में।

मार्च 1918 – खेड़ा (गुजरात) में फसल चौपट हो जाने पर राजस्व को स्थगित कराने के लिए।

6 अप्रैल 1919 – रोलेट ऐक्ट के संदर्भ में, हिंसक घटनाएँ हो जाने के कारण बीच में ही स्थगित।

1 अगस्त 1920 – अहिंसात्मक असहयोग आंदोलन पंजाब और खिलाफत के संदर्भ में, चौरी-चौरा कांड के बाद स्थगित।

1924 – वायकोम (त्रावणकोर) में गाँव के जनपथ पर अछूतों को न गुजरने देने के कारण।

अगस्त 1927 – मद्रास में 1857 के स्वतंत्रता संग्राम के सेनापति जनरल नील की मूर्ति हटाने के लिए।

12 फरवरी 1928 – बारडोली (गुजरात) में भू-राजस्व बढ़ाए जाने के विरोध में।

12 मार्च 1930 – अखिल भारतीय सविनय अवज्ञा आन्दोलन का प्रारम्भ, इरविन समझौते के परिणामस्वरूप स्थगित।

31 दिसम्बर 1931 – पुनः सविनय अवज्ञा प्रारम्भ – गोलमेल सम्मेलन से वापिस आने पर।

अक्टूबर 1940 – वैयक्तिक सत्याग्रह आन्दोलन भाषण – स्वतंत्रता के संबंध में।

8 अगस्त 1942 – 'भारत छोड़ो आन्दोलन' का प्रारम्भ।

(ग) जेल यात्राएँ

16 अप्रैल 1917 – चंपारण की यात्रा में जिला छोड़ने का आदेश।

10-11 अप्रैल 1919 – पलवल में गिरफ्तार किए गए और बंबई ले जाकर 11 अप्रैल को छोड़ दिए गए।

10 मार्च 1922 – 'यंग इंडिया' में तीन लेखों के कारण गिरफ्तार। छह साल की सजा। 5 फरवरी 1924 को बिना शर्त यरवडा जेल से रिहा किए गए।

4 मार्च 1929 – कलकत्ता में विदेशी कपड़ों की होली जलाने पर गिरफ्तारी और रिहाई।

5 मई 1930 – प्रातः 00.45 बजे नमक सत्याग्रह के दौरान कराडी में गिरफ्तारी, 26 जनवरी 1931 को बिना शर्त रिहाई।

4 जनवरी 1932 – बंबई में प्रातः तीन बजे गिरफ्तारी, यरवडा जेल ले जाए गए।

1 अगस्त 1933 – गिरफतार किए गए। 4 अगस्त को प्रातः 9 बजे रिहा किए गए, गांधीजी ने शर्त मानने से इनकार किया। इसलिए प्रातः 9.50 बजे पुनः गिरफतार किए गए और एक वर्ष के लिए कारावास का दंड दिया गया। 16 अगस्त को अनशन आरंभ किया और 23 अगस्त को रिहाई।

9 अगस्त 1942 – 'हिन्दुस्तान सुरक्षा कानून' के अन्तर्गत गिरफ्तार किए गए। गिरफ्तारी का कारण 'हिन्द छोड़ो' प्रस्ताव था।

(घ) अनशन

1 जून 1915 — आश्रम के लड़कों द्वारा असत्य व्यवहार का पता चलने पर अनशन।

11 सितंबर 1915 — आश्रम के कुछ व्यक्तियों द्वारा एक हरिजन के प्रवेश पर आपत्ति के कारण एक दिन का अनशन।

15-17 मार्च 1918 — अहमदाबाद के मिल मजदूरों के वेतन में वृद्धि करने के लिए अनशन।

6 अप्रैल 1919 — हिंदुस्तान भर में 'सत्याग्रह दिवस' के अवसर पर एक दिन का अनशन।

13-15 अप्रैल 1919— जलियाँवाला बाग हत्याकांड तथा बंबई और अहमदाबाद की अशांत घटनाओं के लिए 72 घंटे का अनशन।

19-21 नवंबर 1921— बंबई की अशांत घटनाओं के लिए व्रत लिया।

28 नवंबर 1921 — हर सोमवार को, जब तक स्वतंत्रता प्राप्त नहीं होती, 24 घंटे का अनशन रखने का व्रत लिया।

12-16 फरवरी 1924— चौरी-चौरा नर संहार के कारण।

17-30 सितंबर 1924— हिंदू-मुस्लिम एकता के लिए।

1-7 अक्टूबर 1924 — हिंदू-मुस्लिम एकता के लिए।

24-30 नवंबर 1925— आश्रमवासियों के नैतिक पतन के कारण।

22-24 जून 1928 — एक आश्रमवासी के अनैतिक व्यवहार के कारण।

20-25 सितंबर 1932— हरिजनों के लिए अलग सांप्रदायिक निर्वाचन व्यवस्था के कारण।

22 दिसंबर 1932 — सरकार द्वारा एक कैदी को शौचालय की सफाई करने पर प्रतिबंध लगाने के फलस्वरूप विरोध प्रकट करने के लिए।

8-28 मई 1933 — आत्मशुद्धि के लिए।

16-22 अगस्त 1933 — हरिजन कल्याण के कार्य पर प्रतिबंध लगाने के कारण विरोध प्रकट करने हेतु।

7-13 अगस्त 1934 — जब एक समाज सुधारक ने अपने विरोधी पर लाठी से प्रहार किया। यह विरोधी हरिजन उत्थान को पसंद नहीं करता था।

3-6 मार्च 1939 – राजकोट के महाराज द्वारा वादा खिलाफी करने पर।

12-13 नवंबर 1940– आश्रम में छोटी-सी चोरी के कारण दो दिन का व्रत।

5-7 मई 1941 – अहमदाबाद में सांप्रदायिक दंगे होने के कारण।

29 जून 1941 – सांप्रदायिक एकता के लिए।

10 फरवरी-
2 मार्च 1943 – सरकार के इस प्रचार पर कि 1942 के 'हिंद छोड़ो' आंदोलन के कारण जो हिंसा हुई उसके लिए कांग्रेस जिम्मेदार है।

15 अगस्त 1947 – हिंदुस्तान के बँटवारे के विरोध में।

1-3 सितंबर 1947 – सांप्रदायिक एकता के लिए।

11 अक्टूबर 1947 – विक्रम संवत् के अनुसार जन्म दिन । उस दिन व्रत रखा।

13-17 जनवरी 1948– सांप्रदायिक एकता के लिए व्रत रखा।

गांधी जी के जीवन की महत्त्वपूर्ण घटनाएँ एवं उनके विचारों को यथासम्भव उन्हीं के शब्दों में प्रस्तुत किया जा रहा है जो समय-समय पर अभिव्यक्त हुए हैं–

'अनटु दिस लास्ट' : जीने का मन्त्र

जॉन रस्किन की एक पुस्तक (अनटु दिस लास्ट) का मुझ पर बहुत ही असर पड़ा। उसने सन् 1871 में सिर्फ मजदूर वर्ग को ध्यान में रखकर एक मासिक पत्र लिखना शुरू किया था। उन पत्रों की तारीफ मैंने टॉल्स्टाय की किसी रचना में पढ़ी थी, मगर वे पत्र मैं आज तक जुटा नहीं सका। उसकी प्रवृत्ति और रचनात्मक कार्य के विषय में एक पुस्तक मेरे पास आयी थी। उसे यहाँ पढ़ा। उसमें भी उन पत्रों का उल्लेख था। इससे मैंने रस्किन की एक शिष्या को विलायत में लिखा। वही इस पुस्तक की लेखिका है। वह बेचारी, गरीब है। उस भली स्त्री ने अपनी अपेक्षा अधिक समर्थ मित्र को मेरा खत भेज दिया। वे 'स्पेक्टेटर' के मालिक हैं। उनसे मैं विलायत में मिला भी था। उन्होंने वे पत्र पुस्तकाकार चार भागों में छपाये हैं, सो भेज दिये। इनमें विचार बहुत उत्तम हैं और हमारे बहुत से विचारों से मिलते-जुलते हैं।

रस्किन की साफ राय यह है कि जो सच्ची है, आत्मा का ज्ञान कराने वाली है, वही शिक्षा है और वही लेनी चाहिए। बाद में वह कहता है कि इस दुनिया में मनुष्य मात्र को तीन चीजों और तीन गुणों की आवश्यकता है, जो

इन्हें हासिल करना नहीं जानता, वह जीने का मन्त्र नहीं जानता। इसलिए ये छः चीजें शिक्षा का आधार होनी चाहिए। इस तरह मनुष्य मात्र को बचपन से फिर भले वह लड़का हो या लड़की, जानना ही चाहिए कि साफ हवा, साफ पानी और साफ मिट्टी किसे कहते हैं, इन्हें किस तरह रखा जाये और इनका उपयोग क्या है। इसी तरह तीन गुणों में उसने गुणज्ञता, आशा और प्रेम को गिना है। जिनमें सत्यादि की कद्र नहीं, जो अच्छी चीज को पहचान नहीं सकते, वे अपने घमण्ड में फिरते हैं और आत्मानन्द नहीं पा सकते। इसी तरह जिनमें आशावाद नहीं, जो ईश्वर के न्याय के बारे में शंका रखते हैं, उनका हृदय कभी प्रफुल्लित नहीं रह सकता। और जिनमें प्रेम नहीं, यानी अहिंसा नहीं, वे जीने का मंत्र कभी नहीं साध सकते।

शिक्षा के विषय में कुछ विचार, (28/3/1932)

बापू का पहला रेडियो प्रसारण :

"क्या मुझे इसमें (माइक्रोफोन) बोलना है?" बापू के ये शब्द 13 सितंबर, 1931 को पहली बार रेडियो से प्रसारित हुए। बापू तब लंदन के किंग्सले हॉल में ठहरे थे। अवसर था दूसरे गोलमेज सम्मेलन का। वहीं पर कोलंबिया ब्रॉडकास्टिंग सर्विस नेटवर्क ने बापू से अनुरोध किया था कि वे इस अवसर पर अमेरिकी जनता को संबोधित करें।

पूरे अमेरिका ने पहली बार रेडियो पर महात्मा गांधी की आवाज सुनी। धीमी आवाज में, बिना किसी नोट्स के बापू ने करीब बीस मिनट तक अपना यह अलिखित भाषण दिया। साथ में सड़क पर खेलते हुए बच्चों की आवाजें भी प्रसारित हुई। बापू तल्लीनता से बोलते रहे।

"मेरे विचार से, भारतीय परिषद (इंडियन कान्फ्रेंस) के जो परिणाम होंगे उनका प्रभाव भारत पर ही नहीं, सारे संसार पर पड़ेगा। भारत अपने-आप में लगभग एक महादेश है। मानव-जाति का पाँचवाँ हिस्सा यहीं बसता है। इसकी सभ्यता संसार की प्राचीनतम सभ्यताओं में से है। इसकी परंपराएँ हजारों-हजार वर्ष पुरानी हैं और दुनिया यह देखकर दंग है कि इनमें से कुछ तो आज भी अपने मूल रूप में ज्यों का त्यों बनी हुई हैं। इसमें संदेह नहीं कि काल के थपेड़ों ने अन्य अनेक संस्कृतियों और संस्थाओं की तरह इस सभ्यता के भी विशुद्ध रूप को बदला है, प्रभावित किया है।"

स्वाधीनता के मुद्दे पर बापू ने कहा कि "यदि भारत को अपने सुदूर अतीत के वैभव को स्थायित्व प्रदान करना है तो वह स्वतंत्रता प्राप्त करके ही ऐसा कर

सकता है। हमारे संघर्ष की ओर सारी दुनिया का ध्यान गया है। इसका कारण यह नहीं है कि हम भारतीय अपनी स्वतंत्रता प्राप्त करने के लिए लड़ रहे हैं। वास्तव में इसका कारण यह है कि हमने उस स्वतंत्रता को प्राप्त करने के लिए जो उपाय अपनाए हैं वे अनुपम हैं और जहाँ तक इतिहास से मालूम होता है, उन्हें ऐसी किसी भी जाति ने नहीं अपनाया है, जिसका कोई विवरण उपलब्ध है।''

आजादी की लड़ाई के उपायों की चर्चा करते हुए बापू ने कहा–''हमने जो उपाय अपनाए हैं, वे हिंसा के या रक्तपात के उपाय नहीं हैं और न कूटनीतिक उपाय हैं, वे उपाय तो विशुद्ध सत्य और अहिंसा हैं। फिर कोई आश्चर्य नहीं कि सफल और शांतिपूर्ण क्रान्ति सम्पन्न करने के लिए इस प्रयत्न की ओर दुनिया का ध्यान खिंच गया है।''

–बृजमोहन गुप्त

नये वाइसराय (लॉर्ड माउण्टबैटन) ने अपना पद-ग्रहण करते समय जो सबसे पहली घोषणा की थी, वह यह थी कि उन्हें हिन्दुस्तान से अंग्रेजी हुकूमत को समेटने के लिए आखिरी वाइसराय बना कर भेजा गया है। आपने देखा होगा कि वह घोषणा सुविचारित, बिना प्रतिबंध के और स्पष्ट थी। मगर देश में जो कुछ हुआ है, उससे मुझे बेहद डर है कि कहीं अपनी बेवकूफी या उससे भी बुरी चीज अपने पागलपन की वजह से आप लोग खुद ही वाइसराय को इस बात के लिए प्रेरित न कर दें कि एक महत्त्वपूर्ण अवसर पर गंभीरता से कहे हुए अपने शब्द वे वापस ले लें।

प्रार्थना सभा, ओकरी, 27/3/1947

शराफत को शैतानियत क्यों बतायें?

अब अंग्रेज जा रहे हैं। कल मैं वाइसराय के साथ दो घंटे से ज्यादा रहा। उन्होंने कहा कि आज तक हम लोग कहीं से नहीं हटे, पर यहाँ से हम लोग अहिंसा की लड़ाई की वजह से जा रहे हैं। आप शायद कहेंगे कि उनको तो जाना ही था, इसलिए वे बनावटी बातें कर रहे हैं। पर अगर कोई आदमी शराफत से हमारे पास आता है तो हम क्यों उसकी शराफत को शैतानियत बतायें?

यदि हम भी शराफत से चलेंगे तो दुनिया में जो कभी नहीं हुआ, वह होने वाला है। अगर कोई शराफत न करें, बहशियाना काम करें तो भी उसको कैसे अपनाया जाये, यह जो सीखना चाहे, मुझसे सीखे। लेकिन आज मेरी चलती कहाँ है? मेरी चलती तो पंजाब न हुआ होता, न बिहार होता, न नोआखाली।

प्रार्थना- प्रवचन, नई दिल्ली, 1/4/1947

एशिया का सन्देश :

मैं 'वसुधैव कुटुम्बकम्' के सिद्धान्त में विश्वास करता हूँ। ज्ञान का प्रकाश पूर्व से पश्चिम को मिला है। इन (प्रकाश फैलाने वाले) महान् शिक्षकों ने हमारे लिए प्रेम का जो सन्देश छोड़ा, उसका उत्तराधिकारी बन जाने के बाद मैं और किसी सिद्धान्त में विश्वास कर भी कैसे सकता हूँ? इन मनीषियों में सबसे पहले जरथुस्त्र हुए थे। वे पूर्व के थे। उनके बाद बुद्ध हुए, जो पूर्व के हिन्दुस्तान के थे। बुद्ध के बाद कौन हुआ? ईसा मसीह। वे भी पूर्व के थे। ईसा से पहले मूसा हुए। यहाँ मैं राम, कृष्ण और दूसरे महापुरुषों का नाम लेता। मैं उन्हें कम महान् नहीं मानता, मगर साहित्यिक दुनिया उनसे कम परिचित है। जो हो, मैं दुनिया के ऐसे एक भी व्यक्ति को नहीं जानता, जो एशिया के इन महापुरुषों की बराबरी कर सके।

और तब क्या हुआ? ईसाई धर्म जब पश्चिम में पहुँचा तो उसका स्वरूप बिगड़ गया। मुझे अफसोस है कि मुझे ऐसा कहना पड़ रहा है। इस विषय में और नहीं बोलूँगा। जो बात मैं आपको समझाना चाहता हूँ, वह एशिया का सन्देश है। उसे पश्चिम के दृष्टिकोण से या परमाणु बम की नकल करके नहीं सीखा जा सकता। अगर आप पश्चिम को कोई सन्देश देना चाहते हैं तो वह प्रेम या सत्य का सन्देश होना चाहिए।

प्रजातंत्र के इस जमाने में, गरीब-से-गरीब की जागृति के इस युग में आप ज्यादा-से-ज्यादा जोर देकर इस सन्देश का दुनिया में प्रचार कर सकते हैं। चूँकि आपका शोषण किया गया है, इसलिए शोषण का शोषण से बदला चुका कर नहीं, बल्कि सच्ची समझदारी के जरिये आप पश्चिम पर पूरी तरह विजय पा सकते हैं।

भाषण : अन्तर एशियायी सम्बन्ध सम्मेलन में, 2/4/1947

चम्पारण आन्दोलन : समाज की सुषुप्त ऊर्जा का जागरण :

राजकुमार शुक्ल को तो उन्हें बुलाने की सूझी पर चम्पारण के हजारों लोग गांधी के पास अपनी आपबीती सुनाने क्यों और कैसे पहुँचे.। उन्हें क्या कहकर बुलाया गया और उन्हें क्या मिला। अँगरेज प्रशासन को उनके आने का संदेश कैसे और क्यों पहुँचा। इससे भी बड़ी बात यह है कि जिस गांधी को चम्पारण नक्शे में भी नहीं मालूम था उसने कैसे तिनकठिया प्रणाली को इतना बड़ा मुद्दा माना और आन्दोलन की सोच ली। गांधी को चम्पारण की लगभग सभी समस्याओं (और उसी के साथ देश के ग्रामीण इलाकों की भी) की इतनी समझ बन गई कि वे देश-दुनिया छोड़कर वहीं टिके और अपने साथियों के साथ शिक्षा से लेकर हर क्षेत्र में प्रयोग शुरू किया

जिसमें पर्सनल हाइजिन और उसके माध्यम से ग्रामीण दरिद्रता भी शामिल है। इस काम को अकेले करना या सिर्फ पुरुषों के भरोसे करना असम्भव मानकर बापू ने कस्तूरबा और अपने सम्पर्क की अन्य महिलाओं को भी इस काम में लगाया। हम पाते हैं कि बापू का चम्पारण का अनुभव बाद में उत्तर भारत के भूकम्प और फिर देश की हर समस्या के निदान की दिशा में मददगार साबित हुआ।

चम्पारण एक बड़ा आन्दोलन था और दूरगामी असर के साथ-साथ संचार समेत कई मामलों में गांधी के प्रयोग का एक प्रस्थान बिन्दु भी। उस हिसाब से गांधी के इस पहले भारतीय प्रयोग को अभी जानना-समझना बाकी है। पर यह भी सच है कि जैसे-जैसे समय बीत रहा है यह काम और मुश्किल होता जाएगा। इसलिए इसे अभी रेखांकित करना जरूरी है। पूरी राजनीति या समाज सेवा को प्रबन्धकीय कौशल और कॅरियर समझने वाले दौर में यह काम और भी जरूरी है। यह एक व्यक्ति की असाधारण क्षमताओं को समझने भर के लिए ही नहीं, समाज की सोई ऊर्जा को जानने-समझने और उसे जगाने में महत्त्वपूर्ण है।

बिहार में भूकम्प और गांधी :

बाबू राजेन्द्र प्रसाद ने मुझे तार भेजा है। उनके सुझाव को स्वीकार कर रहा हूँ और यूरोप, अमेरिका तथा अफ्रीका और संसार के अन्य देशों के अपने अनेकानेक मित्रों को आमंत्रित करता हूँ कि वे बिहार की विपत्ति में यथाशक्ति सहायता दें। चन्दे की राशियाँ सीधे बाबू राजेन्द्र प्रसाद पटना या मेरे पते पर वर्धा (मध्य प्रदेश) को भेजी जा सकती हैं।

हिन्दू, 3/2/1934

सहायता की अपील :

बिहार की सुरम्य भूमि भूकम्प के कारण बरबाद हो गयी है। खबर है कि हजारों लोग काल-कवलित हो गये हैं। इससे कहीं अधिक लोगों को चोट आयी है, जिसकी दुःसह पीड़ा से वे आज भी छुटकारा नहीं पा सके हैं। अनेक सुन्दर नगर ध्वंसावशेषों के ढूह बन कर रह गये हैं। उनकी दुनिया के हर हिस्से से सहायता मिल रही है। इस दैवी विपत्ति ने हमें अचानक इस बात की याद दिला दी है कि सम्पूर्ण मानवता एक है। इस विपत्ति को सामने पाकर सरकार और जनता एक हो गयी है।

बिहार के पीड़ितों के लिए दान देने के लिए मैं आबाल-वृद्ध सबको, सभी जातियों और सभी धर्मों के लोगों तथा सरकारी नौकरों को भी आमंत्रित करता हूँ।

तूतीकोरिन, 24/2/1934

मुझे अभी-अभी बाबू राजेन्द्र प्रसाद का लिखा पत्र मिला है। उन्हें जेल के अस्पताल से छुट्टी दे दी गयी है। ईश्वर ही जाने कि उस अस्पताल के सारे बीमार लोगों को कहाँ रखा गया है। यह तो एक अस्पताल की बात हुई। जमालपुर शहर, मुजफ्फरपुर और मोतीहारी के अस्पताल तो लगभग मटियामेट ही हो गये हैं। ऐसा समझा जाता है कि कम-से-कम पच्चीस हजार लोग जीते जी जमीन में दफन हो गये हैं। इससे अधिक लोग घायल होकर पड़े हुए हैं। इससे भी कहीं अधिक लोग बेघरबार हो गये हैं। उनके पास खाने को कुछ नहीं रह गया है। वे उस खुले में रह रहे हैं, और सो भी ऐसी ठिठुराने वाली ठंड में, जिसका आप मदुरा के लोगों को कोई अन्दाजा नहीं हो सकता। तो मैं यह चाहता हूँ आप अपने मन से पूछें कि उन पीड़ितजनों के लिए कम या ज्यादा क्या कर सकते हैं? मेरे यहाँ रहते ही आप बिहार के विपद्ग्रस्त लोगों के हाथ बँटाने के खयाल से एक बड़ी थैली के लिए पैसा इकट्ठा कीजिए।

पुनर्निमाण में सहयोग :

एक मैत्रीपूर्ण तार है : ''क्या आप अस्पृश्यता के प्रश्न को एक तरफ हटाकर बिहार नहीं आयेंगे?'' दूसरा गुस्से से भरा तार है : ''बिहार जब धू-धू कर जल रहा है, तब क्या महात्मा को अपनी ही वंशी बजाने में मस्त रहना चाहिए?'' इन दोनों ही तारों में मुझे जितने का श्रेय दिया गया है, मैं उसके योग्य नहीं हूँ। राजेन्द्र प्रसाद की गिनती मेरे सर्वश्रेष्ठ सहयोगियों में है। वे जब भी चाहें, मुझे सेवा के लिए बुला सकते हैं। हरिजन-कार्य उनका भी उतना ही है, जितना मेरा है, उसी तरह जिस तरह बिहार का कार्य मेरा भी उतना ही है, जितना कि उनका।

दूसरे तार में कहा गया है कि हरिजन-कोष की राशि मुझे बिहार राहत के लिए इस्तेमाल करनी चाहिए। मेरा खयाल है कि मेरा इस सलाह के मुताबिक काम करना स्पष्ट ही विश्वासघात करना होगा। बड़ी-बड़ी विपत्तियों में भी हमें अपने औसान गुम नहीं होने देने चाहिए। दुनिया की सारी दौलत भी बिहार को उसकी पहले वाली हालत में वापस नहीं ला सकती। पुनर्निर्माण और सब चीजें सामान्य दशा में लाने में समय लगेगा ही। जरूरत इस बात की है कि जो लोग कुछ दे सकते हैं, उनको कम-से-कम नहीं, ज्यादा-से-ज्यादा देने को प्रेरित किया जाय। सरकार और गैर-सरकारी संस्थाओं, दोनों पर एक यह भारी दायित्व है कि पुनर्निर्माण का कार्य किस ढंग से किया जाय और चूँकि दोनों इस काम में परस्पर सहयोग कर रहे हैं, इसलिए मानवीय या स्वच्छता की दृष्टि से बिहार को नये सिरे से खड़ा करना कोई कठिन काम नहीं होना चाहिए।

हरिजन, 2/2/1934

मैं आपकी सेवा में उपस्थित हूँ। मैंने अपने को राजेन्द्र बाबू के हाथों में सौंप दिया है। जब यह विपत्ति आप पर आयी थी, उस समय यद्यपि मैं देश के एक छोर पर था, किन्तु मेरा हृदय आपके साथ था। राजेन्द्र बाबू जानते थे कि वे चाहे जब मुझे बुला सकते हैं। मैं चाहूँगा कि आप यह याद रखें कि **अस्पृश्यता रूपी भूचाल धरती माता के उस कंपन से कहीं अधिक बुरी चीज है।** इस विचार से हम संयत और विनम्र बनें तथा इससे हमारे लिए यह विपत्ति अधिक सह्य हो।

संदेश विपद्ग्रस्त बिहार के लिए, 12/3/1934

यह पत्र मैं मंगलवार की सुबह की प्रार्थना के बाद लिख रहा हूँ। मैं पटना में हूँ। मेरी बगल में बैठे सतीशबाबू तकली चला रहे हैं। राजेन्द्र बाबू की बहन बैठी है। प्रभावती भी है। ओम और किशन सोने की तैयारी कर रही हैं। स्वामी भी बैठे हैं। मीरा बहन दूध तैयार करने गयी हैं। इस समय मालवीय जी, मौलाना अबुल कलाम आजाद, डॉ. महमूद आदि यहाँ हैं। रविवार को उन सबकी एक बैठक थी। उसमें बिहार संकट निवारण के लिए एक नई समिति बनायी गयी है। उसमें जमनालाल भी हैं। काम ठीक चल रहा है।

मैं मोतीहारी आदि जगहों पर हो आया हूँ। बड़ी-बड़ी हवेलियाँ भी ईंट-चूने के ढेर में परिणत हो गयी हैं। मुहल्लों में चारों ओर ईंट-चूने के ढेर और खण्डहर दिखायी देते हैं। धरती की दरार से ऊँचे पानी के स्रोत के साथ फेंकी गयी बालू की मोटी परत खेतों में जम गयी है। यह रेती कोई एक दो बीघे में नहीं, बल्कि हजारों बीघे में है। कहीं-कहीं तो छः इंच से भी मोटी तह जमी हुई है। इसलिए लोगों की कंगाली की कोई सीमा नहीं है। ऐसे में हम क्या कर सकते हैं?

जो लोग उनके बीच कार्य कर रहे हैं, नम्रता और सादगी से उनकी सेवा बन्द कर दी गयी है। सविनय अवज्ञा को अहिंसा की न्यूनतम अपेक्षाओं तक सीमित रख रहा हूँ।

तार : कार्लहीथ, 28/10/1940

आपने सबकी जबान पर ताला डाल देने वाले अध्यादेश के जरिये दुनिया को दिखा दिया है कि आप भारतीय लोकमत का गला घोंटे बिना भारत की ओर से युद्ध नहीं चला सकते।

तार : लार्ड लिनलिथगो को, 30/10/1940

सत्याग्रह का विस्तार :

बल्लभभाई (पटेल) से कहना कि सरकार के प्रति मेरा रवैया दिन-प्रतिदिन कड़ा

होता जा रहा है। फिलहाल तो मैंने जिन लोगों को चुना है, वही लोग जेल जायें। यदि सरकार मुझे गिरफ्तार नहीं करती, तो वह जितने लोग चाहेगी, उतने लोगों को गिरफ्तार होने के लिए भेजूँगा और यदि मुझे गिरफ्तार करती है तो सब कुछ ईश्वर के हाथों में है।

सूचना : वल्लभभाई पटेल के लिए, 17/10/1940

जिस बात को लेकर व्यक्तिगत सविनय अवज्ञा का आरंभ किया गया है वह निःसन्देह वाणी और कलम की स्वतंत्रता है। किन्तु सभी विवादों की चरम परिणति स्वतंत्र भारत (की मांग) में होती है। आरम्भ में इस आन्दोलन को दो-तीन व्यक्तियों तक ही सीमित रखने की कल्पना की गयी थी, लेकिन फिर मैंने इसका विस्तार कार्य समिति में से चुने हुए व्यक्तियों तक किया। फिर वह अखिल भारतीय कांग्रेस कमेटी और केन्द्रीय तथा प्रान्तीय विधान परिषदों तक विस्तृत हो गया। प्रत्येक व्यक्ति द्वारा किये गये सत्याग्रह की मुझ पर जो प्रतिक्रिया होगी अथवा जैसा अवसर होगा, उसके अनुसार मैं इसका विस्तार करता चला जाऊँगा।

हिन्दू, 5/12/1940

सत्याग्रहियों के लिए निर्देश :

एक ओर जहाँ अंग्रेज लोग भारत के धन से अपने को मोटा करने में लगे हैं, वहीं दूसरी ओर भारत के सपूत अपने-अपने परिवारों के भरण-पोषण की परवाह न करते हुए अपने देश के लिए खुशी-खुशी जेल जा रहे हैं। मैं दुनिया को दिखाऊँगा कि तेरह-तेरह आश्रित व्यक्तियों के परिवार रखने वाले सत्याग्रहियों ने अपने देश के लिए सर्वोच्च त्याग किया है। क्या ऐसा त्याग गौरव की बात नहीं ?

सत्याग्रह के लिए जिला मजिस्ट्रेट को नोटिस देना ही काफी है। अपने सत्याग्रह के बारे में आपको आम जनता को सूचित नहीं करना चाहिए। तीन नारे हैं : 1. रुपये पैसे मत दो, 2. फौज के लिए जवान मत दो, 3. अहिंसात्मक साधनों से युद्ध की कार्रवाइयों का विरोध करो।

चर्चा, 10/12/1940

मुख से नहीं, दुखते हृदय से निकला नारा :

जनता के लिए यह जान लेना अच्छा है कि सरकार राष्ट्रीय आन्दोलन को, चाहे वह कितना भी निर्दोष, खुला और निश्छल क्यों न हो, दबाने में किस हद तक जा सकती है। 'भारत छोड़ो' नारा लाखों लोगों के मुख से नहीं, दुखते हृदय से निकल रहा है।

बम्बई, 6/8/1942

मैं अहिंसा के सिद्धान्त पर उसी तरह जमा हुआ हूँ, जैसा कि पहले (1920 में) था। यदि आप इससे ऊब चुके हों, तो आप बेशक मेरा साथ न दें, और यदि आप महसूस करते हैं कि मैं आपके सामने जो कुछ रख रहा हूँ, वह अच्छी चीज है और ठीक चीज है, तभी आप इसे स्वीकार करें। सिर्फ इसी तरह आप मेरी पूरी-पूरी मदद कर सकते हैं।

इस लड़ाई में एक सिद्धान्त है, जो आपको अपनाना होगा। यह न समझिये–जैसे कि मैंने कभी नहीं समझा कि अंग्रेजों की हार होने वाली है। मैं उन्हें कायरों की कौम नहीं समझता। मैं जानता हूँ कि पेश्तर इसके कि वे हार मानें, ब्रिटेन का एक-एक व्यक्ति बलिदान हो जायगा। संभव है कि वे हार जायें और आपको छोड़कर चले जायें–जैसा कि वे बर्मा, मलाया या अन्य देशों के लोगों को छोड़कर चले गये हैं–इस खयाल से कि जब भी संभव होगा, वे हारे हुए इलाके पर फिर कब्जा कर लेंगे। ऐसा करना उनकी समर-नीति हो सकती है। लेकिन फर्ज कीजिए कि वे हमें छोड़कर चले ही जाते हैं, तब हमारा क्या बनेगा ? उस सूरत में जापान यहाँ आ जायेगा। जापान के यहाँ आने का मतलब होगा चीन का अन्त और शायद रूस का भी अन्त। मैं रूस की या चीन की हार का साधन नहीं बनना चाहता। यदि बनूँ तो मुझे अपने आपसे घृणा हो जायेगी।

हो सकता है कि अंग्रेजों को अक्ल आ जाये और वे समझ जायें कि जो लोग उनके लिए लड़ना चाहते हैं, उन्हीं को कैद में डालना गलत बात होगी। हो सकता है कि आखिरकार श्री जिन्ना के विचार बदलें और सोचें कि जो लोग लड़ रहे हैं, वे इसी धरती के लाल हैं और अगर वे (जिन्ना) चुप बैठे रहते हैं तो उनके लिए पाकिस्तान किस काम का होगा।

अहिंसा एक अनुपम शस्त्र है, जो हर किसी को मदद पहुँचा सकता है। जानता हूँ कि हमने अहिंसा पर बहुत अमल नहीं किया है, अतः यदि ऐसी तब्दीली होती है तो मैं समझूँगा कि यह हमारे पिछले 22 वर्षों के प्रयत्नों का परिणाम है और ऐसी तब्दीली लाने में ईश्वर ने हमारी मदद की है। अगर आप सच्ची आजादी चाहते हैं तो आपको मेल-जोल पैदा करना होगा। ऐसे मेल-जोल से ही सच्चा लोकतंत्र पैदा होगा–ऐसा लोकतंत्र जैसा कि पहले देखने में नहीं आया और न जिसके लिए पहले कभी कोशिश ही की गयी।

मैंने फ्रांस की क्रान्ति के बारे में बहुत-कुछ पढ़ा है। कारलाइल के ग्रन्थ मैंने जेल में पढ़े थे। मैं फ्रांसीसियों की बहुत तारीफ करता हूँ। पं. जवाहरलाल नेहरू ने मुझे रूस की क्रान्ति के बारे में बहुत-कुछ बताया है। परन्तु मेरा विचार है कि

यद्यपि उनका संघर्ष जनता के लिए था, तो भी वह संघर्ष ऐसे सच्चे लोकतंत्र के लिए नहीं था, जिसकी कल्पना मैं करता हूँ। मेरे लोकतंत्र का मतलब है कि हर व्यक्ति अपना मालिक खुद हो। मैंने काफी इतिहास पढ़ा है। मेरी नजरों में से यह बात नहीं गुजरी कि अहिंसा द्वारा लोकतंत्र स्थापित करने का ऐसा प्रयोग इतने बड़े पैमाने पर कभी किया गया हो। अगर आप एक बार इन चीजों को समझ लें तो आप हिन्दुओं और मुसलमानों के मतभेदों को भूल जायेंगे।

हमारा उद्देश्य विश्वसंघ की स्थापना है, जिसकी एक प्रमुख इकाई भारत होगा। वह केवल अहिंसा से ही स्थापित हो सकता है। निःशस्त्रीकरण तभी संभव है, जब आप अहिंसा के अनुरूप अस्त्र का प्रयोग करें। मैं तो अहिंसा को अपना धर्म समझता हूँ, परन्तु जहाँ तक आपका सम्बन्ध है, मैं चाहूँगा कि आप इसे अपनी नीति के रूप में स्वीकार कर लें। अनुशासनबद्ध सैनिकों की भाँति आपको इसे पूर्णतया स्वीकारना होगा और जब आप इस संघर्ष में शामिल हों, तब इस पर पूरा आचरण करना होगा।

बॉम्बे क्रानिकल, 8/8/1942

मैं अपने साथी जिन्ना साहब से कहता हूँ और सारी दुनिया से कहता हूँ कि हम तब तक पाकिस्तान की बात भी नहीं सुनना चाहते, जब तक यह तशद्दुद चलता है। जब यह बंद हो जायेगा, तब हम बैठेंगे और ठहरायेंगे कि हमें पाकिस्तान रखना है या हिन्दुस्तान। दोस्ती से ही पाकिस्तान बन सकता है और दोस्ती से ही हिन्दुस्तान कायम रह सकता है। अगर हम लड़ते रहे तो हिन्दुस्तान तबाह हो जाने वाला है।

अंग्रेजों को गत वर्ष के 16 मई के समझौते से बाहर कुछ भी करने का हक नहीं है और न हम ही इससे ज्यादा कुछ मांग सकते हैं। हमको यह साफ कह देना चाहिए कि चाहे हम सब मर जायें या सारा हिन्दुस्तान जल जाये-राख हो जाये, परन्तु जबरदस्ती पाकिस्तान मिलने वाला नहीं है।

प्रार्थना, प्रवचन, 30/5/1947

आज मैं अपने को अकेला पाता हूँ। लोगों को (सरदार और जवाहर लाल) को ऐसा लगता है कि मैं जो सोच रहा हूँ, वह एक भूल है। यदि विभाजन हो जाये तो शान्ति अवश्य स्थापित हो जायेगी।

मैं जिन्दा रहूँ या न रहूँ, लेकिन भविष्य में कभी हिन्दुस्तान की आजादी खतरे में पड़े तो यह बात याद रखना कि एक अनुभवी बूढ़े के लिए इस घाव को झेलना कितना कठिन था। हिन्दुस्तान की भावी पीढ़ी की आह

मुझे न लगे कि हिन्दुस्तान के विभाजन में गांधी ने भी साथ दिया था।

बिहार, दिल्ली, 1/6/1947

मेरा सम्पूर्ण जीवन ईश्वर की सेवा के लिए समर्पित रहा है। मेरी राजनीति जीवन के गहनतम तथ्यों से असंबद्ध नहीं है। यह सत्य और अहिंसा के आदर्शों का सामाजिक क्षेत्र में प्रसार या प्रयोग करने के लिए ही है। आजादी तक के लिए इसका सौदा करने के बजाय मैं इसका प्रचार करते हुए अपने प्राण त्याग दूँगा।

बातचीत : हिन्दू महासभा के सदस्यों से, 6/6/1947

यह जो पाकिस्तान तथा हिन्दुस्तान बना दिया गया है, उसके बारे में दिल में जो परेशानी है, वह मैंने वाइसराय को सुना दी है। तब उन्होंने मुझे बताया कि यह अंग्रेज का किया हुआ नहीं है। कांग्रेस और लीग ने मिलकर जो मांगा है, वही दिया गया है।

प्रार्थना-प्रवचन, नई दिल्ली, 6/6//1947

विपत्ति का मिलकर मुकाबला करें :

परसों जब मैं कलकत्ता आया, तब मैंने चटगाँव में आयी बाढ़ के बारे में पढ़ा। आज तीसरा दिन है। बाढ़ की प्रचंडता अभी शान्त नहीं हुई है। जान-माल की जो हानि हुई है, उसका अभी कोई ठीक-ठीक अन्दाज नहीं लगा सकता। कहने की जरूरत नहीं कि ऐसी विपत्ति के समय हमें पूर्व-पश्चिम का, हिन्दुस्तान-पाकिस्तान का विचार नहीं करना चाहिए। दुःख में पराये भी अपने हो जाते हैं। इसलिए जो कल तक अपने थे, उनको कम-से-कम ऐसे मौकों पर अपनापन नहीं छोड़ना चाहिए, चाहे उसमें जो भी राजनीतिक या धार्मिक विभेद हों या रहे हों। यह ऐसी स्थिति है, जिसका मुकाबला न केवल पूर्वी बंगाल को, वरन् सारे भारत को करना होगा।

प्रार्थना-सभा, सोदपुर, 11/8/1947

आया नोआखाली के लिए (मगर) रह गया कलकत्ता में, ठीक ही है। यहाँ दुरुस्त हुआ, तो शायद सब जगह ठीक होगा। सबको कहो, मैं यहाँ भी काम कर रहा हूँ।

पत्र : सतीशचन्द्र दासगुप्त को, 13/8/1947

कल का दिन विदेशी जुए से हमारी मुक्ति के लिए नियत दिन है। वह एक महान् दिन है। आप वह दिन धूमधाम से मनायेंगे। मेरी राय में यह वह

दिन है, जब दोनों (हिन्दुस्तान-पाकिस्तान) अधिराज्य अपनी जिम्मेवारी संभालने जा रहे हैं। मैं आपसे अनुरोध करूँगा कि कल के दिन आप समस्त भारत के कल्याण के लिए 24 घण्टे का उपवास रखें और दिन में प्रर्थना करें तथा जहाँ तक बन सके, वह दिन चरखा चलाने में बितायें, क्योंकि हाथ-कताई ही ऐसी चीज है, जिसने अमीर और गरीब को एक साथ जोड़ा है और असंख्य बेरोजगार स्त्री-पुरुषों को रोजगार दिया है।

प्रार्थना-सभा बेलियाघाटा, कलकत्ता, 14/8/1947

पश्चिम बंगाल के गवर्नर, मंत्रियों और जनता से :

(प्रान्त के नये गवर्नर चक्रवर्ती राजगोपालाचारी मिलने आये और गांधी जी ने 'जो चमत्कार कर दिखाया था' उसके लिए उन्होंने बधाई दी।)

गांधी जी : मुझे तब तक संतोष नहीं होगा, जब तक कि हिन्दू और मुसलमान एक-दूसरे के साथ अपने को निरापद नहीं समझेंगे और लौटकर पहले की तरह अपने घरों में नहीं रहने लगेंगे। यदि उनका हृदय-परिवर्तन नहीं हुआ, तो वर्तमान उत्साह के बावजूद भविष्य में स्थिति और खराब होने की सम्भावना है।

आज से आप (डॉ. प्रफुल्लचंद्र आदि मंत्रियों) को कांटों का ताज पहनना है। अपने भीतर सत्य और अहिंसा का विकास करने का निरन्तर प्रयास करें। विनम्र बनें, सहनशील बनें। ब्रिटिश शासन ने निःसन्देह आपके साहस की परीक्षा ली थी, लेकिन अब तो आपको बार-बार परीक्षा से गुजरना होगा। आप मद से सावधान रहें। सत्ता मनुष्य को भ्रष्ट कर देती है। सत्ता की चमक-दमक के जाल में फंसने से बचे। याद रखें कि गाँवों की गरीब जनता की सेवा के लिए आप पदासीन हैं। ईश्वर आपकी सहायता करें।

हिन्दुओं और मुसलमानों ने बिना किसी हिचकिचाहट के तिरंगा फहराया। और तो और, हिन्दुओं को मस्जिदों में और मुसलमानों को मन्दिरों में प्रवेश करने दिया गया। इसका सीधा-सादा कारण यह है कि दोनों ने दंगों के जहर का प्याला पिया है, इसलिए मित्रता के अमृत का स्वाद पहले से ज्यादा मीठा लगना चाहिए।

मैं आशा करता हूँ कि हावड़ा समेत सारा कलकत्ता साम्प्रदायिकता के जहर से हमेशा के लिए मुक्त हो जायेगा। तब हमें पूर्वी बंगाल अथवा शेष भारत की चिन्ता करने की कोई जरूरत नहीं रहेगी।

मुझे यह सुनकर दुःख होता है कि लाहौर में अभी भी पागलपन छाया हुआ है। मैं आशा करता हूँ और मुझे इस बात का पूरा यकीन है कि कलकत्ता

के शानदार उदाहरण का, यदि वह सच्चा है तो पंजाब और भारत के अन्य भागों पर असर पड़ेगा।

कलकत्ता, 15/8/1947

भारतीय गवर्नर से :

1. भारतीय गवर्नर को स्वयं पूर्णरूप से शराबबंदी का पालन करना चाहिए और अपने आस-पास वैसा ही वातावरण तैयार करना चाहिए।
2. उसे कुटिया में रहना चाहिए, जो सबकी पहुँच के भीतर हो। उसे कुशलतापूर्वक कार्य करना है तो कुटिया को लोगों की निगाहों से दूर (एकान्त में) होना चाहिए।
3. गवर्नर राजाओं, और विश्व के राजदूतों का स्वागत करने के लिए बहुत शान-शौकत की इमारतें रख सकता है। गवर्नर के इन अतिथियों को उससे और उसके आस-पास के वातावरण से 'ईवन अनटु दिस लास्ट' अर्थात् सबकी समानता के सिद्धान्त के वास्तविक अर्थ की शिक्षा मिलनी चाहिए।
4. भारतीय गवर्नर के लिए मूल्यवान विदेशी अथवा देशी फर्नीचर नहीं होना चाहिए। सादा जीवन और उच्च विचार–उसका आदर्श वाक्य होना चाहिए और वह उसके प्रवेश द्वार की सजावट न होकर उसके दैनिक जीवन में उदाहरण होना चाहिए।
5. वह किसी भी रूप में अस्पृश्यता को अपना नहीं सकता।

हरिजन, 24/8/1947

तिलक का अपमान राष्ट्र का अपमान है :

श्री तिलक जनता के आराध्य हैं। हजारों लोगों पर उनका इतना बड़ा प्रभाव है, जितना किसी अन्य नेता का नहीं। उनके लेखे श्री तिलक का आदेश कानून है। मेरा उनसे बहुत मतभेद है, परन्तु यदि मैं इस तथ्य से इन्कार करूं कि उनके उत्कट देशप्रेम, उनके महान् त्याग और जनता की मांग के प्रबल समर्थन की बदौलत इस देश की राजनीति में उनकी स्थिति अनन्यतम है तो मैं आत्म प्रवंचना का दोषी होऊंगा। उनका और उनके माध्यम से लोगों का जो अपमान किया गया है, वह समस्त राष्ट्र का अपमान है। हम उसका विरोध करें।

नवयुवक अंग्रेजों के पंजे से अपने देश को स्वतंत्र करने के लिए अधीर हो रहे हैं। नौजवानों में जो गुण और दोष हुआ करते हैं, वे सब उनमें प्रचुर रूप में मौजूद हैं। वे जिन शब्दों को काम में लाते हैं, वे कभी-कभी तीखे और उग्र भी

होते हैं। उनसे उनका तीव्र उत्साह ही प्रकट होता है। हम सयाने और अनुभवी लोग उनके कुछ कामों पर कभी-कभी आश्चर्य भी करने लग जाते हैं, परन्तु उनके हृदय सबल और शुद्ध हैं। वे कुछ हद तक वातावरण में से ढोंग और कृत्रिमता को मिटाने में सफल हुए हैं। उनके सत्य-कथन से कभी-कभी हमारे हृदयों को चोट भी पहुँचती है, परन्तु मैं यह कहे बिना नहीं रह सकता कि उन्होंने लोगों में प्रकाश फैलाया है। उनमें आशा और साहस भरा है और अगर अधिकारी उनके इरादों को गलत न समझ लेते तो मुझे यकीन है कि वे जन शक्ति के इस अतुल भण्डार से लाभ उठा सके होते।

बॉम्बे क्रॉनिकल, 16/6/1918

गरीबी मिटाने का अस्त्र :

खद्दर खरीदने का अर्थ है–देश के गरीब लोगों को लगभग चार आने की मदद देना, जबकि विदेशी कपड़े पर खर्च करने का अर्थ है–देशवासियों को अकथनीय कष्ट देते हुए उसी पैसे को देश से बाहर भेजना।

भारतीय मिलों का कपड़ा खरीदने का अर्थ गरीबों को मदद करना नहीं है, क्योंकि उसमें मुनाफे का सबसे ज्यादा भाग पूँजीपति को मिलता है और वह श्रमिकों को नाम मात्र का थोड़ा-सा ही पैसा देता है, जो उन्हें जीवित रखने को भी काफी नहीं है।

भारतीय मिलों में बने कपड़े खरीदने में खर्च किये जाने वाले धन का तीन चौथाई हिस्सा पूँजीपतियों की पहले ही खचाखच भरी तिजोरियों को ही और भरता है, जबकि श्रमिकों को, जो सचमुच में जरूरतमंद हैं, कुल मिलाकर मुनाफे के एक चौथाई हिस्से से ज्यादा नहीं मिलता।

देश की गरीबी से संघर्ष करने और उसमें सफलता पाने के लिए चरखा ही एकमात्र प्रभावी अस्त्र है।

सर्च लाइट, 16/1/1927

खद्दर आपकी मातृभूमि का उपहार है और इसलिए आपके लिए पवित्र वस्तु है।

सर्च लाइट, 19/1/1927

अध्याय-3

श्रद्धार्चन

सत्य अहिंसा के व्रती सद्‌गुण के आगार।
जीवन जिनका बन गया मानवता-आधार।
मानवता-आधार सदा शुभ पत्र विधायक।
जन-जन के कल्याण मार्ग के जो उन्नायक।
शब्दों का ले सुमन और भावों का चन्दन।
विश्ववंद्य बापू का करता 'अर्जुन' वन्दन।।

गांधी जी के विराट् व्यक्तित्व के प्रति श्रद्धा की तरंगें उद्वेलित होती रही हैं। विश्व भारती के अनेक समर्थ कवियों ने उनके चरणों पर श्रद्धासुमन अर्पित किए। पत्रकार एवं कवि हर बात को गहराई से पकड़ते हैं। वे हृदय के अन्दर तक पहुँच जाते हैं। समाज की धारा बदलने वाले, हृदय को उद्वेलित करने वाले, समाज को नव पथ पर ले चलने वाले पत्रकार तथा कवि होते हैं। बापू के प्रति कवियों के उद्‌गार बापू को समझने में सहायक हैं :

महात्मा

क्वासौ कौपीनसर्वस्वो महात्मा क्षीणविग्रहः,
विविधायुधसन्नद्ध आङ्ग्लराजः क्व ता पुनः।
निरन्तरं तथाप्यस्माद् बिभेत्येष महात्मनः,
सुगुप्तोऽप्याङ्ग्लभूपालः कम्पमानः पदे पदे।
यस्मिञ्जीवति विश्वस्य मङ्गलं विश्वतोमुखम्,
महात्मा श्रेयसे सोऽयं जीयाज्जीव्याच्च सन्ततम्!

—श्री विधुशेखर भट्टाचार्यः शान्तिनिकेतनम्

कहाँ तो लँगोटी पहने हुए मुट्ठीभर अस्थियों की देह और कहाँ वह असंख्य

शस्त्रास्त्रों से सन्नद्ध आंग्ल सम्राट ! किन्तु फिर भी वह सर्वथा सुरक्षित सम्राट इस महात्मा के पग-पग पर काँपता है।

जिसमें विश्व का अनन्त मङ्गल प्रतिष्ठित है, वह महात्मा युग-युग तक जिये और विजयी हो।

महात्मा गांधी

इंक़िलाब आया, नई दुनिया, नया हंगामा है।
शाहनामा हो चुका अब दौरे गांधीनामा है।।
न साहब को मारो, न साहब से भागो।
मचाते रहो गुल, पिटो और माँगो।।
क्यों दिले गांधी से साहब का अदब जाता रहा ?
बोले, "क्यों साहब के दिल से, खौफ़े रब जाता रहा ?"

—महाकवि अकबर इलाहाबादी

रेखाचित्र

बन के मनुष्य-बीज आप ही समा गया जो,
दिखलाया अपने विराट का विकास है।
जिसकी मनुष्यता की अमर कहानी आज,
अक्षय विभूति-सी वसुन्धरा के पास है।
कौन कहे, कौन लिखे, खींचे कौन रेखा-चित्र,
ऐसा क्या किसी में बुद्धि-वाणी का विलास है ?
भारत स्वतंत्र होगा, पीढ़ियाँ कहेंगी तब—
गांधीजी का चित्रित यही तो इतिहास है।

—श्री रामनरेश त्रिपाठी

स्वागतम्

स्वागत हे शुचि, शुद्ध, सरल, महनीय महात्मा,
भावमयी, भयहीन, भव्य भारत की आत्मा।
स्वागत मोहनदास, कर्मचन्दात्मज गांधी,
विदित अहिंसा-व्रती, विश्व के अचरज गांधी !

—श्री मुंशी अजमेरी

बापू के प्रति

तुम मांसहीन, तुम रक्तहीन, हे अस्थि-शेष, तुम अस्थिहीन!
तुम शुद्ध बुद्ध आत्मा केवल, हे चिर पुराण, हे चिर नवीन!
तुम पूर्ण इकाई जीवन की, जिसमें असार भव शून्य लीन;
आधार अमर होगी जिस पर भावी की संस्कृति समासीन।

—श्री सुमित्रानन्दन पंत

जगा कपिल का ज्ञान जहाँ, प्रकटी सीता-सी कल्याणी,
जहाँ मंत्रद्रष्टा गौतम की ध्वनित हुई पावन वाणी—
उस महान भू के प्राङ्गण में यह कैसा बलिदान हुआ?
तज विदेश सिद्धियाँ चलीं जिसका भीषण आह्वान हुआ?

—रामधारी सिंह दिनकर

वह गांधी हम सबका 'बापू' वह अखिल विश्व का प्यारा है;
वह उनमें ही से एक जिन्होंने आकर विश्व उबारा है।
है बुद्ध सुखी उसमें अपने ही परम धर्म का ज्ञान देख;
है ईसा खुश बलिदान देख, पैगम्बर खुश ईमान देख।

—श्रीमती सुभद्रा कुमारी चौहान

नाना कार्यविधायिनी निपुणता नीतिज्ञता विज्ञता,
न्यारी जाति हितैषिता सबलता निर्भीकता दक्षता,
सच्ची सज्जनता स्वधर्म-मूर्तिता स्वच्छन्दता सत्यता,
दिव्यों की दश मूर्ति देशजन को देती रहे दिव्यता।

—अयोध्या सिंह उपाध्याय 'हरिऔध'

खुली है कूटनीति की पोल;
महात्मा गांधी की जय बोल।
नया पन्ना पलटे इतिहास,
हुआ है नूतन वीर्य विकास।

—मैथिलीशरण गुप्त

मिटा जो नाम तो दौलत की जुस्तजू क्या है,
निसार हो न वतन पर तो आबरू क्या है।

लगा दे आग न दिल में तो आरजू क्या है,
न जोश खाय जो गैरत से वह लहू क्या है।
फ़िदा वतन पै जो हो आदमी दिलेर है वह,
जो यह नहीं तो फ़क़त हड्डियों का ढेर है वह।

—पं. ब्रजनारायण 'चकवस्त'

देव, तुम्हारे एक इशारे में है उथल-पुथल जग की,
उदधि-गँभीर कण्ठध्वनि में है आभा विप्लव के रँग की।
अस्थि-पुंज में यज्ञ-कुण्ड की ज्वालाएँ ये प्रकट रहीं,
ओ प्रचण्ड तापस, बस-बस; जग भस्मसात् होवे न कहीं!

—बालकृष्ण शर्मा 'नवीन'

किन्तु क्या कहता है आकाश? हृदय! हुलसो सुन यह गुंजार;
पलट जाये चाहे संसार, 'न लूँगा इन हाथों हथियार!'
'जाति?'—वह मजदूरों की जाति, 'मार्ग?' यह काँटोंवाला सत्य;
'रंग?' श्रम करते जो रह जाय, देख लो दुनिया भर के भृत्य।
'कला?'—दुखियों की सुनकर तान, नृत्य का रंग-स्थल हो धूल;
'टेक?'—अन्यायों का प्रतिकार, चढ़ाकर अपना जीवन-फूल।
'क्रान्तिकर होंगे इसके भाव?' विश्व में इसे जानता कौन?
'कौन सी कठिनाई है?' यही बोलते हैं ये भाषा मौन!
'प्यार?' उन हथकड़ियों से और, कृष्ण के जन्मस्थल से प्यार!
'हार?'—कन्धों पर चुभती हुई, अनोखी जंजीरें हैं हार!
'भार?'—कुछ नहीं रहा अब शेष, अखिल जगतीतल का उद्धार
'द्वार?' उस बड़े भवन का द्वार, विश्व की परम मुक्ति का द्वार!
पूज्यतम कर्म-भूमि स्वच्छन्द, मची है डर पड़ने की धूम;
दहलता नभ-मंडल ब्रह्माण्ड, मुक्ति के फट पड़ने की धूम।

—माखनलाल चतुर्वेदी

कँपता असत्य, कँपती मिथ्या, बर्बरता कँपती है थरथर।
कँपते सिंहासन, राजमुकुट कँपते खिसके आते भू पर।

हे युग द्रष्टा ! हे युग-स्रष्टा ! पढ़ते कैसा यह मोक्ष-मंत्र ?
इस राजतंत्र के खण्डहर में, उगता अभिनव भारत स्वतंत्र !

—सोहनलाल द्विवेदी

बापू ! तुमको पाकर युग का धन्य हुआ इतिहास !
आज तुम्हारा वर्तमान ही है भविष्य की साँस !!

—रामकुमार वर्मा

ले लिया क्रूर काल ने छीन हमारा गुण, गौरव, सम्मान।
बचाना हे भगवान कृपालु, बुढ़ाई का मेरे अभिमान !
गया है तू मेरे जिस काम सफलता उसमें देगी मोद
मुझे, पर यदि असफल हो पुत्र, किलकते आना मेरी गोद !
मुझे है इसकी क्या परवाह, मुझे क्या लाता मेरा लाल,
भरे या खाली आये हाथ लगा लूँगी छाती तत्काल !
भले ही मैले, फटे कुवस्त्र झटकें यह मेरी सूखी खाल,
चमकते हों यदि तुझसे गोद ज्वार, हीरे, मोती लाल !

—हरिवंश राय 'बच्चन'

अध्याय-4

स्मृति-मन्दाकिनी

'महात्मा और गुरुदेव' शीर्षक के अन्तर्गत गांधी और गुरुदेव रवीन्द्रनाथ टैगोर सम्बन्धी प्रस्तुत अमृतलाल वेगड़ के संस्मरण अनमोल दस्तावेज हैं जो हू-ब-हू निम्नवत् हैं–

प्रिय मि. गांधी,

आपके इस विचार ने कि भारत आने पर आपके फीनिक्स के लड़कों को रहने के लिए मेरा स्कूल सही जगह होगा, मुझे बेहद खुशी दी है और यह खुशी और भी बढ़ गई है जब मैंने उन प्यारे बच्चों को यहाँ पर देखा। हम सभी का विचार है कि उनका हमारे बच्चों पर जो प्रभाव पड़ेगा, वह अत्यंत मूल्यवान होगा। मैं आशा करता हूँ कि बदले में उन्हें भी यहाँ से कुछ मिलेगा और उन्हें अपना शांति निकेतन में रहना सार्थक जान पड़ेगा। यह चिट्ठी मैं आपको धन्यवाद देने के लिए लिख रहा हूँ क्योंकि आपने अपने लड़कों को हमारे लड़के बन जाने दिए हैं। अब वे हम दोनों की जीवन-साधना के जीवंत संपर्क-सूत्र बन गए हैं।

आपका अपना

रवीन्द्रनाथ टैगोर

दक्षिण अफ्रीका के गांधीजी के फीनिक्स आश्रम के वे लड़के जब शांति निकेतन आए, तब गांधीजी उनके साथ नहीं थे। वे बाद में आए। इस बीच गुरुदेव का कहीं बाहर जाना हुआ। वहाँ से उन्होंने जो पत्र लिखा 18 फरवरी 1915 के दिन, उसमें उन्होंने गांधीजी का उल्लेख 'महात्मा' के रूप में किया था। 'आशा करता हूँ कि महात्मा और श्रीमती गांधी बोलपुर आ गए होंगे।'

आते ही अपने स्वभाव के अनुसार गांधीजी ने शिक्षकों और छात्रों से कहा कि आपको रसोइयों और नौकरों की सेवा नहीं लेनी चाहिए और सभी काम खुद करने चाहिए। गांधीजी की बात का समर्थन करते हुए गुरुदेव ने कहा, **'इस प्रयोग में स्वराज की कुंजी है।'** यहीं से युग की दो महान विभूतियाँ एक-दूसरे के प्रति आकर्षित हो गई हैं।

प्रयोग धड़ल्ले से चल पड़ा। लड़कियाँ खाना पकातीं, लड़के बरतन माँजते और नौकर कबड्डी खेलते! गांधीजी ने अपनी आत्मकथा में लिखा है कि बरतन माँजने वालों की थकान दूर करने के लिए कुछ छात्र सितार बजाते। गांधीजी के साथियों का किचन अलग था। उसमें बिना मसाले का उबला भोजन बनता। कोई चाय न पीता। चाय की जगह नीम की नई कोमल पत्तियों को पीसकर उसका रस पीते। शौचालय की सफाई का काम गांधीजी के साथी करते।

प्रयोग लंबा न चला। गांधीजी के वहाँ से जाते ही बंद हो गया। किन्तु तब से शांति निकेतन में हर साल 10 मार्च को 'गांधी स्मृति दिवस' के रूप में मनाया जाता है। उस दिन सभी काम छात्र-छात्राएँ स्वयं करते हैं।

1917 में गांधीजी और गुरुदेव फिर मिले, इस बार कोलकाता में। कांग्रेस के उद्‌घाटन समारोह में गुरुदेव ने अपना सुप्रसिद्ध गीत 'भारत की प्रार्थना' गाया और गांधीजी गुरुदेव के घर में 'पोस्ट ऑफिस' नाटक खेला गया, उसमें उपस्थित रहे।

1919 में पंजाब में जलियांवाला बाग हत्याकांड हुआ। विरोध स्वरूप गुरुदेव ने वाइसराय को कड़ी चिट्ठी लिखी और अपना नाइटहुड का सम्मान लौटा दिया। गुरुदेव का विरोध खिताब लौटाने तक ही सीमित रहा लेकिन गांधीजी ने विदेशी सरकार के खिलाफ अपना असहयोग आन्दोलन ही छेड़ दिया।

1920 में गुजराती साहित्य परिषद के वार्षिक अधिवेशन में सम्मिलित होने के लिए गांधीजी के आग्रह से गुरुदेव एक अप्रैल को अहमदाबाद आए। अधिवेशन में उन्होंने Construction Versus Creation पर व्याख्यान दिया। 2 अप्रैल की रात वे साबरमती आश्रम में सोए और 3 अप्रैल को गांधीजी की प्रातःकालीन प्रार्थना में सम्मिलित हुए। 1922 में वे पुनः अहमदाबाद आए। तब गांधीजी जेल में थे। गांधीजी की अनुपस्थिति में 4 दिसम्बर 1922 के दिन उन्होंने साबरमती आश्रम में Who is a Mahatma? विषय पर व्याख्यान दिया।

यह आश्चर्यजनक है कि गुरुदेव गांधीजी के असहयोग आन्दोलन की कद्र न कर सके जबकि अपने गीतों और नाटकों में ऐसे ही आन्दोलनों के पक्षधर रहे। गुरुदेव चरखा और खादी के भी खिलाफ थे। इसे लेकर दोनों के बीच खुला विवाद हुआ। गुरुदेव अपने शान्तिनिकेतन के लिए यूरोप के निवासियों से सहयोग करने की अपील कर रहे थे। उन्होंने कहा, "जिस समय मैं दुनिया से कह रहा हूँ कि सभी देशों को आपस में सहयोग करना चाहिए, उसी समय भारत ने असहयोग का यह अभद्र आंदोलन शुरू कर दिया है।"

1921 में 'मॉडर्न रिव्यू' के अक्टूबर अंक में गुरुदेव का एक लेख प्रकाशित हुआ–'सत्य से एक बिनती।' उसमें उन्होंने आंदोलन का विरोध किया। गांधीजी ने अपने साप्ताहिक पत्र 'यंग इंडिया' में इसका जोरदार जवाब दिया। अपने लेख में वे गुरुदेव को 'महान प्रहरी' कहते हैं और असहयोग आंदोलन के भय स्थान दिखाने के लिए उनके प्रति आभार प्रकट करते हैं। किन्तु गांधीजी को नहीं लगता कि उनकी आशंकाएँ वाजिब हैं। उन्होंने कहा, **''भूखों को भगवान रोजी-रोटी के रूप में ही दर्शन देते हैं। भूख ही भारत को चर्खे की ओर ले जाती है। दुःख से व्याकुल आदमी को कबीर के भजन से आश्वासन देना** मुझे हमेशा ही असंभव जान पड़ा है। हम उन्हें काम दें ताकि वे अपनी रोजी-रोटी कमा सकें। कोई पूछ सकता है कि मुझे क्यों कातना चाहिए? क्योंकि मैं जो खाता हूँ, उसे मैंने पैदा नहीं किया। मैं अपने देशवासियों के शोषण पर जिंदा हूँ। हरेक को कातना चाहिए, दूसरों की तरह टैगोर भी कातें। उन्हें अपने विदेशी कपड़ों को आग के हवाले कर देना चाहिए। यह उनका फर्ज है।''

गांधीजी योगी हैं, त्यागी और तपस्वी हैं। त्याग में उन्हें सुख मिलता है। गुरुदेव का विचार था कि हमारे अध्यात्म ने हमें जरूरत से ज्यादा त्यागी बना दिया है और जीवन को नीरस और आनंदविहीन। वे लोगों को जीवन में से उच्च कोटि का आनंद लेना सिखाना चाहते थे। गांधी सत्य और अहिंसा के पैगंबर हैं। 1922 में लिखे अपने नाटक 'मुक्तधारा' में धनंजय बैरागी के पात्र में गुरुदेव ने मानों गांधी को ही साकार किया है। अपने नाम के अनुरूप धनंजय बैरागी ने अपनी समस्त संपत्ति का त्याग कर दिया है और राजा जिस क्रूरता से टैक्स की उगाही करता है, उसके खिलाफ आंदोलन में अपने देशवासियों की अगुआई करता है। वह सत्य, अहिंसा और अभय पर आधारित सत्याग्रह ही है। गुरुदेव ने बंगाल में स्वदेशी आंदोलन के प्रारंभिक दिनों में सक्रिय भाग लिया था। उनके काव्यों, गीतों और भाषणों ने बंगाल में देशभक्ति की भावना को जगाया था। लेकिन गुरुदेव लोगों की भावनाओं को नियंत्रित न रख सके और उन्हें सही नेतृत्व भी न दे सके। जब बंगाल की तीव्र भावनाएँ हिंसक प्रवृत्तियों की ओर मुड़ीं तब गुरुदेव ने इसे नापसंद किया और इस क्षेत्र से अलग होकर काव्यदेवी की आराधना में लीन हो गए। गांधी और गुरुदेव में यह बहुत बड़ा अंतर है। गांधी में नेतृत्व की अपार क्षमता है। वे अपनी इच्छाशक्ति के मालिक हैं, इसलिए जनता की इच्छा को काबू करना और उसे सही दिशा दिखाना उनके लिए सहज है।

गांधीजी का झुकाव राष्ट्रीयता की ओर था तो गुरुदेव का अंतरराष्ट्रीयता की ओर। लेकिन गांधी का राष्ट्रवाद संकुचित न था। वे कहते थे, ''मेरे लिए देश प्रेम

और विश्व प्रेम एक ही है। **मैं देशप्रेमी हूँ, क्योंकि मैं मानवप्रेमी हूँ। मेरा देश प्रेम बहुत व्यापक है। भारत की सेवा के लिए मैं इंग्लैण्ड या जर्मनी को हानि नहीं पहुँचा सकता। ऐसी देशभक्ति अधकचरी देशभक्ति है।**" गुरुदेव की राष्ट्रीयता में भी यही उदात्तता है। वे भारत की आजादी इसलिए नहीं चाहते थे जिससे वह दूसरे देशों पर अपना राज्य स्थापित कर सके, बल्कि इसलिए कि भारत अपना सर्वश्रेष्ठ अन्य देशों को दे सके। दोनों के लिए स्वतंत्रता का अर्थ केवल विदेशी शासन से मुक्ति पाना मात्र नहीं था। दोनों ही नैतिक मूल्यों के पक्षधर थे। गुरुदेव पाश्चात्य विज्ञान के प्रशंसक जरूर थे लेकिन यंत्र-संस्कृति के विरोधी थे। 'ताशेर देश' नृत्य-नाटिका में उन्होंने यही दर्शाया है।

गुरुदेव असहयोग आंदोलन के खिलाफ थे लेकिन उन्हीं के ऋषि-तुल्य बड़े भाई द्विजेन्द्रनाथ ठाकुर (बड़दा) गांधीजी के असहयोग आन्दोलन के बहुत बड़े प्रशंसक थे। एक बार गांधीजी स्वास्थ्य-लाभ के लिए दार्जिलिंग जाने का विचार कर रहे थे किन्तु दीनबंधु एन्ड्रूज के आग्रह से शांतिनिकेतन गए। उस समय द्विजेन्द्रनाथ वहीं थे। बोले, "मेरा रोबी (रवीन्द्रनाथ) अपने लेखों, काव्यों और गीतों के माध्यम से जिस बात का प्रचार-प्रसार कर रहा है, आप उस पर अमल कर रहे हैं। इससे मेरे हर्ष की कोई सीमा नहीं। सहयोग बराबरी वालों के बीच होता है, गुलाम और मालिक के बीच नहीं। अंगरेजों ने हमें गुलाम बना रखा है। इसलिए उनसे सहयोग की बात करना निराभ्रम है। जब तक असमानता है, तब तक सहयोग में मैं विनाश ही देखता हूँ।"

गांधीजी वहाँ एक सप्ताह रहे। अंतिम दिवस वहाँ के मंदिर में गांधीजी का प्रवचन हुआ। आरंभ गुरुदेव के इस गीत से हुआ–

अंतर मम विकसित करो
अंतरतर हे!
निर्मल करो, उज्ज्वल करो
सुंदर करो हे!

1925 में गांधीजी पुनः शांतिनिकेतन गए। गुरुदेव ने गेस्ट-हाउस के मैनेजर गांगुली मशाय से कहा कि अभी ही गांधीजी का पत्र आया है। लिखा है वे यहाँ दो दिन शांतिपूर्वक रहने के लिए आ रहे हैं। मेरे घर पर तो विजिटरों की भीड़ लगी रहती है, इसलिए सोचा है कि गांधीजी को तुम्हारे गेस्ट-हाउस की ऊपरी मंजिल पर ठहराया जाए। अनावश्यक विजिटरों को दूर रखने में तुम माहिर हो। गांधीजी को

तुम्हारे हाथों सौंपकर मैं निश्चिंत हो जाऊँगा। अब आगे का वर्णन गांगुली मशाय के ही शब्दों में–

मैंने सोचा, मेरे गेस्ट-हाउस की घुड़साल में गांधीजी को भला कहाँ रखूँगा। ढंग का पलंग तक तो नहीं। गुरुदेव मेरे मन की बात भाँप गए। बोले, जिस चीज की जरूरत पड़े, बहूमाँ से ले आना। तीन दिन की दौड़धूप के बाद मैंने ऊपरी मंजिल को गांधीजी के रहने लायक बनाया। मेरे हिसाब से उसे ठीक ही सजाया था। तभी देखता हूँ, दोपहर की चिलचिलाती धूप में छाता लगाए गुरुदेव स्वयं चले आ रहे हैं। बोले, 'जरा देखूँ तो सही तुमने अतिथि-सत्कार की कैसी व्यवस्था की है।' कमरे में प्रवेश करते ही बोले, 'यह तुमने क्या किया, गांगुली! सभी विदेशी कपड़े! विदेशी पलंग! सर्वनाश! झट बाहर निकालो। अभी के अभी! अमुक के यहाँ लकड़ी का नक्काशी वाला खूबसूरत पलंग है, उसे ले आओ। और तुमने ये जो विदेशी बेड-शीट और विदेशी पर्दे टाँग रखे हैं, ये सभी निकालो। तुम्हीं जाओ, गांगुली, बहूमाँ के पास मेरी एक बड़ी संदूक है। उसके अंदर सभी कपड़े खादी के हैं। मैं जब अहमदाबाद गया था, तब आश्रमवासियों ने मुझे भेंट किए थे। उनमें मच्छरदानी तक है।'

तभी उनकी निगाह नीचे बिछे कार्पेट पर गई। 'दूर करो, इसे भी अलग करो!' ऊपर बिजली का बल्ब देखकर बोले, 'इसका भी कोई उपाय करना होगा। बहूमाँ के यहाँ जाते समय नंदलाल और क्षितिबाबू की पत्नी को यहाँ आने के लिए कहते जाना।'

मैं पेटी लेकर आया तब तक किरन दी आ गई थीं और सुंदर अल्पना (रंगोली) बना रही थीं। गुरुदेव एक कोने में बैठकर चुपचाप देख रहे थे। तभी नंदबाबू आए। 'एक काम करो तो नंदलाल, इस बल्ब को छुपाना होगा। **उसके नीचे कमल बना दो। बिजली का उजाला आएगा कमल की पंखुड़ियों में से होकर।'**

मैं एक के बाद एक बेडशीट और पर्दे दिखाता रहा और गुरुदेव नामंजूर करते रहे। मैंने कहा, पेटी नीचे रखी है, आप कहें तो ऊपर ले आऊँ। गुरुदेव ने मुस्कुराकर कहा, 'नहीं, मैं ही नीचे चलता हूँ।' कुर्सी पर बैठकर पेटी का एक-एक कपड़ा देखा और उनमें से अपनी पसंद के कपड़े चुने। हम लोग फिर ऊपर आए। गुरुदेव बताते रहे कि कौन-सी बेडशीट नीचे रहेगी, कौन-सी ऊपर, सिरहाना कहाँ रहेगा, पानी का घड़ा कहाँ रहेगा और शेल्फ में कौन-सी किताबें रहेंगी सारा इंतजाम करते शाम हो गई। अचानक बोले, 'गांगुली, जरा बाथरूम भी देख लूँ।' अंदर जाते ही बोले, 'यह क्या फौरन दूर करो इस टीन के टब को! मेरे घर से पीतल का टब ले आओ। वहीं बेसन भी रखा है, उसे भी लेते आना। और इस साबुन

को फेंक दो! और यह टर्किश तौलिया! उसे भी फेंक! मेरी पेटी में से खादी की तौलिया ले आ। अच्छा नीम की दातून कहाँ है?'

मैंने डरते-डरते कहा, 'उनके तो दाँत नहीं हैं।'

'कोई बात नहीं, दातून ले आओ और क्षितिबाबू की पत्नी से कहना, आज ही ताजा दंतमंजन बनाकर भेज दे। वह मंजन बढ़िया बनाती है।'

आखिर आवास तैयार हुआ। मेरा दृढ़ विश्वास है कि किसी वधू ने अपने वर के लिए इस उमंग और उत्साह के साथ कमरा नहीं सजाया होगा। और गुरुदेव जैसे सौन्दर्य के पुजारी ने उस आवास को सजाया, तब अच्छे से अच्छा इन्टीरिअर डेकोरेटर भी उनकी क्या बराबरी करेगा! फिर भी सब कुछ सादा, सुघड़ और व्यवस्थित। दूसरे दिन यानी 29 मई 1925 के दिन गांधीजी आए। उन्हें ऊपर की मंजिल तक ले आए स्वयं गुरुदेव। गांधीजी ने कमरे की सजावट देखी जरूर, पर न के बराबर। खिड़की के पास जाकर बोले, 'ऊपर जाने के लिए सीढ़ी है?' 'हाँ, है।' कहकर खुद गुरुदेव उन्हें ऊपर ले गए। वहाँ जाकर गांधीजी बोले, 'अद्भुत! रात को तारों को निहारते हुए मैं यहीं सोऊँगा।'

पड़ा रहा सब नीचे! गुरुदेव ने बड़े उत्साह से जो सज्जा की थी, वह धरी रह गई। गुरुदेव ने गांधीजी के सामने सौन्दर्य के मोती रखे, गांधीजी ने उन्हें तोड़कर देखा कि उनमें सत्य है या नहीं। ऐसे थे तुम्हारे महात्मा! अरे, मुसीबत थे, मुसीबत। तीन दिन तक मेरी जान साँसत में रही। वे यहाँ अपने सत्याग्रह आन्दोलनों के लिए गुरुदेव का समर्थन पाने के उद्देश्य से आए थे। अगर गुरुदेव द्वारा की गई सजावट को गौर से देखते, उसकी सराहना करते, तो शायद समर्थन मिल भी जाता। लेकिन उन्होंने ऐसा कुछ नहीं किया तो समर्थन भी नहीं मिला।

कुछ इस तरह का वर्णन करते थे गांगुली मशाय गांधीजी के आगमन का। इसमें कितनी कथा, कितना इतिहास, कितना सौंदर्य, कितना सत्य–यह तो कथारस के आचार्य गांगुली मशाय ही जानें।

इसी घटना का एक पाठ और मिलता है। गांधीजी के आगमन पर आम्रकुंज में गुरुदेव ने वैदिक मंत्रों के साथ गांधीजी का स्वागत किया। माथे पर चंदन लगाया और गले में माला पहनाई। समारोह समाप्त होने पर स्वयं गुरुदेव गांधीजी को उनके आवास तक ले गए। वहाँ की कलात्मक साज-सज्जा देखकर गांधीजी खिलखिला कर हँस पड़े। बोले, 'इस रंगमहल में मैं कहाँ से आ गया?'

गुरुदेव भी विनोद में शामिल हुए। बोले, 'महात्मा जी, यह न भूलें कि आप एक कवि के आवास में हैं।'

गांधीजी ने कहा, 'लेकिन इस रंगमहल में कन्या कहाँ है?'

गुरुदेव ने कहा, 'हमारी हृदय-सम्राज्ञी चिर-तरुणी शांतिनिकेतन-बाला आपका स्वागत करती है।'

गांधीजी ने मुस्कराते हुए कहा, 'अच्छा, तो मेरे जैसे टूटे दाँत और पोपले मुँहवाले व्यक्ति के लिए भी अभी कुछ आशा बाकी है!'

गुरुदेव दूसरे दिन सुबह फिर आ पहुँचे। गांधीजी और उनके साथी सुबह साढ़े चार बजे ही उठ बैठे थे और नहा-धोकर अपने-अपने काम में लगे थे। सतीश बाबू छात्र-छात्राओं को रुई धुनकने की कला सिखा रहे थे। महादेव देसाई छात्रा को सूत कातना सिखा रहे थे। यह सब देखते हुए गुरुदेव जी के कमरे में जा पहुँचे। वहाँ उन्होंने जो देखा तो दिल बैठ गया। साज-सज्जा की सारी सामग्री अस्त-व्यस्त पड़ी थी। गांधीजी का पलंग बाहर खुले में ले जाया गया था। वे बाहर खुले में सोए थे। फ्लॉवर पॉट हटा दिया गया था और उसके स्थान पर चरखा रख दिया गया था।

अब गुरुदेव को मजाक करने का मौका मिला। बोले, 'इस रंगमहल को क्या हो गया है? दूल्हे राजा तो दिखाई दे रहे हैं, पर बहूरानी कहाँ चली गई?'

'मैंने आपको पहले ही बताया था कि यह कन्या पोपले मुँह वाले इस बुड्ढे की ओर देखेगी तक नहीं।'

लगता था आकाश के देवता इस हास-परिहास को छुपकर सुन रहे थे।

1932 की बात है। पूना के निकट यरवडा जेल में अँगरेजी हुकूमत के अन्यायपूर्ण कानून का विरोध करने के लिए गांधीजी ने आमरण अनशन करने का निश्चय किया। अनशन प्रारंभ करने के पूर्व उन्होंने गुरुदेव को यह पत्र लिखा–

प्रिय गुरुदेव,

मंगलवार के तीन बजे की भोर है। मैं अग्नि के द्वार में प्रवेश कर रहा हूँ। अगर आप आशीर्वाद दे सकें तो मुझे उसकी जरूरत है। आप मेरे सच्चे मित्र हैं क्योंकि आप साफ दिल मित्र हैं। अगर आपका हृदय मेरे इस कदम को उचित मानता हो, तो मैं आपका आशीर्वाद माँगता हूँ। किन्तु यह पत्र रवाना हो, उसके पहले ही गुरुदेव का तार आया, **'भारत की एकता और अखण्डता के लिए आपके मूल्यवान जीवन का बलिदान श्रेयस्कर है। हमारे शोकातुर हृदय आपकी भव्य तपस्या को भक्ति और प्रेम के साथ निहारेंगे।'** इतना ही नहीं, गुरुदेव से रहा न गया तो वे गांधीजी के पास यरवडा जेल पहुँचे। जब यह समाचार आया कि सरकार झुक गई है और बापू की बात मान ली गई है, उस समय गुरुदेव गांधीजी की शैया के पास बैठे थे। गांधीजी ने जब अपना अनशन तोड़ा तब गुरुदेव ने गांधीजी को प्रिय अपना यह गीत गाया–

जीवन जखन शुकिये जाए
करुणाधाराय एसो।
सकल माधुरी लुकाए जाए
गीत सुधार से एसो।

1936 में दिल्ली में दोनों की पुनः भेंट हुई। जब गांधीजी को पता चला कि शांतिनिकेतन पर साठ हजार रुपयों का कर्ज हो गया है और धन-संग्रह करने के उद्देश्य से गुरुदेव अपने कलाकारों के साथ जगह-जगह अपनी नृत्य-नाटिकाओं का मंचन करते हुए दिल्ली आए हैं, तब उन्हें बड़ी पीड़ा हुई। **तुरंत गुरुदेव को साठ हजार रुपये का चेक दिया और वृद्धावस्था में ऐसा श्रम न करने की प्रार्थना की।** 1938 में पुनः दोनों की भेंट हुई और इस बार भी गांधीजी ने उन्हें आर्थिक संकट से उबारा।

1939 की बात है। माता कस्तूरबा के पास शांतिनिकेतन से एक तार आया। लिखा था–कृपया गांधीजी से कहें कि वे गुरुदेव पर आराम करने के लिए दबाव डालें। वे किसी और की सुनते ही नहीं। बात यह थी कि डॉक्टरों ने गुरुदेव को पूर्ण विश्राम लेने के लिए कहा था लेकिन गुरुदेव अपना पढ़ना-लिखना और चित्र बनाना बंद नहीं कर रहे थे। लाचार शांतिनिकेतन वालों ने माता कस्तूरबा को उक्त तार भेजा। बापू का जब शांतिनिकेतन जाना हुआ तो गुरुदेव से बोले, 'गुरुदेव! एक भिक्षा दीजिए।' गुरुदेव भाँप गए। बोले, 'जोंक को जोंक नहीं लगती।' लेकिन गांधीजी ने अपनी बात मनवा ही ली–भोजन के बाद सब दरवाजे बंद कर कमरे में आराम किया करें।

एक दिन भोजन के समय गुरुदेव ने क्षितिबाबू को बुलाया। जब तक वे पहुँचे, गुरुदेव भोजन कर चुके थे और सब दरवाजे बंद किए लेटे थे। क्षितिबाबू के पैरों की आहट सुनकर गुरुदेव बोले, 'ठाकुरदा हैं क्या?' क्षितिबाबू ने पूछा, 'आप अंदर क्या कर रहे हैं?' गुरुदेव बोले, 'गांधीजी को भिक्षा दे रहा हूँ।'

दोनों की अंतिम भेंट 1940 में शांतिनिकेतन में हुई। यह सर्वाधिक दर्दभरी और सुंदरतम भेंट थी। बापू जब जाने लगे तो गुरुदेव ने उनके हाथ में एक बंद लिफाफा रखा। उसमें लिखा था कि मेरे जाने के दिन अब आ गए हैं। **मैं अपना प्राणों से भी प्रिय शान्तिनिकेतन आपको सौंप रहा हूँ। गुरुदेव अपना शान्तिनिकेतन और किसी को नहीं, गांधीजी को सौंप गए।** उन्हें विश्वास होगा कि मेरी वीणा गांधी के हाथों में सुरक्षित रहेगी। गांधीजी ने उस पत्र को संभाल कर रखा। सात बरस बाद 1947 को जब देश आजाद हुआ तो वह पत्र उन्होंने

जवाहरलाल को दिया। फलस्वरूप विश्व भारती, शान्तिनिकेतन केन्द्र सरकार के अधीन केन्द्रीय विश्वविद्यालय बना और उसकी आर्थिक समस्याएँ हमेशा के लिए समाप्त हो गईं।

1941 में जब गुरुदेव रोग शैया पर पड़े जिन्दगी और मौत के बीच झूल रहे थे, तब गांधीजी ने महादेव देसाई को उनके पास भेजा। वे गांधीजी का पत्र लेकर गए थे। गुरुदेव इतने कमजोर हो गए थे कि न तो उन्हें ठीक से दिखाई देता था, न ठीक से सुनाई देता था। जब उनके सचिव ने यह पत्र पढ़कर सुनाया तो वे इतने द्रवित हुए कि उनकी आँखों से आँसू बह चले। जो दुःख में कभी नहीं रोए थे, वे आनंद में रो पड़े।

महात्मा गांधी और गुरुदेव दोनों का ही हमारे देश पर और देश के बाहर भी गहरा प्रभाव पड़ा है। यद्यपि बाहर से इनमें काफी फर्क दिखाई पड़ता था, लेकिन **आंतरिक दृष्टि से उनमें बड़ी समानता थी। इस आंतरिक समानता के कारण ही दोनों एक-दूसरे के प्रति आकृष्ट हुए थे।**

इस लेख का आरम्भ हमने गुरुदेव के पत्र से किया था, समापन भी गुरुदेव को महात्मा गांधी के 27.12.1947 के दिन लिखे गए इस पत्र से कर रहा हूँ–

''बेशक, मैं चाहे जहाँ रहूँ, शांतिनिकेतन सदा मेरे हृदय में रहेगा।''

तुम्हारा बापू

को बड़ छोट कहत अपराधू

विनोबा भावे और बापू एक-दूसरे को कितनी गहराई से जानते थे इसके लिए 'गांधी; जैसा देखा-समझा, के सम्पादकीय का प्रारम्भिक अंश ध्यातव्य है :

गांधीजी अपने अन्तेवासियों से कभी-कभी कहते थे कि मैं हूँ, तब तक भले ही तुम लोग न चमको, लेकिन जब मैं नहीं होऊँगा, उस दिन दुनिया तुम्हारा तेज देखने वाली है। गांधीजी की यह भविष्यवाणी विनोबा के बारे में सत्रह आना सही उतरी दिखती है।

दीनबन्धु एण्ड्रयूज के साथ बातचीत करते हुए गांधीजी ने विनोबा के बारे में कहा था कि **''आश्रम के दुर्लभ रत्नों में से यह एक है। वह आश्रम को ही अपने पुण्य से सींचने आये हैं; लेने नहीं आये, देने आये हैं।''**

दूसरी ओर विनोबा कहते हैं–''भगवान् की अपार कृपा है कि उसने मुझे बापू के चरणों में स्थिर किया। ...बापू के आश्रम से मुझे क्या-क्या मिला है, यह

तो मेरा मन जानता है। **...आश्रम में आने के बाद मुझे आँख ही मिल गयी। बापू का आश्रम मेरे लिए दृष्टिदायी मातृ-स्थान है।''**

दो-एक बार विनोबा ने गांधीजी को पत्र में लिखा : ''ईश्वर मुझसे सेवा लेगा क्या? **...इस दुनिया में आपके आशीर्वाद के बिना सब शून्य है। आपके महायज्ञ की आहुति बन जाने की योग्यता ईश्वर से इस सेवक को दिलाइये।''**

तब जवाब में गांधीजी ने लिखा था : ''तुम्हारा प्रेम और चरित्र मुझे मोह में डुबा देता है। **...तुम्हारी भक्ति और श्रद्धा आँखों में खुशी के आँसू लाती है। मैं उसके लायक हूँ या नहीं हूँ, परन्तु तुमको तो यह फलेगी ही। तुम बड़ी सेवा के निमित्त बनोगे। ...ईश्वर तुमको दीर्घायु बनाये और तुम्हारा उपयोग हिन्द की उन्नति के लिए हो!''**

विनोबा को पत्र

समझ में नहीं आता, तुम्हारे लिए किस विशेषण का प्रयोग करूं। **तुम्हारा प्रेम और तुम्हारा चरित्र मुझे मुग्ध कर लेता है।** तुम्हारी परीक्षा मुझे मोह में डाल देती है। मैं तुम्हारी परीक्षा करने में असमर्थ हूँ। तुम्हारी अपने आप की हुई परीक्षा को मैं स्वीकार करता हूँ। मालूम पड़ता है, मेरा लोभ तुमने लगभग पूरा कर दिया। मेरी मान्यता है कि सच्चा पिता अपने से अधिक चरित्रवान् पुत्र को जन्म देता है। सच्चा पुत्र वह है, जो पिता की कृति में वृद्धि करे। पिता सत्यवादी, दृढ़ निश्चयी और दयावान् हो तो पुत्र अपने भीतर उन गुणों को और अधिक पैदा करे। मालूम होता है, तुमने ही किया है। मुझे यह तो नहीं जान पड़ता कि ऐसा तुमने मेरे प्रयत्न से किया है। इसलिए तुम मुझे जो पद दे रहे हो, उसे मैं तुम्हारे प्रेम की भेंट के रूप में स्वीकार करता हूँ। मैं उस पद का पात्र बनने का प्रयत्न करूंगा और जब मैं हिरण्यकशिपु साबित होऊं, तब तुम भक्त प्रह्लाद की तरह मेरा सादर निरादर करना।

मैं चाहता हूँ कि तुम्हारा उपयोग भारत की उन्नति के लिए हो।

महादेव भाई की डायरी, खण्ड-4, 10/2/1918

अपने नेता के कदमों पर चलो

वर्धा, 2 जनवरी। नागपुर प्रांतीय कांग्रेस कार्यकर्ताओं के वर्धा कैम्प के सदस्यों के प्रति भाषण करते हुए राष्ट्रपति डॉ. राजेन्द्र प्रसाद ने कहा कि यदि आप अपने संग्राम में विजयी होना चाहते हैं तो अपने नेता गांधी जी पर विश्वास करना सीखें। गांधी जी का अन्धानुकरण करने के लिए मेरी आलोचना की जाती है पर मुझे ऐसा करते हुए कोई शर्म महसूस नहीं होती, क्योंकि मेरा अनुभव यही है कि ऐसा करने

से कुछ खोने के बजाय मुझे लाभ ही हुआ है। डॉ. राजेन्द्र प्रसाद ने कहा कि सफलता के लिए विश्वास की आवश्यकता है। यदि कोई सदैव ही अपने नेताओं पर अविश्वास या सन्देह करता है तो वह कुछ भी नहीं कर सकता। मैं प्रत्येक व्यक्ति से अपने नेता पर विश्वास करने की अपील करता हूँ। नेता अपने तरीकों या तरकीबों को कभी पूर्णतया प्रगट नहीं करता बल्कि अपनी आज्ञा पर प्रत्येक सिपाही से आगे बढ़ चलने की आशा करता है। आज्ञाकारी तथा विश्वासपात्र सिपाहियों के समान गांधी जी के नेतृत्व को स्वीकार करो ताकि वे हमें विजय की ओर ले चलें। आप जानते हैं कि एक श्रीकृष्ण एक गौतमबुद्ध और एक ईसा मसीह ने सारे संसार में क्रान्ति कर दी थी। वही **सत्य और अहिंसा के मार्ग से गांधी जी भी करना चाहते हैं।**

(उस समय कांग्रेस अध्यक्ष को राष्ट्रपति कहते थे)

'हिन्दुस्तान' में 3 जनवरी, 1940 को प्रकाशित

गांधी जीवैं वर्ष शत, देश होय स्वाधीन;
शांति स्थापन होय जग, मारग चलै नवीन।

—महामना मालवीय

गांधी नवजीवन के दूत

"उन्होंने दासों को मनुष्य बनाया। उन्होंने भारतीय नारी समाज को स्वतंत्र किया। उन्होंने समाज से अस्पृश्यता का विनाश किया। उन्होंने उन फौलादी दीवारों को तोड़ दिया, जिनमें हमारा समाज बँधा हुआ था। उन्होंने पारलौकिकता को, जिसका भूत भारत पर सवार था, समाप्त कर दिया। उन्होंने हीन भावना के शाप को, जो हमारी सामूहिक चेतना पर गत 900 वर्ष के विदेशी से हावी हो गया था, समाप्त किया। उन्होंने भारतीयों का अपनी संस्कृति में अभिमान और अपनी शक्ति में विश्वास पुनः जाग्रत किया–जिसे और जिसके अतिरिक्त अपनी आत्मा को भी वे खो चुके थे। उन्होंने भारत की अविनाशी संस्कृति को पुनः प्रतिष्ठित किया और उसे विश्व-विजय के पथ पर फिर से आरूढ़ किया। वे नवजीवन के दूत थे।"

—कन्हैयालाल माणिकलाल मुंशी

सच्चा ईसाई गांधी थे जिन्हें गोली मार दी गई

"इस विश्व प्रसिद्ध व्यक्ति से, जिसकी शिक्षाएँ अनिवार्यतः दोनों भू-गोलार्द्धों में राष्ट्रों के भविष्य का निर्माण करेंगी, हमारे सामने त्याग के लिए बुद्ध, पीड़ा

के लिए ईसा, सत्यवादिता के लिए हरिश्चन्द्र, संपूर्णता के लिए श्रीराम और रणनीति के लिए श्रीकृष्ण की याद ताजा हो जाती है। गांधी ने–जिस व्यक्ति को नियति ने अपने देश का उद्धार करने के लिए जन्म दिया–पहले इच्छा और भय पर विजय पाकर स्वयं अपना उद्धार किया। वे अपने जीवन में एक नायक और मृत्यु में शहीद हो जाने वाले संत हैं। युद्ध और हिंसा से पीड़ित इस संसार के वे वर्तमान मसीहा हैं।'' यदि यह कथन जो बार-बार दुहराया गया है, सत्य है कि ''सच्चा ईसाई तो एक ही था और वह सूली पर चढ़ाया गया'' –तो इतनी ही सचाई के साथ यह भी कहा जा सकता है कि **'सच्चा ईसाई एक ही था और उसे गोली मार दी गई।'**

–डॉ. पट्टाभि सीतारामय्या

गांधीजी : सतत स्मरणीय

आज हम उसी प्रकार के युग में जीवन व्यतीत कर रहे हैं जिसमें बर्बरों के आक्रमण के समय में रोमनिवासी रहते थे। टोसीटस ने अपने 'इतिहासों की भूमिका' में लिखा है कि 'हम ऐसे ऐतिहासिक युग में प्रवेश कर रहे हैं, जो सर्वनाश से ग्रस्त है, युद्धों से अन्धकारमय है, विप्लवों से विदीर्ण है और शान्ति की घड़ियों में अमानुषिकता से आक्रान्त हैं। उस समय पवित्र अनुष्ठान अपवित्र किये जाते थे, प्रतिष्ठित स्थानों में व्यभिचार होते थे, देश-निर्वासितों से समुद्र भरा पड़ा था और द्वीपों की चट्टानें हत्याओं से रंगी पड़ी थीं। यह सभी कुछ घृणा और विभीषिका का सन्निपात था। स्वामियों और संरक्षकों को धोखा देने के लिए दस्यु और मुक्त-दासों को घूस दी जाती थी, जिसका कोई शत्रु न होता उसे उसके मित्र ही वध कर डालते थे।' आजकल की अव्यवस्थित क्रान्ति का कारण यह नास्तिकता है, जिसने प्राचीन धार्मिक संस्कृतियों को पदच्युत कर दिया है। नास्तिकता यह नहीं कहती कि भाग्यशाली तो वे हैं जो नम्र हैं, बल्कि यह कहती है कि 'भाग्यशाली तो सशक्त हैं क्योंकि वे पृथ्वी के स्वामी हैं', आज की इस परिस्थिति के उद्धार का उपाय एक ही है और वह यह कि धर्म की सच्ची भावना का प्रवर्तन हो। गांधीजी इस धार्मिक भावना को ग्रहण करने के लिए हमें प्रेरणा देते हैं। उनका कथन है कि प्रेम मनुष्य को प्रकृति के विरुद्ध नहीं बल्कि, यदि हम अपनी सामाजिक चेतना के ऊपर प्रेम का प्रभाव पड़ने दें तो उससे हमारी स्वतंत्रता और सामाजिक उन्नति में सहायता होगी। युद्ध अपराध है। यह सभ्य जीवन का विरोधी है, और मानवता को शोभा नहीं देता। यह कहना सरासर झूठ है कि युद्ध प्रच्छन्न वरदान है, और इससे हमारे उदात्त उद्देश्यों की पूर्ति होती है। जो उद्देश्य हम युद्ध के द्वारा प्राप्त करना चाहते

हैं, वे तो शान्तिमय साधनों से ही प्राप्त हो सकते हैं। बर्बरतापूर्ण संसार में गांधीजी ही सच्चे प्रेम के तत्त्व को ग्रहण करने में अग्रगण्य हैं।

भारतवर्ष के लिए उनका यही संदेश भी है। केवल कोरे नारे लगाने से नहीं, बल्कि, रचनात्मक कार्यक्रमों से, साथ मिलकर कार्य करने की योग्यता के विकास से, कठिनाइयों से लोहा लेने से, और जो सफलता हमें प्राप्त हो, उसे प्रेमपूर्वक उदारता से आपस में बाँट देने ही से, हमें राजनैतिक स्वतंत्रता प्राप्त हो सकती है। जब तक सभ्यता का चिह्न संसार में रहेगा, गांधीजी का नाम आदर के साथ स्मरण किया जायगा।

—सर सर्वपल्ली राधाकृष्णन

महात्माजी के संबंध में जितनी भी रचनाएँ निकलें उनसे लोक और समाज को नितान्त लाभ पहुँचता है। उनके नाम-स्मरण से ही मनुष्य के चरित्र और विचारों पर सात्त्विक प्रभाव पड़ता है। बापू ने इस जर्जर देश में नया जीवन डालकर इसे फिर इसके प्राचीन गौरव के पद पर स्थापित कर दिया है। भारतीय संस्कृति, साहित्य और भ्रष्टाचार का संदेश आज फिर सदियों के बाद हमारे देश में सर्वत्र गूँज रहा है। इन सबका श्रेय मुख्यतः महात्माजी को ही है।

—गोविन्दवल्लभ पन्त

पूज्य महात्मा गांधी हमारे देश की अनुपम विभूति हैं। **उनको पाकर हम अपनी दरिद्रता में भी भाग्यवान हैं।**

—पुरुषोत्तमदास टण्डन

मेरे लिए तो कोई भी कविता इतनी ऊँची नहीं हो सकती, जो महात्माजी के अन्तर की सहृदयता को व्यक्त कर सके, न कोई ऐसी भाषा ही समृद्ध जान पड़ती है जो गांधीजी के जीवन की गरिमा को लिख सके। हाँ, भाषा और छन्द महात्माजी को काव्य का आलंबन बनाकर अवश्य गौरवान्वित हो सकते हैं।

—गोविन्दनाथ बारदोलाई

महात्मा गांधी महापुरुष थे। अपने जीवन में उनके प्रत्येक कदम ने इतिहास को एक नया मोड़ दिया। ऐसी क्रान्तिकारी महापुरुष के प्रति मन में आदर और प्रेम की भावना का उदय स्वाभाविक है।

—इन्दिरा गांधी

गांधी जी हमरे युग के महान् नेता थे। उनकी प्रतिभा और उद्देश्यनिष्ठा ने सम्पूर्ण देश को एकसूत्र में आबद्ध कर आजादी की मंजिल का राहगीर बना दिया।

—जाकिर हुसेन

1963 के जाड़ों में मुझे लन्दन जाने का अवसर मिला। वहाँ बर्ट्रेंड रसेल से मिला। उनके गले में सूत की माला डाल दी। उन्होंने पूछा यह क्या है? मैंने कहा वह यही चीज है जिसे गांधीजी पसंद करते थे। मैंने फिर पूछा आपने गांधी जी से मुलाकात की थी? उन्होंने कहा उस समय मैं महान दार्शनिक होने के नशे में चूर था गांधीजी से कैसे मिलता। मैं बहुत दुःखी हूँ। अब **उनकी किताबों से रोशनी लेता हूँ।** एक बार मैं अफ्रीका गया। ईसा की तस्वीर के साथ गांधी जी की तस्वीर भी देखी मैंने पूछा ईसा की तस्वीर का तो मतलब समझ रहा हूँ, लेकिन गांधी जी को क्यों तकलीफ दी जा रही है। उस सज्जन ने बताया। गांधी जी–यह एक अद्भुत आदमी इतिहास में थे। इनमें एक बड़ा गुण यह था कि यह निरन्तर काम में लगे रहते थे। मौत भी बिस्तर पर इन्हें नहीं पकड़ सकी। प्रार्थना में जाते समय गोली लगने से मरे। इस आदमी में दूसरा गुण था बड़ी से बड़ी समस्याओं को समझौते से हल करना।

—सुरेश राम भाई

बापू का मानवीय स्पर्श

मुझे कलकत्ता का अंधेरा याद है; मुझे गांधी की पीड़ा का स्मरण है। 1947 के स्वतंत्रता-दिवस से कुछ सप्ताह पूर्व पंडित नेहरू तथा सरदार पटेल के एक संदेश वाहक को कलकत्ता गांधी जी के पास भेजा गया था। ये महोदय आधी रात को वहाँ पहुँचे। उन्होंने कहा, "पंडित नेहरू तथा सरदार पटेल की ओर से आपके लिए मैं एक महत्त्वपूर्ण पत्र लाया हूँ।" गांधी जी ने पूछा, "क्या आपने भोजन कर लिया।" जब संदेश-वाहक ने कहा, "नहीं", गांधीजी ने पहले उसे भोजन कराया। भोजन के बाद गांधीजी ने नेहरू तथा पटेल के भेजे पत्र को खोला। उन्होंने लिखा था, "बापू, आप राष्ट्रपिता हैं। 15 अगस्त, 1947 प्रथम स्वतंत्रता दिवस होगा और हम चाहते हैं कि आप दिल्ली आएं और हमें आशीर्वाद दें।" गांधी जी ने कहा, **"कैसी मूर्खतापूर्ण बात है। जब बंगाल जल रहा है, हिन्दू और मुसलमान एक-दूसरे की हत्या कर रहे हैं, और कलकत्ता के इस अंधेरे में मैं उनकी पीड़ा की चीत्कार सुन रहा हूँ, चमकती रोशनियों को साथ लेकर मैं**

दिल्ली कैसे जा सकता हूँ?'' गांधीजी के ये शब्द दिल को दहला देने वाले थे। उन्होंने, ''बंगाल में शांति की स्थापना के लिए मुझे यहीं रहना है और जरूरत हुई तो यहाँ सद्भावना और शांति कायम करने के लिए मैं अपनी जान भी दे दूँगा।''

संदेशवाहक सुबह वापसी की यात्रा के लिए चल पड़ा। यह मन को छू लेने वाला दृश्य था, मानवीय स्पर्श से पूर्ण। गांधी जी ने उसे विदाई दी। वह एक पेड़ के नीचे खड़ा था। एक सूखा पत्ता पेड़ से गिरा, गांधी जी ने उसे उठाया और उसकी हथेली पर रख दिया। उन्होंने कहा, ''मित्र, तुम दिल्ली वापिस जा रहे हो। पंडित नेहरू और सरदार पटेल को गांधी क्या उपहार दे सकता है? मैं ऐसा व्यक्ति हूँ जिसके पास न तो सत्ता है, और न ही संपत्ति। नेहरू और पटेल को स्वतंत्रता दिवस के उपहार के रूप में यह सूखी पत्ती दे देना है।'' और जब वे ये शब्द बोल रहे थे। संदेशवाहक की आँखों से आँसू बह रहे थे... तब मजाक करते हुए गांधी जी ने कहा, **''ईश्वर कितना महान है! वह नहीं चाहता कि गांधी सूखा पत्ता भेजे। उसने इसे गीला कर दिया।** यह हंसी से चमक रहा है। अपने आंसुओं से भीगे इस पत्ते को उपहार के रूप में ले जाओ।'' यह था गांधी जी का मानवीय स्पर्श।

—प्रो. मधु दण्डवते

मानव मूल्यों के पर्याय गांधी

भारत ही नहीं पूरे विश्व में महात्मा गांधी अब शांति, अहिंसा और सद्भाव जैसे व्यापक महत्व वाले मानव मूल्यों के पर्याय बन चुके हैं। उन्होंने मनुष्य जीवन की आधारभूत व्यक्तिगत और सामाजिक जरूरतों का आकलन संयम, शारीरिक श्रम, स्वावलंबन और स्थानीय परिस्थिति के नियमों के साथ अनुकूलता को ध्यान में रखकर किया था। उनके हिसाब से लोकशाही में अधिकाधिक लोगों को काम, शिक्षा और रोजगार मिलना चाहिए ताकि जीवन में संतुष्टि मिल सके। इसके लिए गांधीजी के हस्तकौशल के विकास पर जोर दिया था। उन्होंने गाँवों को आत्मनिर्भर बनाने का सपना देखा था। उनकी 'बुनियादी शिक्षा' में शरीर, बुद्धि और आत्मा तीनों का संतुलित विकास अभीष्ट था। 'स्वराज्य' की उनकी पुकार सिर्फ अपने अधिकार की नहीं 'सुराज' की भी पुकार थी। उनकी चेतना में स्वतंत्र भारत की एक ऐसे समर्थ देश की छवि थी जो स्वाधीन और स्वायत्त हो। उनका सभ्यता-विमर्श मनुष्य के सरोकारों के उत्कर्ष को रेखांकित करने वाला है। आज जैसी तकनीकी के अनियंत्रित और अछोर विस्तार का आकलन शायद एक सदी पहले संभव नहीं था पर तकनीक और यंत्र के मानव जीवन पर पड़ने वाले प्रभावों की पहचान में

गांधीज़ी सही थे। आज की विसंगतियों की समझ के लिए और एक अच्छे समाज के निर्माण की दिशा में आगे बढ़ने के लिए गांधी अभी भी प्रासंगिक बने हुए हैं।

–प्रो. गिरीश्वर मिश्र

कुलपति, महात्मा गांधी अन्तरराष्ट्रीय हिन्दी विश्वविद्यालय, वर्धा

गांधी पर बोलना आसान परन्तु गांधी को जीना कठिन है

गांधी का जीवन सभी के लिए अनुकरणीय है। वे अपने प्रत्येक क्षण का उपयोग करते थे। किसी के प्रति राग-द्वेष नहीं था। कहीं ऐसा न हो कि आने वाले समय में गांधी भी केवल आले में रखकर उसी तरह पूजनीय हो जायें, जैसे हमारे भगवान राम एवं कृष्ण। हमने भगवान राम एवं कृष्ण को नहीं देखा, लेकिन गांधी वास्तविकता है। गांधी का मूल्यांकन कौन करेगा ? गांधी से अधिक ऊँचाई एवं गहराई वाला सदाचारी व्यक्ति जब पैदा होगा, तभी सही मूल्यांकन हो पाएगा। गांधी के मूल्यांकन के लिए हमें ऐसे व्यक्ति के आविर्भाव तक प्रतीक्षा करनी पड़ेगी। गांधी पर बोलना आसान है, लेकिन गांधी को जीना कठिन है।

–दीनानाथ झुनझुनवाला

शिक्षा, सेवा, स्नेह कला से विकसित हिन्दुस्तान चाहिए

आधुनिक राष्ट्रवाद संकीर्ण, स्वार्थपरक और सिद्धान्त-निरपेक्ष होने के कारण दूसरों के विनाश पर विकास चाहता है और गांधी ने सर्वजन हिताय, सर्वजन सुखाय अहिंसा विज्ञान तथा वैज्ञानिक अहिंसा के आधार पर विकास करने का दर्शन दिया, जिससे परस्पर शोषण न कर परस्पर पोषण करने वाली रीति-नीति, शिक्षा-दीक्षा, आचार-विचार, योग-उद्योग अस्तित्व में आये। सन्त विनोबा के शब्दों में, "गांधीजी ने सामुदायिक अहिंसा का जो विचार दुनिया के सामने रखा, उसे समझने के लिए जैसा पुरुषार्थ चाहिए, वह हममें कम है। हमारे सामने प्रश्न अब हिंसा बनाम अहिंसा के बीच चुनाव करने का नहीं है। चुनाव तो विज्ञान और अहिंसा के बीच करना है। हिंसा पर कायम रहना है तो विज्ञान छोड़ दीजिए। विज्ञान को रखना है तो हिंसा को खत्म कीजिए।" कवि तटस्थ की पंक्तियाँ हैं :

मानवता का हित कर पाये, हमको वह विज्ञान चाहिए,
हल कर दे जो सभी समस्या, ऐसा अनुसंधान चाहिए।
पर्यावरण शुद्ध कर पाये, इसका सबको ध्यान चाहिए,
शिक्षा, सेवा, स्नेह कला से विकसित हिन्दुस्तान चाहिए।।

–शरद कुमार साधक

श्रीराम-केवट प्रसंग की पुनरावृत्ति

बरमान घाट पर कल्पनातीत दृश्य उपस्थित था। नर्मदा के दोनों किनारों पर भारी जन समूह उपस्थित था। मल्लाह बापू को नाव पर चढ़ने दे रहा था। उसका आग्रह था कि पहले महात्मा जी का पद-प्रक्षालन होगा। बापू असमंजस में थे–नर्मदा मैया के जल से पाँव कैसे धुलवाएँ? मल्लाह का मन रखने के लिए गांधी जी ने पाँव पखार लेने की सहमति तो दे दी लेकिन उसके पहले उन्होंने नर्मदा जी की पूजा की और अंजलि में पानी लेकर आचमन किया। मल्लाह ने परात में महात्माजी के चरण धोए और अपने परिवार तथा स्वजन में श्रद्धा भाव से 'चरणामृत' का वितरण किया। तब बापू और उनके सहयात्रियों को नाव पर चढ़ाया। सहसा स्मरण हो आया रामावतार के श्रीराम-केवट प्रसंग का–

"पद पखारि जलुपान करि
आपु सहित परिवार।
पितर पारु करि प्रभुहि पुनि
मुदित गयउ लेइ पार।।"

बापू के जय-जयकार से आकाश गूँज उठा। नाव चल पड़ी। बापू ने नर्मदा के उस पार पहुँचकर लोगों का विदाई अभिवादन स्वीकार किया और अनन्तपुरा के लिए रवाना हुए।

–पं. सुन्दरलाल श्रीधर

पाखण्ड की जद से गांधी को निकालिए

एक गांधी भक्त कवि भवानी प्रसाद मिश्र ने लिखा है–जिसका दुख गाना है, उसका दुख जानो तो। भितिहरवा (चम्पारण) हो या साबरमती (अहमदाबाद) या फिर सेवाग्राम (वर्धा) मेरी अपनी दृष्टि में भारत की वे आधुनिक देव-भूमियाँ हैं जो किन्हीं भी कथित देव भूमियों से अधिक जाग्रत और संदेश-समृद्ध हैं। लेकिन यहाँ का होने के लिए जिस आचार-विचार, त्याग, तपस्या के पथ से गुजरना है उसमें स्वयं को ही आहुति और प्रसाद बनाकर प्रस्तुत होने की शर्त है–"जो घर फूँके आपना चले हमारे साथ।" कबीर और गांधी जैसे देवों की माँग लड्डू-पेड़े, सोने-चाँदी से पूरी नहीं होती। यहाँ तो सबसे पहले 'अपना' ही घर भस्म करना पड़ता है। पर आज के इस चालाक जमाने में यह कोई क्यों करे। चालाकी और आत्मा की शुद्धता जीवन के दो विपरीत ध्रुव हैं। अब तो चालाकी ही आसान कर गई है। कर्मकाण्ड सहज रह गया है। पाखण्ड ही जीवन-धर्म हो चुका है तब गांधी की

याद भी धीरे-धीरे इसी जद में आती जा रही है। इस पाखण्ड की जद से गांधी की याद को निकाल सकना आज सबसे बड़ी चुनौती है।

–विजय बहादुर सिंह

बुरी चीजों के प्रचार के लिए वोट की जरूरत नहीं

बापू के सामने दिल खोलकर बात लिखने में हम लोगों को कोई संकोच नहीं होता था। एक बार मैंने उन्हें अपने दुराचारपूर्ण असंयत जीवन का कच्चा चिट्ठा लिखकर दिया था और साथ ही यह भी लिखा था कि इसे पढ़कर आपके हृदय को धक्का लगेगा। मेरे पत्र के उत्तर में बापू ने लिखा था, हृदय को धक्का ही लगा। आखिर तो आदमी जो कुछ कर सकता है वही करे, मेरी सलाह है कि तुम शादी कर लो, उससे तीन काम सिद्ध होंगे और 'विशाल भारत' का काम भी ठीक चलेगा। बापू का वह पत्र राष्ट्रीय अभिलेखागार में सुरक्षित है। एक चिट्ठी में बापू ने लिखा था जो आदमी अपनी गलती को महसूस करता है और उसे दूर करने का प्रयत्न करता है तो उसका आधा काम तो बन गया, इतना निराश होने का कोई कारण नहीं है।

शाम के वक्त हम लोग बापू के साथ भोजन के लिए बैठे। श्रीमती सरोजिनी नायडू की पुत्री पद्मजा नायडू भी साथ बैठी थीं। उनके लिए दक्षिण के भोजन का प्रबंध था। उनके थाल में कॉफी का कप भी था। मुझे मजाक सूझा और मैंने कहा, "बापू मेरी वोट बढ़ रही है पद्मजा जी कॉफी पीती हैं, 'बा' भी चाय पीती हैं और मैं भी चाय पीता हूँ।" बापूजी ने कहा, बुरी चीजों के प्रचार के लिए वोट की जरूरत नहीं पड़ती। वे तो अपने आप फैलती है।

–बनारसी दास चतुर्वेदी

अनुकरणीय लघु संस्मरण

'बापू संस्मरण' में शिरीष भाई ने बापू से सम्बन्धित छोटी-छोटी घटनाओं को प्रस्तुत किया है। इनको पढ़ने पर स्फुरण तो होगा ही, जीवन में स्वयं कुछ कर दिखाने की प्रेरणा मिलेगी :

शर्त पर स्वराज्य भी नहीं लूँगा

'गुजरात विद्यापीठ' की स्थापना हो चुकी थी। विद्यापीठ में हरिजनों के बच्चों को प्रवेश मिले, इस बात को कई सदस्य मानने के लिए तैयार नहीं थे। बैठक में तय हुआ कि इस सम्बन्ध में गांधी जी से पूछा जायगा। जब उनसे पूछा गया तो उन्होंने कहा कि **हरिजन बच्चों को अवश्य प्रवेश मिलेगा।**

सारे गुजरात में इस बात की चर्चा होने लगी। बम्बई के कुछ धनी-मानी वैष्णव आये और उन्होंने कहा–"राष्ट्रीय शिक्षा का कार्य बड़ा धर्मकार्य है। उसमें आप जितना कहें, हम पैसा दे सकते हैं; **किन्तु हरिजन बच्चों का सवाल आप छोड़ दीजिए।**"

वे वैष्णव गांधी जी को देने की नीयत से करीब पाँच-सात लाख की धन-राशि लेकर आये थे। गांधी जी ने उनसे कहा–"विद्यापीठ निधि की बात तो अलग नहीं, कल अगर कोई मुझे **अस्पृश्यता कायम रखने की शर्त पर हिन्दुस्तान का स्वराज्य भी दे तो मैं नहीं लूँगा।**"

बेचारे वैष्णव जैसे आये थे, वैसे ही लौट गये।

दीया किसने जलाया?

एक बार सेवाग्राम में गांधी जी का जन्मदिन था। आश्रम में जन्मदिन का सारा कार्यक्रम बड़ी सादगी से मनाया जाता था। इस वर्ष भी वहाँ न कोई सजावट थी, न फूल-माला का ही प्रबन्ध था। केवल गांधी जी की बैठक के सामने ऊँची जगह पर एक घी का दीया जल रहा था। स्वयं जलकर जग को रोशनी देनेवाला वह दीया मानो गांधी जी के जीवन का प्रतीक था।

गांधी जी ने दीये की तरफ देखा। उन्होंने आँखें मींच लीं। प्रार्थना शुरू हुई। आज प्रार्थना के बाद गांधी जी का विशेष प्रवचन होने वाला था। गांधी जी ने आरम्भ में पूछा–"यह दीया किसने जलाया?"

कस्तूरबा ने कहा, "मैंने"।

गांधी जी कहने लगे–"आज के दिन सबसे खराब बात कोई हुई है तो वह यह कि बा' ने आश्रम में दीया जलाया। आज मेरा जन्मदिन है। क्या इसीलिए यह दीया जलाया गया। अपने आस-पास के देहातों में जाने पर मैं देखता हूँ कि गाँव वालों को रोटी पर लगाने के लिए तेल तक नहीं मिलता और आज मेरे आश्रम में घी जलाया जा रहा है।"

फिर बा' को सम्बोधित करते हुए उन्होंने कहा–"इतने साल तक साथ रहते हुए तुमने यही सीखा! गाँव वालों को जो चीज नहीं मिलती, उसका उपभोग हमें नहीं करना चाहिए। मेरा जन्मदिन है तो क्या हुआ? जयन्ती के दिन तो सत्कार्य करना होता है, पाप नहीं।"

बापू की यह सीख बा' को जीवन भर याद रही।

मेरे लिए स्वराज्य से बढ़कर है

गांधी जी को रोगियों की सेवा-शुश्रुषा में बड़ा सन्तोष मिलता था। परचुरे शास्त्री को कुष्टरोग हो गया था। गांधी जी उनके घावों को बड़े चाव से धोते थे।

उन्हीं दिनों की बात है। वर्धा में कांग्रेस-कार्यसमिति की बैठक चल रही थी। गांधी जी बीच में ही परचुरे शास्त्री की परिचर्या के लिए सेवाग्राम जाने लगे। जवाहरलाल जी ने झल्लाकर कहा–''क्या स्वराज्य और कार्यसमिति से बढ़कर जरूरी काम सेवाग्राम में है ?''

गांधी जी ने दृढ़ताभरे स्वर में उत्तर दिया–''मेरे लिए वह स्वराज्य से बढ़कर है।''

गांधी जी के मन में रोगियों की सेवा के लिए बड़ी दृढ़ता थी। **वे देश-सेवा से भी अधिक महत्त्व व्यक्ति-सेवा को देते थे। वे इसे भगवान की ही सेवा मानते थे।**

इसी तरह की एक घटना और है। गांधी जी शास्त्री जी की सेवा में थे। उन्हीं दिनों वाइसराय का बुलावा आया। गांधी जी ने उन्हें लिख भेजा–''इस समय मैं इससे भी अधिक महत्त्व के काम में लगा हूँ। इसलिए नहीं आ सकता।

गुलाब चुभते हैं

सेवाग्राम की बात है। उस समय गांधी जी की कुटिया में सिर्फ तीन व्यक्ति थे–स्वयं गांधी जी, कस्तूरबा और श्रीमन्नारायण जी। बा' गांधी जी के पाँव धो रही थीं। गन्दे पानी को धरती पर गिरने से बचाने के लिए वे उसे बाल्टी में एकत्र करती जा रही थीं।

जब बा' ने गांधीजी के पाँव पखार लिए तब बापू ने बा' से कहा–''यह पानी गुलाबों की क्यारी में डाल दो।''

बा' ने गन्दे पानी से भरी बाल्टी गुलाब की क्यारी में उड़ेल दी।

गांधी जी ने गुलाब के फूलों की ओर देखते हुए श्रीमन्नारायण से कहा–''ये गुलाब के फूल मुझे काँटों की तरह चुभते हैं।''

गांधी जी के ये शब्द सुनकर श्रीमन्नारायणजी को आश्चर्य हुआ। उन्होंने नम्रतापूर्वक कहा–''गुलाब के फूल तो बड़े कोमल, सुन्दर और आकर्षक होते हैं। बापू, इनकी सुगन्ध कितनी मोहक है। इनका सौन्दर्य तो सभी को रुचता है। ये आपको काँटों की तरह क्यों चुभते हैं ? मैं आपका आशय नहीं समझ सका।''

गांधी जी ने कहा–''तुम जानते हो कि आज हमारे देश में भीषण अन्न-संकट है। ऐसी विषम स्थिति में **आँखों की तृप्ति और सौन्दर्य का रस-पान करने के लिए क्या गुलाब बोना उचित है ? जबकि हजारों-लाखों भाई अन्न के**

अभाव में भूख से पीड़ित हैं? यदि इन फूलों की क्यारियों में अन्न बोया जाय तो लोगों का पेट भर सकता है। इसीलिए अन्न की जगह बोये गये ये गुलाब के फूल मुझे काँटों के समान चुभते हैं।''

गांधी जी की बात श्रीमन्नारायण की समझ में आ गयी।

देह समाज की धरोहर है

एक बार गांधी जी घूमने निकले। रास्ते में उनके पैर में ठोकर लग गयी। अंगूठे से खून बहने लगा। पास ही कस्तूरबा थीं। गांधी जी ने कहा–बा', जल्दी पट्टी लाओ, मेरे अंगूठे में बाँधो।''

बा' ने विनोद से कहा–''आप तो कहते हैं कि आपको मृत्यु का भय नहीं है और आपको किसी बात का दुःख नहीं है। तब जरा-सी ठोकर लगी और थोड़ा खून बह गया तो इतना घबराने की क्या बात है?''

गांधी जी ने बड़ी ही गम्भीरता से कहा–''बा' यह शरीर जनता की सम्पत्ति है। मेरी असावधानी से इस अंगूठे में पानी लग जाय, वह पक जाय और 7-8 दिन मुझसे कोई काम न हो पाये, तो उससे लोगों का कितना नुकसान होगा? उससे लोगों का जो मुझपर विश्वास है, वह खण्डित होगा।''

गांधी जी का उत्तर सुनकर बा' शरमा गयी। जल्दी पट्टी लाकर बापू के अंगूठे में उन्होंने बाँध दी?

गरीबों की बस्ती में ईसामसीह

गोलमेज परिषद की बैठक में शरीक होने के लिए गांधी जी अपनी लुंगी और चादर सँभालते हुए बम्बई में जहाज पर चढ़े। कुछ मित्रों ने बड़े-बड़े बक्सों में ऊनी कपड़े भरकर जहाज में चढ़ा दिये। जब जहाज अदन पहुँचने को हुआ, तो बापू का ध्यान उन पेटियों की ओर गया। उन्होंने कहा–''महादेव, इन पेटियों में क्या है? इतना सामान कैसे इकट्ठा हो गया।'' ''विलायत में ठण्ड खूब पड़ती है, इसलिए कई लोगों ने गरम कपड़े दिये हैं। उन्हें मना कैसे करता। यह एक कश्मीरी शाल है''–महादेव भाई अँटकते हुए बोल रहे थे।

''इतने कपड़े हम ले कैसे जा सकते हैं? हम तो दरिद्रनारायण के प्रतिनिधि बनकर जा रहे हैं। ये कपड़े देखकर कौन कहेगा कि हम गरीब हैं। मुझे तो कपड़े लगेंगे नहीं, बहुत ही ज्यादा ठण्ड पड़ी तो यह कम्बल बहुत है। तुम्हें जितनी आवश्यकता हो, उतनी ही रख लो और बाकी सब वापस कर दो। अब अदन आने वाला है।'

महादेव भाई ने सारा सामान जहाज से उतरवा दिया और वहाँ के मित्रों से कहा कि उसे भारत वापस कर दें।

विलायत पहुँचकर गांधी जी किसी महल में नहीं ठहरे। वहाँ भी एक मित्र के घर ही मेहमान रहे। वहाँ के गरीब बच्चों के साथ रहने और खेलने में उनको बड़ा रस मिलता था। विलायत की कड़कड़ाती सरदी में भी वे चप्पल ही पहनकर सबेरे घूमने निकला करते थे। जब वे सबेरे घूमने निकलते तो बच्चों का झुण्ड उनके साथ-साथ चलता। मालूम होता, गरीबों की बस्ती में प्रभु ईसामसीह ही आ गये हैं।

सफाई बड़ा काम है

गांधी जी बिड़ला भवन में ठहरे थे। एक दिन बिड़ला जी के नहाने के थोड़ी देर बाद गांधी जी अन्दर गये। भीतर जाकर उन्होंने देखा कि बिड़ला जी की गीली धोती पड़ी हुई है।

उन्होंने उस धोती को एक ओर हटाया नहीं, बल्कि धो डाला। नहाने के बाद अपनी लँगोटी भी धोकर बाहर निकले। दोनों कपड़े सूखने के लिए वे फैला रहे थे कि तेजी से बिड़ला जी आ पहुँचे।

"बापूजी-बापूजी, आप यह क्या कर रहे हैं?" –कहकर गांधी जी के हाथ से वे धोती खींचने लगे। इस घटना से उन्हें बड़ा दुःख हुआ। धोती फैलाते-फैलाते गांधी जी ने कहा–"धोती मैंने धो डाली, तो इसमें बिगड़ क्या गया भीतर पड़ी हुई थी। इस पर किसी के मैले पैर पड़ते। इसके बजाय मैंने धोकर साफ कर ली। अच्छा ही हुआ न?"

"बापू..." –बिड़ला जी गिड़गिड़ाये गांधी जी जैसे महापुरुष ने मेरी धोती धोयी यह सोचकर उन्हें बड़ा खेद हुआ। स्नानघर तुरत न साफ कराने की अपनी लापरवाही के लिए उन्हें बहुत पश्चात्ताप हुआ। कुछ क्षण बाद गांधी जी ने कहा–**"जीवन में स्वच्छता और सफाई के काम से बड़ा और कौन-सा काम है?"**

बिन खरीदा गुलाम हो गया

गांधी जी हिन्दुस्तान में पहली बार जब जेल गये, तो उन्हें यरवदा जेल में रखा गया था। उस समय तक हिन्दू और मुसलमान दोनों गांधी जी के भक्त बन चुके थे। इसलिए यरवदा के जेल सुपरिण्टेण्डेण्ट ने सोचा कि उनकी सेवा के लिए कोई बाहर का ही आदमी देना चाहिए। उसने ऐसा सोचकर एक अफ्रीकी कैदी को बापू के काम पर लगा दिया। यह बात है सन् 1922 की।

सुपरिण्टेण्डेण्ट ने सोचा–"यह अफ्रीकी यहाँ की कोई भाषा जानता नहीं,

इसलिए गांधी जी इससे बात नहीं कर सकते। इशारों से ही अपना काम निकालना होगा। कोशिश करके उस अफ्रीकी कैदी ने दस-बीस शब्द सीख लिए। इन शब्दों और इशारों से किसी प्रकार वह काम चला लेता है। फिर यह गांधी जी की भक्ति कैसे कर सकता है? जब भक्ति नहीं होगी तो पक्षपात भी नहीं करेगा।''

लेकिन, बेचारे सुपरिण्टेण्डेण्ट को यह नहीं मालूम था कि मनुष्य का हृदय हर जगह एक-सा ही होता है। वह बिना भाषा की भाषा भी जानता है। वह चुप रहकर भी बोलता है।

एक दिन उस अफ्रीकी कैदी को बिच्छू ने डंक मार दिया। वह रोता-चिल्लाता गांधी जी के पास आया। उसने बताया कि हाथ में बिच्छू ने डंक मार दिया है।

किसी का दुःख देखकर गांधी जी का हृदय पिघल जाता था। बिना देर किये उन्होंने उस कैदी का हाथ पानी से अच्छी तरह धो दिया। उसे पोंछ कर सुखा दिया और तुरन्त डंक की जगह पर चूसने लगे। इतने जोरों से चूसा कि विष कम हो गया। उसके बाद गांधी जी ने और भी इलाज किये। वह कैदी अच्छा हो गया।

उस गरीब कैदी को जिन्दगी भर में इतना प्रेम कभी नहीं मिला था। वह निहाल हो गया। वह गांधी जी का बिन खरीदा गुलाम हो गया। वह उनका हर एक काम श्रद्धा और भक्तिपूर्वक करने लगा।

गांधी जी रोज सूत कातते थे। उस कैदी ने भी तकली पर सूत कातना सीख लिया। कुछ दिनों बाद उसने चरखा चलाना भी सीख लिया। आगे चलकर उसने रुई धुलना और पूनी बनाना भी सीख लिया। फिर तो वह पूनी बनाकर बापू को देने लगा।

सुपरिण्टेण्डेन्ट ने क्या सोचा और क्या होगा?

क्या करना चाहिए?

अहमदाबाद कांग्रेस की बात है। कलकत्ते के एक कार्यकर्ता श्री बड़े ने गोरक्षा-सम्बन्धी एक प्रस्ताव भेजा था। वे उसी पर बोल रहे थे। गांधी जी इस प्रस्ताव को लाने के पक्ष में नहीं थे। बड़े साहब ने जिद पकड़ ली प्रस्ताव को आना ही चाहिए।

सभापति थे हकीम साहब। उन्होंने बड़े साहब से अनुरोध किया कि वे अपनी जिद छोड़ दें और यह भी कहा कि आप बैठ जायँ, लेकिन बड़े साहब खड़े रहे, अड़े रहे और रहे बोलते। जब दो-तीन बार के कहने पर भी बड़े साहब खड़े रहे और बोलते रहे तो विवश होकर हकीम साहब ने उन्हें सभा छोड़कर चले जाने के लिए कहा। दो-तीन बार सभापति ने अपनी आज्ञा दुहरायी, लेकिन वे टस-से-मस नहीं हुए।

सभा में हलचल मच गयी। किसी की समझ में नहीं आ रहा था कि क्या किया जाय। लोग उनको वहाँ से हटाने के लिए तरह-तरह की तरकीबें सोच रहे थे। गांधी जी तो सत्याग्रही ठहरे। उन्होंने कहा कि अगर वह साहब, सभापति के आदेश का पालन नहीं करते हैं और सभा से नहीं निकलते हैं, तो हम सब क्यों न यहाँ से हट जाँय?

गांधी जी की यह बात सबको पसन्द आ गयी और सभी लोग वहाँ से उठकर दूसरी जगह चले गये। अकेले बड़े साहब वहाँ खड़े रह गये। उनकी इस अनुशासन-विधि की सभी सराहना करने लगे।

जब बापू काँप उठे

गांधी जी आन्ध्र प्रदेश का दौरा कर रहे थे। साथ में काका साहब भी थे। महादेव भाई तो थे ही। मोटर से रात के करीब दस बजे सभी लोग चिकाकोल पहुँचे। कत्तिनों के कताई-दंगल का कार्यक्रम था। गांधी जी पहुँचते ही चले गये कताई-दंगल में। काका साहब और महादेव भाई दिन भर के थके-माँदे थे। इसलिए बिस्तर पर पड़ते ही सो गये। गांधी जी का बिस्तर लगा हुआ था। वे कब आकर सोये, किसी को पता तक न चला।

सबेरे चार बजे प्रार्थना होती थी। काका साहब और महादेव भाई उठकर हाथ मुँह धोये और प्रार्थना के लिए बैठ गये। प्रार्थना शुरू होने के पहले ही गांधीजी ने पूछा–"रात को सोने से पहले तुम लोगों ने प्रार्थना की थी?"

काका साहब ने कहा–"जब आया तब इतना थक गया था कि आते ही सो गया। प्रार्थना की याद ही न रही। जब अभी आपने पूछा तो खयाल हुआ कि रात की प्रार्थना रह गयी।"

महादेव भाई ने कहा–"मैं भी सोया तो ऐसे ही था, लेकिन आँख लगने के पहले स्मरण हो आया। इसलिए बिस्तर पर ही बैठकर मैंने प्रार्थना कर ली थी। काका सो गये थे, इसलिए नहीं जगाया।"

फिर बापू कहने लगे–"मैं तो घण्टा-डेढ़ घण्टा कताई-दंगल में बैठा। वहाँ से आकर इतना थक गया था कि मैं भी प्रार्थना करना भूल गया और यों ही सो गया। फिर जब दो-ढाई बजे नींद खुली तो स्मरण हुआ कि रात की प्रार्थना नहीं हुई। मुझे ऐसा आघात लगा कि सारा शरीर काँपने लगा। मैं पसीने से तर-बतर हो गया। उठकर बैठा, खूब पश्चात्ताप किया। जिसकी कृपा से मैं जीता हूँ, अपने जीवन की साधना करता हूँ, उस भगवान को ही मैं भूल गया। मैंने भगवान से क्षमा माँगी, लेकिन तबसे नींद आयी नहीं। ऐसे ही बैठा हूँ।"

इसके बाद प्रार्थना हुई और प्रार्थना के बाद बापू ने कहा कि मुसाफिरी में भी शाम के सात बजे प्रार्थना कर लिया करेंगे।

कहाँ से आयी यह शक्ति?

दाण्डी-यात्रा की बात है। शाम को एक गाँव में सभा हुई। प्रार्थना हुई। अब मही नदी पार करके उस पार जाना था। ज्वार का पानी आया हो, तो नाव ठेंठ किनारे तक जातीं लेकिन अब ज्वार समाप्त होकर भाटे का समय हो रहा था। भाटा शुरू होने से पहले उस पार जाना था। वरना पानी कम हो जाने पर नाव जा नहीं पाती और मही नदी के दलदल में रात के समय गांधी जी को पैदल जाना पड़ता।

नाव तैयार हुई। गांधी जी नाव में बैठे। साथ के सभी लोग उनके साथ ही जाना चाहते थे। किसको रोका जाय या किसे 'नहीं' कहा जाय? नाव को जल्दी-जल्दी ले जाना था। नाव में ज्यादा लोग बैठ गये। वह भारी हो गयी। उसे खेना दूभर हो रहा था। थोड़ी दूर आगे बढ़कर नाव फँस गयी।

पानी बहुत कम था। हाथ में लाठी लेकर गांधी जी उतर पड़े। एक-एक कदम बड़ी कठिनाई से पैर जमाते हुए वे आगे बढ़ रहे थे। मही नदी में दलदल बहुत होता है। कहीं-कहीं तो दलदल घुटने से ऊपर तक था। उन्हें उतनी दूरी तय करने में एक घण्टे से ज्यादा समय लग गया।

गांधी जी उधर पहुँचे होंगे कि इधर जवाहरलाल जी की गाड़ी आ गयी। वे उन दिनों राष्ट्राध्यक्ष थे। गांधी जी से मिलने आये थे। वे तो उस पार चले गये थे। भाटा उतर गया था। नाव चलाना असम्भव था।

किसी ने पूछा–"पण्डित जी अब क्या किया जाय?"

उन्होंने कहा–"मैं पैदल जाऊँगा।"

"बहुत दलदल है, थक जायेंगे।"

"गांधी जी बूढ़े होते हुए भी गये, मैं तो तरुण हूँ।"

और जवाहरलाल जी ने कपड़े ऊपर कर लिए और गांधी जी से मिलने चल पड़े। कीचड़ से होकर चलना नेहरू जी के लिए भी कठिन हो रहा था, लेकिन उनके मन में तो गांधी जी से मिलने की ललक थी।

जाते समय नेहरू जी ने कहा था कि मैं तुरन्त लौटकर आ रहा हूँ, लेकिन नदी पार करने में वे इतना थक गये कि उस रात लौटना उनके लिए कठिन हो गया। **जहाँ नेहरू थक गये, वहाँ राष्ट्रपिता बापू बिना थके गये। कहाँ से आयी यह शक्ति? इसी को कहते हैं इच्छा-शक्ति और इसी को कहते हैं संकल्प की शक्ति।**

अध्याय-5

'सत्यमेव जयते' और गांधी

'सत्यमेव जयते नानृतम्'

—मुंडकोपनिषद्

Whole truth and nothing but the truth.

सत्यं हि परमं बलम्।

—वेदव्यास

सत्यस्य वचनं श्रेयः सत्यादपि हितं वदेत्।

—वेदव्यास

सत्येन धार्यते पृथ्वी सत्येन तपते रविः।
सत्येन याति वायुश्च सर्वं सत्ये प्रतिष्ठितम्।

—चाणक्य

Truth is God's daughter.
Truth is immortal, error is mortal.

धरमु न दूसर सत्य समाना।
आगम निगम पुरान बखाना।।

—तुलसीदास

गांधी जी के अनुसार सत्य ही सर्वोत्तम नीति है। वे सत्य को ही परमेश्वर कहते थे। वे बार-बार कहते थे कि जो सत्य जानता है; मन से, वचन से और काया से सत्य का आचरण करता है, वह परमेश्वर को पहचानता है। इससे वह त्रिकालदर्शी हो जाता है। उसे इसी देह में मुक्ति प्राप्त हो जाती है। गांधी ने सत्य के ऊपर कोई

और ईश्वर नहीं देखा। सत्य ही उनके जीवन का नियम था। उनके लिए सत्य ही बोध का विषय था जिसकी पुष्टि 'सत्य के प्रयोग अथवा आत्मकथा' की प्रस्तावना की निम्नलिखित पंक्तियों से होती है :

"...मुझे तो आत्मकथा के बहाने सत्य के जो अनेक प्रयोग मैंने किये हैं, उनकी कथा लिखनी है। यह सच है कि उनमें मेरा जीवन ओत-प्रोत होने के कारण कथा एक जीवन-वृत्तांत जैसी बन जायेगी। लेकिन अगर उसके हर पन्ने पर मेरे प्रयोग ही प्रकट हों, तो मैं स्वयं उस कथा को निर्दोष मानूँगा। मैं ऐसा मानता हूँ कि मेरे प्रयोगों का पूरा लेखा जनता के सामने रहे, तो वह लाभदायक सिद्ध होगा–अथवा यों समझिये कि यह मेरा मोह है यदि मुझे केवल सिद्धान्तों का अर्थात् तत्वों का ही वर्णन करना हो, तब तो यह आत्मकथा मुझे लिखनी ही नहीं चाहिए। लेकिन मुझे तो उन पर रचे गये कार्यों का इतिहास देना है, और इसीलिए मैंने इन प्रयत्नों को 'सत्य के प्रयोग' जैसा पहला नाम दिया है। इसमें सत्य से भिन्न माने जाने वाले अहिंसा, ब्रह्मचर्य इत्यादि नियमों के प्रयोग भी आ जायेंगे। लेकिन मेरे मन में सत्य ही सर्वोपरि है और उसमें अगणित वस्तुओं का समावेश हो जाता है। यह सत्य स्थूल-वाचिक-सत्य नहीं है। यह तो वाणी की तरह विचार का भी है। यह सत्य केवल हमारा कल्पित सत्य ही नहीं, बल्कि स्वतंत्र चिरस्थायी सत्य है; अर्थात् परमेश्वर ही है।

परमेश्वर की व्याख्यायें अनगिनत हैं, क्योंकि उसकी विभूतियाँ भी अनगिनत हैं। ये विभूतियाँ मुझे आश्चर्यचकित करती हैं। क्षणभर के लिए ये मुझे मुग्ध भी करती हैं। किन्तु मैं पुजारी तो सत्यरूपी परमेश्वर का ही हूँ। वह एक ही सत्य है, और दूसरा सब मिथ्या है। यह सत्य मुझे मिला नहीं है, लेकिन मैं इसका शोधक हूँ। इस शोध के लिए मैं अपनी प्रिय से प्रिय वस्तु का त्याग करने को तैयार हूँ, और मुझे यह विश्वास है कि इस शोधरूपी यज्ञ में इस शरीर को होमने की मेरी तैयारी है और शक्ति है। लेकिन जब तक मैं इस सत्य का साक्षात्कार न कर लूँ, तब तक मेरी अन्तरात्मा जिसे सत्य समझती है उस काल्पनिक सत्य का अपना आधार मानकर, अपना दीपस्तम्भ समझकर उसके सहारे से अपना जीवन व्यतीत करता हूँ।

यद्यपि यह मार्ग तलवार की धार पर चलने जैसा है, तो भी मुझे यह सरल-से-सरल लगा है। इस मार्ग पर चलते हुए अपनी भयंकर भूलें भी मुझे नगण्य-सी लगी हैं, क्योंकि वैसी भूलें करने पर भी मैं बच गया हूँ और अपनी समझ के अनुसार आगे बढ़ा हूँ। दूर-दूर से विशुद्ध सत्य की ईश्वर की झाँकी भी मैं कर रहा हूँ। मेरा यह विश्वास दिन-प्रतिदिन बता जाता है कि एक सत्य ही है, उसके अलावा दूसरा कुछ भी इस जगत् में नहीं है। यह विश्वास किस प्रकार बढ़ता गया है, इसे

मेरा जगत् अर्थात् 'नवजीवन' इत्यादि के पाठक जानकर मेरे प्रयोगों के साझेदार बनना चाहें और उस सत्य की झाँकी भी मेरे साथ करना चाहें तो भले करें। साथ ही, मैं यह भी अधिकाधिक मानने लगा हूँ कि जितना कुछ मेरे लिए सम्भव है, उतना एक बालक के लिए भी सम्भव है, और इसके लिए मेरे पास सबल कारण हैं। सत्य की शोध के साधन जितने कठिन हैं उतने ही सरल भी हैं। वे अभिमानी को असम्भव मालूम होंगे और एक निर्दोष बालक को बिलकुल सम्भव लगेंगे। सत्य के शोधक को रजकण से भी नीचे रहना पड़ता है। सारा संसार रजकणों को कुचलता है पर सत्य का पुजारी तो जब तक इतना अल्प नहीं बनता कि रजकण भी उसे कुचल सकें, तब तक उसके लिए स्वतंत्र सत्य की झांकी भी दुर्लभ है। यह चीज वशिष्ठ विश्वामित्र के आख्यान में स्वतंत्र रीति से बतायी गयी है। ईसाई धर्म और इस्लाम भी इसी वस्तु को सिद्ध करते हैं।

'आत्मकथा' के अन्त में गांधी जी ने सत्य के प्रयोग सम्बन्धी अपनी धारणा को व्यक्त किया है :

पाठकों से विदा लेते हुए दुःख होता है। मेरे निकट अपने इन प्रयोगों की बड़ी कीमत है। मैं नहीं जानता कि मैं उनका यथार्थ वर्णन कर सका हूँ या नहीं। यथार्थ वर्णन करने में मैंने कोई कसर नहीं रखी है। सत्य को मैंने जिस रूप में देखा है, जिस मार्ग से देखा है, उसे उसी तरह प्रकट करने का मैंने सतत प्रयत्न किया है और पाठकों के लिए उसका वर्णन करके चित्त में शांति का अनुभव किया है। क्योंकि मैंने आशा यह रखी है कि इससे पाठकों में सत्य और अहिंसा के प्रति अधिक आस्था उत्पन्न होगी।

सत्य से भिन्न कोई परमेश्वर है, ऐसा मैंने कभी अनुभव नहीं किया। यदि इन प्रकरणों के पन्ने-पन्ने से यह प्रतीति न हुई हो कि सत्यमय बनने का एक मात्र मार्ग अहिंसा ही है, तो मैं इस प्रयत्न को व्यर्थ समझता हूँ। प्रयत्न चाहे व्यर्थ हो, किन्तु वचन व्यर्थ नहीं है। मेरी अहिंसा सच्ची होने पर भी कच्ची है, अपूर्ण है। अतएव हजारों सूर्यों को इकट्ठा करने से भी जिस सत्यरूपी सूर्य के तेज का पूरा माप नहीं निकल सकता, सत्य की मेरी झांकी ऐसे सूर्य की केवल एक किरण के दर्शन के समान ही है। आज तक के अपने प्रयोगों के अन्त में मैं इतना तो अवश्य कह सकता हूँ कि सत्य का संपूर्ण दर्शन संपूर्ण अहिंसा के बिना असंभव है।

सत्य के प्रयोग सम्बन्धी कुछ तथ्य :

महात्मा गांधी ने अपने जीवन में सत्य को किस प्रकार आत्मसात् किया इसको स्पष्ट करने के लिए 'आत्मकथा' के पृष्ठों पर अंकित तथ्यों को उद्धृत करना समीचीन होगा :

"हाईस्कूल के पहले ही वर्ष की, परीक्षा के समय की एक घटना उल्लेखनीय

है। शिक्षा विभाग के इंस्पेक्टर जाइल्स विद्यालय का निरीक्षण करने आये थे। उन्होंने पहली कक्षा के विद्यार्थियों को अंग्रेजी के पाँच शब्द लिखाये। उनमें एक शब्द 'केटल' (Kettle) था। मैंने उसके हिज्जे गलत लिखे थे। शिक्षक ने अपने बूट की नोक मारकर मुझे सावधान किया। लेकिन मैं क्यों सावधान होने लगा? मुझे यह खयाल ही नहीं हो सका कि शिक्षक मुझे पास वाले लड़के की पट्टी देखकर हिज्जे सुधार लेने को कहते हैं। मैंने यह माना था कि शिक्षक तो यह देख रहे हैं कि हम एक-दूसरे की पट्टी में देखकर चोरी न करें। सब लड़कों के पाँचों शब्द सही निकले और अकेला मैं बेवकूफ ठहरा! शिक्षक ने मुझे मेरी बेवकूफी बाद में समझायी; लेकिन मेरे मन पर उनके समझाने का कोई असर न हुआ। मैं दूसरे लड़कों की पट्टी में देखकर चोरी करना कभी सीख न सका।

इतने पर भी शिक्षक के प्रति मेरा विनय कभी कम न हुआ। बड़ों के दोष न देखने का गुण मुझमें स्वभाव से ही था। बाद में इन शिक्षक के दूसरे दोष भी मुझे मालूम हुए थे। फिर भी उनके प्रति मेरा आदर तो बना ही रहा। मैं यह जानता था कि बड़ों की आज्ञा का पालन करना चाहिए। वे जो कहें सो करना; करें उसके काजी न बनना।

इसी समय के दो और प्रसंग मुझे हमेशा याद रहे हैं। साधारणतः पाठशाला की पुस्तकों को छोड़कर और कुछ पढ़ने का मुझे शौक नहीं था। सबक याद करना चाहिए, उलाहना सहा नहीं जाता, शिक्षक को धोखा देना ठीक नहीं, इसलिए मैं पाठ याद करता था। लेकिन मन अलसा जाता, इससे अकसर सबक कच्चा रह जाता। ऐसी हालत में दूसरी कोई चीज पढ़ने की इच्छा क्यों कर होती? किन्तु पिता जी की खरीदी हुई एक पुस्तक पर मेरी दृष्टि पड़ी। नाम था श्रवण पितृभक्त नाटक। मेरी इच्छा उसे पढ़ने की हुई और मैं उसे बड़े चाव के साथ पढ़ गया। उन्हीं दिनों शीशे में चित्र दिखानेवाले भी घर-घर आते थे। उनके पास मैंने श्रवण का वह दृश्य भी देखा था, जिसमें वह अपने माता-पिता को कांवर में बैठाकर यात्रा पर ले जाता है। दोनों चीजों का मुझ पर गहरा प्रभाव पड़ा। मन में इच्छा होती कि मुझे भी श्रवण के समान बनना चाहिए। श्रवण की मृत्यु पर उसके माता-पिता का विलाप मुझे आज भी याद है। उस ललित छन्द को मैंने बाजे पर बजाना भी सीख लिया था। मुझे बाजा सीखने का शौक था और पिताजी ने एक बाजा दिला भी दिया था।

इन्हीं दिनों कोई नाटक कंपनी आयी थी और उसका नाटक देखने की इजाजत मुझे मिली थी। हरिश्चन्द्र का आख्यान था। उस नाटक को देखते हुए

मैं थकता ही न था। उसे बार-बार देखने की इच्छा होती थी। लेकिन यों बार-बार जाने कौन देता? पर अपने मन में मैंने उस नाटक को सैकड़ों बार खेला होगा। मुझे हरिश्चन्द्र के सपने आते। 'हरिश्चन्द्र की तरह सत्यवादी सब क्यों नहीं होते?' यह धुन बनी रहती। हरिश्चन्द्र पर जैसी विपत्तियाँ पड़ीं वैसी विपत्तियों को भोगना और सत्य का पालन करना ही वास्तविक सत्य है। मैंने यह मान लिया था कि नाटक में जैसी लिखी हैं, वैसी ही विपत्तियाँ हरिश्चन्द्र पर पड़ी होंगी। हरिश्चन्द्र के दुःख देखकर, उनका स्मरण करके मैं खूब रोया हूँ। आज मेरी बुद्धि समझती है कि हरिश्चन्द्र कोई ऐतिहासिक व्यक्ति नहीं था। फिर भी मेरे विचार में हरिश्चन्द्र और श्रवण आज भी जीवित हैं। मैं मानता हूँ कि आज भी उन नाटकों को पढ़ूँ तो मेरी आँखों से आँसू बह निकलेंगे।

सत्यवादी वकील :

दक्षिण अफ्रीका में जहाँ तक मुझे याद है, वकालत करते हुए मैंने कभी असत्य का प्रयोग नहीं किया और आमदनी का एक बड़ा हिस्सा केवल लोक-सेवा के लिए ही अर्पित कर दिया था।

जोहान्सबर्ग की एक घटना मुझे याद आती है। मैं एक मुकदमे की पैरवी कर रहा था। मुकदमे के दौरान मुझे मालूम हुआ कि मेरे मुवक्किल ने मुझे धोखा दिया है। कठघरे में वह बिल्कुल घबरा गया था। मैंने बिना बहस किये ही मजिस्ट्रेट से कहा कि मुकदमा खारिज कर दीजिए। विरोधी वकील को इस पर ताज्जुब हुआ। लेकिन मजिस्ट्रेट इससे खुश हुआ। इस घटना के कारण मेरी वकालत पर कोई बुरा असर नहीं हुआ, बल्कि मुझे कहना चाहिए कि उलटा मेरा काम आसान हो गया। मैंने यह भी अनुभव किया कि मेरे सत्यपालन का प्रभाव मेरे साथी वकीलों पर भी अच्छा ही पड़ा और मेरी ख्याति भी बढ़ी। वहाँ के रंग-द्वेष के वातावरण में भी मैं कुछ मामलों में उनका प्रीति-पात्र भी बन जाता था।

बापू राजनीति में भी आए तो सत्य की साधना के लिए ही उन्होंने राजनीति को 'सत्याग्रह' रूपी शस्त्र दिया। जैसा कि उनका कथन है :

''सत्य की मेरी पूजा मुझे राजनीति में धसीट लायी है। जो कहता है कि धर्म का राजनीति से सम्बन्ध नहीं है, वह धर्म को जानता नहीं है, यह कहने में मुझे संकोच नहीं है।''

सन् 1948 ई. से 1948 ई. तक का उनका जीवन तूफानी राजनीतिक आन्दोलनों, सत्याग्रहों से भरा हुआ था। भारत का स्वराज्य भी उनके सत्य के प्रयोग का अंग है।

पत्रकारिता और सत्यनिष्ठा के पर्याय : गांधी जी

गांधी जी के व्यक्तित्व पर वरेण्य पत्रकारों की उक्ति मननीय है :

"Gandhi is the biggest thing in India."

–Lord Linlithgow

"Gandhi thinks aloud and the entire process is for the record. A discussion with him on ay subject was a voyage of discovery."

–S.N. Bhattacharya

"The greatest one-man medium of mass communication he had a great journalists gift of expression and communication. Journalism is not scholarship; at its best, it is literature or history in a hurry; in part, it is action too. A journalist must have the capacity to understand, to react, to communicate and Gandhi was for half of a century the greatest one man medium of mass communication. Whetever else he was, he was a journalist too."

–Chalapathi Rau

"Mahatma Gandhi was without doubt the most influential writer and journalist that India has produced. He knew the power of word, spoken and written in inspiring people to action...his paper explain why his writing was gentler than flowers, harder than diamonds."

–H.Y. Shard Prasad

"Mahatma Gandhi's life was a sort of pilgrimage in which every act was significant."

–George Orwell

समय और समाज के सन्दर्भ में सजग रहकर प्राणियों में दायित्व-बोध कराने की कला ही पत्रकारिता है। गीता की 'शुभ दृष्टि' ही वह पत्रकारिता है जिसमें गुणों को परखकर मंगलकारी तत्त्वों का प्रकाशन होता है। असत्य, अशिव, असुन्दर पर 'सत्यं शिवं सुन्दरम्' की शंखध्वनि ही पत्रकारिता है। महात्मा गांधी पत्रकारिता के जादूगर थे। वे पाठकों, श्रोताओं को प्रभावित करते थे। वे उनके अन्दर विचार भरते थे ताकि पाठक स्वतः सोचने, करने की ओर प्रेरित हो। गोपाल कृष्ण गोखले कहा करते थे कि श्रोताओं को प्रभावित करने के लिए उनके मन में प्रवेश कर

उनके सुख-दुख, इच्छा-आकांक्षाओं को जानना आवश्यक है। गांधी ने गोखले जी की बात को अक्षरशः चरितार्थ किया। दक्षिण अफ्रीका से लौटकर उन्होंने गोखले के सत्परामर्श पर ही भारत भ्रमण किया। उनका भ्रमण भारत की दयनीय दशा से साक्षात्कार था। चम्पारण और खेड़ा के सत्याग्रहों ने उन्हें जनता के मध्य पहुँचा दिया। बापू ने भूखों की बात जानने के लिए स्वतः भूखा रहने का अभ्यास किया, नंगों के साथ सम्प्रेषणीयता स्थापित करने के निमित्त उन्होंने लंगोटी धारण की। आम जनता की भाषा में वे जन सामान्य तक पहुँचे।

सम्प्रेषण कला के जादूगर :

बापू ने वाणी, भाषा के अतिरिक्त मौन, उपवास को संवाद का माध्यम बनाया। कुछ लोगों ने इसे भले ही पाखण्ड कहा लेकिन उनका उपवास विद्युत लहर की भाँति प्रभावशाली था। हड़तालों के समय गांधी का उपवास सबको चिन्तन-मनन की शक्ति देता था, समझौतों का शान्ति मार्ग वही था। विचारक मस्तराम कपूर के अनुसार गांधी सम्प्रेषण के जादुई कलाकार थे :

"अपनी इस वैविध्यपूर्ण सम्प्रेषण कला के कारण गांधी जी ने उस समय, जब रेडियो और अखबार भी बहुत कम लोगों तक पहुँचते थे, ऐसा प्रभाव पैदा किया जो सूचना प्रौद्योगिकी की क्रान्ति के वर्तमान समय में भी असंभव है। वे एक आवाज लगाते थे और सारा देश उनके साथ चल पड़ता था। जब आंदोलन रास्ते से भटकने लगता था, तो कोई ऐसा कदम उठाते थे कि सारा देश स्तब्ध रह जाता था। चौरीचौरा की घटना के बाद जब उन्होंने असहयोग आन्दोलन को वापस लेने की घोषणा की, तो सारे देश पर स्तब्धता छा गयी। ब्रिटिश सरकार को, जो व्यापक जन विद्रोह से बुरी तरह घबरा गयी थी, राहत की सांस मिली। बम्बई के गवर्नर लॉर्ड लॉयड ने कहा, गांधी का यह प्रयोग विश्व के इतिहास का महानतम प्रयोग था और यह सफलता के केवल एक इंच दूर रहा। ...सरकार कुछ और सौ आदमियों को कुछ हजार को जेल में डाल सकती थी, लेकिन जब तीस करोड़ जेल जाने को तैयार हों, तो कोई सरकार क्या कर लेगी ?

हिन्दुओं के एक सम्मेलन में उपवास के दिनों में यह प्रस्ताव पास किया गया कि स्वराज की संसद का पहला कानून होगा सबको सामाजिक और धार्मिक समानता की गारंटी देना और दलितों को मंदिर प्रवेश का अधिकार देना। गांधी जी के उस उपवास और एकता चलो यात्रा के संदेश ने हजारों साल की दीवार तोड़ कर अपना असर दिखाया।

गांधी जी की सम्प्रेषण शक्ति का उत्कृष्टतम रूप भारत छोड़ो आन्दोलन की घोषणा के अवसर पर मिलता है। जिन लोगों ने 8 अगस्त, 1942 को मुम्बई के

ग्वालिया मैदान में उनका भाषण सुना है, वे बता सकते हैं कि उनकी आवाज में क्या जादू था। भारी वर्षा में कीचड़ के लथपथ विशाल जन समूह ने गांधी जी के भाषण को, जो एक घंटा चला, साँस बांधे सुना। ऐसा लगता था कि कोई मसीहा एक नये युग का संदेश दे रहा है। मधु लिमये के शब्दों में (जो इस अवसर पर सभा में मौजूद थे) भारत के इतिहास का वह महान क्षण था। उन्होंने लिखा, **''मैं गांधी जी के कुछ विचारों का आलोचक रहा हूँ, लेकिन उस दिन देर रात तक उनके प्रेरणादायक भाषण ने मुझे और मेरे जैसे लाखों युवा लोगों को मोहित कर दिया।''**

ब्रिटिश सरकार ने गांधी जी को और कांग्रेस वर्किंग कमेटी के सदस्यों को उसी रात गिरफ्तार कर लिया और अज्ञात जेलों में पहुँचा दिया किन्तु गांधी का संदेश सारे भारत में फैल चुका था। अगले दिन ही ब्रिटिश साम्राज्य के खिलाफ सर्वत्र युद्ध शुरू हो गया।

विभाजन के बाद जब दंगों की आग चारों तरफ फैली और सारी व्यवस्था, सारे संचार-साधन उन्हें शांत करने में व्यर्थ सिद्ध हो गये, तो गांधी जी ने मौत का खतरा उठा कर दंगा-ग्रस्त क्षेत्रों की पद यात्रा की और दंगों की आग को ठण्डा किया। उनकी उपस्थिति ही शांति का सबसे बड़ा संदेश-वाहक बनी। उन्हें 'एक व्यक्ति पीस मिशन' कहा गया।

गांधी जी की **अद्‌भुत सम्प्रेषण शक्ति का स्रोत था सत्य के प्रति उनकी अटूट निष्ठा**। पूरी ईमानदारी से कही गई मन की बात दूसरों को छुए बिना नहीं रहती।

गांधी जी ने जिस पत्रकारिता को पावनतम अनुष्ठान माना उसे आज किस रूप में देखा, परखा जा रहा है इसकी जानकारी प्रसिद्ध स्तम्भलेखक श्री दीनानाथ मिश्र की निम्नलिखित पंक्तियों से हो सकता है जिसका प्रकाशन 'दैनिक जागरण' में 13 अक्टूबर 1999 को हुआ–

कुछ अखबारी नियम :

1. अगर समाचार अच्छा है तो, या तो वह अखबार में छपेगा नहीं, अगर छपेगा तो काट छांट कर अंदर के किसी पेज के दबे हुए कोने में।
2. अगर समाचार बुरा है तो मुख्य उपसम्पादक पूरे चाकचिक्य के साथ उसे छापेंगे। समाचार के दफ्तर प्रवेश के समय ही प्रथम पृष्ठ पर उसके लिए स्थान का आरक्षण हो जाएगा। उसके शीर्षक को समाचार से भी बुरा बनाने की भरपूर कोशिश होगी। उसे छापकर कई पत्रकार बड़ी तृप्ति का अनुभव करते हैं और पत्रकारीय सफलता की डकार लेते हैं।

3. अपराध कथा का संपादन रस लेकर किया जाएगा। हादसे या किसी दुर्घटना में मरने वालों की संख्या अधिक हो या दुर्घटना के चरित्र के कारण अधिक लोगों के मरने की संभावना (आशंका नहीं) हो, तो आंकड़ा संभावना ठोस के आधार पर स्वयं छलांग लगा लेगा।
4. परिशिष्टों में नारी फोटो को प्राथमिकता दी जाएगी। नारी चित्र का चयन उसके वस्त्रों के आधार पर नहीं किया जाएगा। शरीर के अनावृत प्रदेशों की चयन में मुख्य भूमिका होती है। राजधानी में एक ऐसा अंग्रेजी दैनिक है जो नियमपूर्वक सप्ताह के आठों दिन नाभि दर्शना नारी को प्रकाशित करता है। कम से कम एक, अक्सर एक से अधिक नारी अखबार में परोसी हुई पाई जाती है। एक बात और, नाभि दर्शना नारी का छोटा आकार का चित्र पहले पृष्ठ पर भी होता है ताकि पाठक, क्षमा करें दर्शक, निराश न हों।
5. अखबार पाठक जीवी नहीं, विज्ञापन जीवी होते हैं। सो, जो जगह विज्ञापन से बच जाती है, समाचारों से भरी जाती है। विज्ञापन ज्यादा तो समाचार कम। विज्ञापन कम तो पेज संख्या कम। विज्ञापन दूना तो पेज संख्या ड्योढ़ी। विज्ञापन में भी सुदर्शन विज्ञापनों को प्राथमिकता।
6. सम्पादक लोग संवाददाताओं को अदलते-बदलते रहते हैं। जैसे कला समीक्षक हफ्ते दो हफ्ते के लिए अपराध बीट के लिए लगा दिया जाता है। राजनीतिक संवाददाता को आर्थिक मंत्रालयों के काम दिए जाते हैं। खेल संवाददाता राजनीतिक सम्मेलन के लिए भेज दिया जाता है। लेकिन इन परिवर्तनों का लाभ होता है। संवाददाता नए क्षेत्र के काम को बहुत सावधानी से करता है। विशेषज्ञ संवाददाता से उनकी समाचार कथा बेहतर होती है।
7. समाचार-पत्रों में पाठकों के पत्र सर्वाधिक पठनीय होते हैं। लेकिन केवल उन्हीं अखबारों में जहाँ पाठकों के सभी पत्रों को पढ़ा जाता है। या दायित्व अगर किसी पत्रकार के बजाय पत्रफाड़ के पास हो, तो बात दूसरी है।
8. पत्रकारों के मामलों में खाने-पीने की पार्टियों के आयोजक अनुभवी हो गए हैं। वह समझ गए हैं कि जिसने 'तीन बुलाए, तेरह आए, की उक्ति का विकास किया होगा, उसका वास्ता पत्रकारों से भी जरूर पड़ा होगा।
9. चुनावी दिनों की बात फिर भी अलग है। गैर-चुनावी दिनों में भी अटकल विशेषज्ञ संवाददाताओं की बड़ी महत्ता होती है। समाचार लिखने के लिए उन्हें सूचनाओं की जरूरत नहीं होती। वह तो खत का मजमून बिना लिफाफा देखे ही भांप लेते हैं। इसीलिए उन संवाददाताओं की प्रतिष्ठा अधिक होती है। वे इतने काबिल होते हैं कि समाचार तो समाचार, टेबल पर बैठकर पूरा

एक्जिट पोल तक बना डालते हैं। अभी हुए चुनावों में दो अखबार समूहों के अटकल विशेषज्ञ संवाददाताओं की सेवाएँ विशेष चर्चित रहीं। उन्होंने एक्जिट पोल नहीं, जवाबी एक्जिट पोल दिया था। अब उनके अखबारों में के.पी. सिंह नामक पत्रकार की आवश्यकता भी बढ़ती जा रही है। कटिंग-पेस्टिंग पत्रकारिता के लिए कैंची प्रसाद सिंह एक अनिवार्य व्यक्तित्व हो गए हैं।

समाचार पत्र : तब और अब :

गांधी जी द्वारा लिखित The Role of Newspaper लेख की निम्नलिखित पंक्तियाँ समाचार-पत्र से सम्बन्धित बुद्धिजीवी के लिए सतत विचारणीय हैं :

In my humble opinion, it is wrong to use a newspaper as a means of earning a living. There are certain spheres of work which are of such consequence and have such bearing on public welfare that to undertake them for earning one's livelihood will defeat the primary aim behind them. When, further, a newspaper is treated as a means of making profits, the result is likely to be serious malpractices. It is not necessary to prove to those who have some experience of journalism that such malpractices do prevail on a large scale.

Newspapers are meant primarily to educate the people. They make the latter familiar with contemporary history. This is a work of no mean responsibility. It is a fact, however, that readers cannot always trust newspapers. Often, facts are found to be quite the opposite of what has been reported. If newspapers realized that it was their duty to educate the people, they could not but wait to check a report before publishing it. It is true that, often they have to work under difficult conditions. They have to sift the true from the false in but a short time and can only guess at the truth. Even they, I am of the opinion that it is better not to publish a report at all if it has not been found possible to verify it.

The reporting of speeches in Indian newspapers is generally defective. There are very few who can take down a speech verbatim, so that speeches are generally found to be a mere hotch-potch. The best thing to do would be to send the proofs of the reported speech to the speaker for correction and the paper should publish its news report of the speech only if the speaker does not correct anything in the proofs sent to him.

It is often observed that newspapers publish any matter that they have, just to fill in space. This practice is almost universal. It is so in the West, too. The reason is that most newspapers have their eye on profits. There is no doubt that newspaper have done great service. Their defects are therefore overlooked. But to my mind, they have dare no less harm there are newspaper in the westaion wich are so full of trash that it will be a sin even to touch them. Many, full of prejudices, create or increase ill will among people. At times they produce bitterness and strife even between different famjilies and communities. These newspapers cannot escape criticism merely because they serve he people. On the whole, it would seem that the existence of newspapers promotes good and evil in equal measure."

गांधी जी ने अपने लेखों, पत्र-पत्रिकाओं में बतलाया है कि अखबार, मासिक पत्र आदि भी साहित्य-कार्य के अंग हैं जो इन साधारण को शिक्षित बनाने के एक जबरदस्त साधन हैं। पर इस साधन का अतिशय दुरुपयोग किया गया है। लोगों को सच्ची खबरें और अच्छी सलाह देने के बदले जान-बूझकर झूठी, आधी सच्ची आधी झूठी या अधूरी खबर देकर अथवा सच्ची खबर का गलत दृष्टि-बिन्दु से प्रस्तुत करके उन्हें गलत रास्ते पर ले जाने का काम समाचार-पत्रों द्वारा बाकायदा किया जा रहा है।

विज्ञापनों द्वारा द्रव्य प्राप्त करने के लोभ में ये अनेक प्रकार के झूठ और अनीति फैलाने का साधन बन रहे हैं।

जिस व्यक्ति को पढ़ाने का शौक हो और फुर्सत भी हो, पर गप्पें मारकर जल्दी वक्त गुजारने के लिए कोई संगी-साथी न हो और इससे उसका जी ऊब रहा हो, उसे ऊबने देने में कोई हर्ज नहीं। कुछ देर ऊबते रहने के बाद फिर वह कोई काम खोजकर उसमें लग जायगा। पर केवल फुर्सत का वक्त काटने के लिए ही निकला हुआ पत्र, मासिक या किस्से-कहानी की किताब लेकर बैठेगा, तो उससे मनोरंजन का तो आभास-मात्र होगा, अधिक समय परोक्ष रीति से गप्पें हांकने, यानी आलस में ही बीतेगा और अधिकतर वह अपने मन को हीन भावनाओं से चलायमान कर लेगा एवं कुसंस्कारों को पोसेगा। पत्रों, मासिकों और उपन्यासों से अनेक युवक-युवतियाँ विकार की व्यवस्था में पड़े और कुमार्ग में प्रवृत्त हुए पाये गये हैं। ऐसे प्रकाशन जला देने योग्य ही माने जाने चाहिए। पत्र या लेखन के व्यवसाय में सिर्फ उसी मनुष्य को पड़ना चाहिए, जिसे यह निश्चय हो गया हो कि उसे अपना अथवा दूसरे किसी

से प्राप्त कोई सच्चा, हितकर और उपयोगी संदेश देना है। उसे सत्य पर दृढ़ता से आरूढ़ रहना चाहिए और अपने खिलाफ की जाने वाली सच्ची बातों और शिकायतों को भी प्रकाशित करना चाहिए तथा अपनी भूलों को शुद्ध भाव से स्वीकार करना चाहिए। विज्ञापनों से अपना खर्च निकालने के लोभ में नहीं पड़ना चाहिए, बल्कि अपनी उपयोगिता सिद्ध करके ऐसी स्थिति उत्पन्न करनी चाहिए कि लोकप्रियता के बल पर ही उसका खर्च निकल सके।

समाचार-पत्रों के लिए क्या वरेण्य है क्या त्याज्य है, क्या प्रकाश्य है क्या अप्रकाश्य है—इस संदर्भ में गांधी जी के मन्तव्य स्पष्ट थे। समाज-सेवा के अतिरिक्त किसी अन्य पहलू पर गांधी जी ने पत्रकारिता से समझौता नहीं किया। बापू के विचारों के विपरीत आजकल के पत्रों में क्या छप रहा है, उनकी नीयत कया है, समाचार-पत्र क्या है, नकारात्मकता की महत्ता क्या है ?

मान लीजिए आम जनता में सदाचार और पुलिस की सतर्कता के बढ़ने से महिलाओं के खिलाफ अपराध प्रतिवर्ष 5 प्रतिशत घटने लग जाये तो 10 साल बाद अखबारों में एक नया संकट पैदा हो जायेगा। मान लीजिए भ्रष्टाचार के बड़े-बड़े काण्ड घटते चले जायें तो फिर रस लेकर पढ़ने लायक समाचारों की कमी आने लग जायेगी। मान लीजिए दल-बदल और गठबन्धन बदल को कानूनन रोक दिया जाये या जनता ऐसे लोगों और दलों को चुनाव में दण्डित कर दे, तो क्या होगा ? तो यह प्रवृत्ति भी घटेगी। सरकारों के गिरने की झटकेदार खबरें भी घटेंगी। ऐसी घटनाएँ हर महीने घटती हैं, वैसी पाँच साल में एक बार घटेगी। अखबारों और अन्य समाचार माध्यमों के लिए निश्चय ही यह एक शोक संदेश होगा।

तो क्या होगा ? अखबार और बोरिंग हो जायेंगे। बम विस्फोट के समाचार नहीं होंगे। दस-पाँच लोगों की हृदय विदारक हत्याएँ जो आये दिन हो जाती हैं, वह नहीं होंगी। अखबार वालों के लिए समाचार दुर्भिक्ष हो जायेगा। उन्हें पहले पन्ने पर गलत जगह पार्क की गई मंत्री की कार की फोटो छाप कर अपनी नकारात्मक समाचारों की क्षतिपूर्ति करनी पड़ेगी। सचमुच वह दिन मीडिया के लिए सोने का अण्डा देने वाली मुर्गी की हत्या जैसा दिन होगा, जिस दिन चन्दन तस्कर वीरप्पन को खत्म कर दिया जायेगा। उस दिन वीरप्पन नामक मुर्गी सोने के अण्डे वाले समाचार से पाठकों की अखबारी भूख की भविष्य में कोई सेवा नहीं कर पायेगी।

फिर तो अखबारों और अखबार वालों को खुद ही उत्तेजक बनना पड़ेगा। तहलका जैसी हजारों टीमों की जरूरत पड़ेगी। भविष्य में ऐसी जरूर कोई टीम निकलेगी जो मानवीय कमजोरियों का इस्तेमाल कर बड़े समाचार बनाएगी। तहलका में मानवीय लोभ

का इस्तेमाल कर बड़े काण्ड का आभास दिया गया। लोभ की तरह मनुष्य में काम भी एक तत्त्व होता है। काम को भी कैमरे में कैद किया जा सकता है। उर्वशी से विश्वामित्र भी डोल गये थे। साधारण राजनेताओं और सेनापतियों की बात ही छोड़िए। लोभ के जाल में तो दर्जन भर फंसे।

काम का जाल बिछाया जाये तो सैकड़ों फंस जायेंगे। हाल के वर्षों में हथियारों की खरीद के नियमों में ऐसी कड़ाइयाँ की गईं कि खरीद के घोटालों की आशंका घट गई। ऐसे समाचार दुर्भिक्ष के काल में तहलका ने समाचार-पत्रों की अच्छी सेवा की। जिन्दगी में बोरियत घटाना और उत्तेजक गहमागहमी बनाये रखना समाचार-पत्रों का कर्त्तव्य है। कहना चाहिए कि उनकी व्यापारिक जरूरत भी है। समाज को नकारात्मकता में जीने का आभास है। नकारात्मकता न हो तो जिन्दगी दिलचस्प नहीं बनी रहती है।

दैनिक जागरण, 17 जून 2001

इन विषयों पर बुद्धिजीवियों को चिन्तन-मनन करना चाहिए। एक चिन्ता की बात यह है कि पत्रकारों की एक बड़ी संख्या ऐसी है जिनकी लेखनी में रचनाधार्मिता नहीं है। हर क्षेत्र में उनकी सोच नकारात्मक है। उन पत्रकारों की कलम लाभ-हानि की तुला पर कसी जाती है। वर्तमान विसंगतियों के परिप्रेक्ष्य में गांधी-विनोबा की सर्वोदय पत्रकारिता वरेण्य है। आचार्यकुल एवं आदर्श पत्रकार आज भी अपने इतिहास-निर्माता पत्रकारों को सामयिक मानते हैं।

गांधी की पत्रकारिता मूल्य आधारित थी उनकी टिप्पणियाँ पढ़कर करोड़ों स्त्री-पुरुष, बालक-वृद्ध स्वतंत्रता संग्राम के सैनिक बने। बिना खड्ग बिना ढाल वाली उस सेना के आगे गोरी सरकार ने शस्त्र डाले। अमेरिकी पत्रकार लूई फिशर ने इस पर अपना मत व्यक्त किया: "जहाँ भारतीय युवकों का सवाल है, मैं ऐसे युवकों से यूरोप, अमेरिका और इसके पूर्व भारत में भी मिल चुका हूँ। गांधी जी के संबंध में उन्हें बहुत कम जानकारी है। वे केवल इतना ही जानते हैं कि उनके कारण भारत आजाद हुआ किन्तु गांधी जी उनके राष्ट्रपिता मात्र न थे। वे इससे कहीं बड़े थे। उनका जीवन दर्शन था। समस्त मानव जाति के लिए उसका महत्त्व है। महत्त्व का बिन्दु यह है कि गांधी जी की स्वतंत्रता का मतलब औरों से पृथक् स्वतंत्रता नहीं, बल्कि स्वस्थ तथा सम्मानित परस्पर निर्भरता है। उन्होंने पाठकों के हृदय में अंकित कर दिया कि हमारे राष्ट्रप्रेम से दूसरों को खतरा नहीं हो सकता, क्योंकि जिस तरह हम अपना शोषण नहीं करने देंगे, उसी तरह हम भी किसी का

शोषण नहीं करेंगे। जन-जीवन, जीविका जगत व्यवस्थापरक दशा व दिशा दिखाने वाली ऐसी मानसिकता आज कितने पत्रकारों के लेखन में अभिव्यक्ति पाती है?

सर्वोदय जगत् के संपादक आचार्य राममूर्ति से मिलने कुछ विदेशी पत्रकार आये। करुणा और क्रान्ति की चर्चा के दौरान पूछ बैठे : "जयप्रकाश के पास न सत्ता थी न धन था, न संगठन बल था, फिर भी उन्होंने प्रधानमंत्री इंदिरा गांधी और उनकी संगठित सरकार को चुनौती दी। आन्दोलन हुआ। हजारों जेल गये। इमरजेंसी लागू की गयी। सरकार हार गयी। यह कौतुक कैसे हुआ?" उत्तर था–जयप्रकाश के पास जो शक्ति थी, वह इन्दिरा गांधी और उनकी सरकार से बड़ी थी। वह थी–नैतिक शक्ति जो गांधी-विनोबा से विरासत में मिली। उस विरासत का स्मरण कितने पत्रकारों को है?

हमारी समाज-व्यवस्था ने राजतंत्र से लेकर लोकतंत्र तक जितनी मंजिले तय कीं, वे कत्ल और कानून की अंधेरी गलियों से आगे नहीं बढ़ पायीं। पूँजीपति की थैली की आड़ में शोषण, सिपाही-सैनिक की गोली के पीछे दमन एवं संविधान की बोली के ओट में असमाधान बरकरार रहा। आन्दोलनों की संस्कृति से आक्रोश फैला। किन्तु किसान, मजदूर, व्यापारी, सरकारी-असरकारी अधिकारी को सहचिन्तन व सहश्रम की प्रेरणा नहीं मिली। **अधिकारों की होड़ में जब सारी पत्र-पत्रिकाएँ शामिल हुईं, तब आचार्य कुल ने कर्त्तव्य की जागृति को बल देने वाले संपादकीय लिखे और विकास को विलास एवं विनाश के राहु-केतु के द्वारा ग्रसे जाने से रोकने का उपक्रम किया।** पत्रकार जमात उसे महत्त्व देती तो सामाजिक न्याय तथा सामुदायिक विकास के प्रति लोक चेतना जाग्रत होती और परिवार, पड़ोसी, प्रदेश, देश-दुनिया के प्रति कर्त्तव्यनिष्ठ होने का वातावरण भी बनता।

15 अगस्त, 1947 को स्वतंत्रता मिली, तब भारत साहूकार था, आज कर्जदार है। जिम्मेवार भारतीय कर्ज नहीं ढोते, फिर भी हर व्यक्ति पर 3,300 रु. से अधिक का कर्ज है। नवजात शिशु भी इसमें अपवाद नहीं है। कृषि डेयरी, पशुपालन, ग्रामोद्योग, सड़क, कोयला बिजली जैसे क्षेत्रों को भी अपेक्षित धन नहीं दिया गया। तथ्यान्वेषी, खोजी पत्रकारों की कलम चलती तो जनता की प्राथमिक आवश्यकताएँ पूरी किये बिना कर्ज की राशि मौज मस्ती में उड़ पाती। 'सत्याग्रह मीमांसा' के संपादक श्री सिद्धराज ढड्ढा ने उस ओर जनता का ध्यान आकृष्ट किया है कि देश की जनता के उपयोग के लिए घटिया सामग्री मिलती है और वह भी उत्तरोत्तर महंगी होती जाती है। अब आर्थिक सुधार के नाम पर हम केवल व्यापार

की लगान ही नहीं बल्कि सड़क, पुल, रेल, हवाई अड्डा, दूरसंचार, चिकित्सा, शिक्षा जैसी सेवाएँ भी बहुराष्ट्रीय कंपनियों के हाथों में सौंप कर अपनी स्वतंत्रता को झुठला रहे हैं। 'सप्रेस' जैसी समाचार सेवा द्वारा पूरक सामग्री प्रसारित की गयी, फिर भी लोकमत आन्दोलन नहीं हुआ। **जनता को समझ में आने वाली शब्दावली में समाचार प्रस्तुत करने की क्षमता घटी है या समाचारों की सत्यता पर अविश्वास बढ़ा है।**

चोरी, हत्या, बलात्कार, आतंक, भ्रष्टाचार से जुड़े समाचारों का प्रमुखता देने से शिष्ट आचरण की प्रेरणा के लिए अवकाश कम हुआ। **समाचार संपादक असहयोग सत्याग्रह के सहारे अन्याय के विरोध में खड़ा होने का साहस संवर्द्धन करना अपना दायित्व नहीं मानते,** इसी कारण मुट्ठीभर सत्ता-संपत्ति वाले सारे संसाधन अपने हित में विनियोजित कर लेते हैं। इस जाति या उस जाति, इस पार्टी या उस पार्टी, इस प्रदेश या उस प्रदेश, इस धर्म या उस धर्म के ही पक्ष-विपक्ष में लिखना ही पत्रकारों के लिए शेष रह जाता है, जो मूलभूत समस्या से ध्यान बंटाने जैसा काम है और इसी काम के रहते गरीबी, बीमारी, अशिक्षा-निराकरण में सामूहिक शक्ति नहीं लगा पाती। पत्रकार निखिल चक्रवर्ती का जवाब : "यदि हम वास्तव में **उस महान गांधी की सौभाग्यशाली संतान हैं तो हमें पूरे विश्व को दिखाना होगा कि हमारे पास बन्दूकों और बमों से ज्यादा प्रभावशाली चिन्तन और लेखन है, जिसका उपयोग जनता को खुशहाल करने, विज्ञापन और तकनीक के क्षेत्र में विकास लाने, मौजूदा समाज को एक नई रूपरेखा प्रदान करने और सारे समूचे सूचना-तंत्र व संस्कृति को उन्नति के मार्ग पर ला खड़ा करने के लिए होना है।"**

पं. माखनलाल चतुर्वेदी के शब्दों में, "**संवाद, पत्र लेखन, चर्चा, भेंट, मत-निश्चय, मत प्रकाशन और मतानुकूल परिवर्तन आदि क्षेत्रों में गांधी जी से महान संपादक कदाचित् इस देश में पैदा नहीं हुआ। जिस दिन हमने गांधी को खोया, उस दिन सारी पत्रकारिता देश भक्ति के धर्म से हट कर राजनीति का जकड़-व्याल हो गयी।** उसके बाद विनोबा ने व्यवस्थाजन्य अन्तर्विरोध घटाने और पारस्परिकता बढ़ा कर विश्व चेतना में '**सर्वभूतहितेरता' का भाव संक्रांत किया और धर्म के स्थान पर अध्यात्म तथा राजनीति के स्थान पर विज्ञान को प्रमुखता दी। समाचार-संपादन-लेखन में आये इस मोड़ से स्पर्धा की जगह सहयोग, ध्वंस की जगह निर्माण, उपभोग की जगह उपयोग को प्रश्रय देने वाली पत्रकारिता अभी पालने में ही झूल रही है, 20वीं सदी के अंतिम छोर तक पहुँचते-पहुँचते उसका सम्यक**

पालन-पोषण करेंगे तो वे ही संपादक 21वीं सदी में प्रासंगिक रहेंगे और अपनी प्रखर लेखनी से पाठकों के मन-मस्तिष्क में यह भाव जगा सकेंगे। ''छोटे दिलों का बड़े दिमाग के साथ सामंजस्य स्थापित कर महान भारत के गौरव के अनुरूप रचना की जा सकती है।''

सत्ता की गद्दी बेहद बुरी :

15 अगस्त 1947 को जब सारा भारत स्वतंत्रता प्राप्ति की खुशी मना रहा था, गांधीजी कलकत्ता के बेलियाघाट की हैदरी मंजिल में रोजाना की जिन्दगी बिता रहे थे। किसी भी समारोह में वे नहीं गए। बंगाल सरकार के मंत्रीगण उनसे मिलने आए। उन्होंने कहा–

''आज आपने अपने सर पर काँटों का ताज पहना है, सत्ता की गद्दी बेहद बुरी चीज है। आपको इस गद्दी पर सदा चौकस रहना है। आपको ज्यादा सत्यवादी, ज्यादा अहिंसक, ज्यादा विनम्र, ज्यादा सहनशील बनना है। आप सबकी ब्रिटिश राज के दौरान परीक्षा ली गयी थी, पर वह तो कोई परीक्षा थी ही नहीं लेकिन अब हमारी परीक्षा का कभी कोई अंत नहीं होगा। **धन-दौलत के लालच में न फँसना। ईश्वर आपकी मदद करे। आप गरीबों ओर गौवों की सेवा के लिए गद्दी पर बैठे हैं।''**

शाम की प्रार्थना में बापू ने कहा :

''खिलाफत आंदोलन के समय हमने जैसी एकता दर्शायी थी, वैसी एकता यदि आज दर्शाएं तो हमें अमृत का प्याला मिलेगा, बजाय उस जहर के जिसे आज तक हमें पीना पड़ा।''

हिन्दू-मुस्लिम एकता के लिए मैंने जिंदगी भर काम किया है। किशोरावस्था से ही हिन्दू-मुस्लिम एकता पर मेरा अटूट विश्वास था। अनेक खानदानी मुसलमान मेरे दोस्तों में हैं। एक मुसलमान लड़की मुझे बेटी से भी अधिक प्यारी है। वह हिन्दू-मुसलमान एकता के लिए अपनी जान दे सकती है। **अगर आप मेरा दिल चीरकर देखें तो आप पायेंगे कि मेरे दिल में लगातार चौबीस घंटे, चाहे मैं जागता रहूँ या सोता रहूँ, हिन्दू-मुस्लिम एकता का प्यासा हूँ क्योंकि मैं जानता हूँ कि बिना उसके सच्ची स्वराज्य हो ही नहीं सकता।** मुझे अपने पिता का जमाना बहुत अच्छी तरह याद है कि किस तरह राजकोट में हिंदू और मुसलमान एक-दूसरे से मिलकर रहते थे। मेरा विश्वास है कि इस देश में वे दिन फिर से लौटेंगे। हममें से हर एक को कमर कसकर और रास्ते के लिए मशाल हाथ में लेकर तैयार रहना चाहिए। हम नहीं जानते कि ईश्वर कब और किसको इस काम को पूरा करने के

लिए निमित्त बनाये। हमें ना-उम्मीदी और निराशा को अपने दिल में कोई जगह नहीं देनी चाहिए। ईश्वर की मर्जी के आगे हिसाब-किताब काम नहीं देता।

इस कलियुग में संत विनोबा भावे ने मीडिया में सर्वोदय दृष्टि को रेखांकित किया है :

इन दिनों प्रेस एक बड़ी शक्ति बनी हुई है और वह काफी खतरनाक भी हो गयी है। वह कल्याणकारी कैसे बने, यह हमें सोचना है। राजनीति को आजकल अनावश्यक महत्त्व दिया जा रहा है। लेकिन भारत की एकता कायम रखनी है, तो हमें अपने प्रेस के जरिये सांस्कृतिक तथा चित्त-शुद्ध के विषयों को अधिक महत्त्व देना चाहिए और पार्टी-पॉलिटिक्स (पक्षीय राजनीति) को कम।

न्यूज का काम दिन-ब-दिन अब घटने वाला है, क्योंकि रेडियो का प्रचार बढ़ रहा है। इसलिए आज जिस प्रकार न्यूज प्रकाशित की जाती है, उसके बजाय सार्टेड (चुनी हुई) न्यूज देना ठीक होगा। यानी प्रकाशन के लिए प्राप्त होने वाली सभी प्रकार की न्यूज में से **जनकल्याणकारी न्यूज चुन कर देना चाहिए। जो भी न्यूज दी जाये वह निश्चित यानी सत्य होनी चाहिए।**

समाचार-पत्रों में न्यूज के नाम से ऐसी न्यूज दी जाती हे, जो न्यूज ही नहीं होती। मिसाल के तौर पर आगमन या उद्‌घाटन आदि के कार्यक्रम। इनको अनावश्यक महत्त्व दिया जाता है। वास्तव में **न्यूज उस घटना को कहना चाहिए जो स्थायी परिणामकारी हो, यानी जिसका स्थायी मूल्य हो।** अस्थायी मूल्यवाली घटना को न्यूजवैल्यू नहीं देनी चाहिए। आजकल दंगे-फसाद की घटनाओं को समाचार-पत्रों में बहुत महत्त्व दिया जाता है। क्या इसका कोई स्थायी मूल्य है ?

एक महत्त्व की बात यह है कि अखबार में सत्य के सिवाय कोई बात नहीं आनी चाहिए। अखबार की भाषा में प्रेम, नम्रता और संयम होना चाहिए तभी प्रेस कल्याणकारी हो सकता है।

आधुनिक मन एक विशेष ढंग से सोचता है। इसलिए परिभाषा ऐसी होनी चाहिए, जो कि लोगों के ध्यान में आ सके। आज स्थिति यह है कि शब्दों का प्रयोग तो कर लेते हैं, लेकिन जो उसे इस्तेमाल करते हैं, उन्हें भी उन शब्दों का ठीक ध्यान नहीं होता। भाषा-शब्द ध्यानपूर्वक इस्तेमाल करें। जो आशय है वहीं ध्यान में आये, ऐसी भाषा होनी चाहिए।

आज मीडिया ने समाचार को चाट बना डाला है। शब्द और वाणी का व्यापक क्षय हो रहा है। कुछ लोग संतोष कर लेते हैं कि पत्रकारिता बधू ने घूंघट खोला है, लहंगा नहीं उतारा है। अगर लहंगा भी उतारा है तो अन्तर्वस्त साबुत बचा है। साम्प्रतिक पत्रकारिता को सुस्पष्ट करने के निमित्त पत्रकार प्रवर दीनानाथ

मिश्र को टिप्पणियाँ अविकल रूप में प्रस्तुत हैं जो 'दैनिक जागरण' के 28 मार्च 1997 को प्रकाशित हैं :

एक बात मैं बता दूँ अभी तक जितनी खोजें हुई हैं उनसे कहीं अधिक सिद्धान्त अभी भी अनखोजे पड़े हैं। मसलन धर्माकर्षण का सिद्धान्त, ध्यानाकर्षण का सिद्धान्त, धनाकर्षण का सिद्धान्त, पदाकर्षण का सिद्धान्त, सौन्दर्याकर्षण का सिद्धान्त, भवनाकर्षण का सिद्धान्त, नामकर्षण का सिद्धान्त, विदेशाकर्षण का सिद्धान्त, सत्ताकर्षण का सिद्धान्त, प्रदर्शनाकर्षण का सिद्धान्त, वस्त्राकर्षण का सिद्धान्त...। मगर हमारे यहाँ शोध कोई करता ही नहीं है। मैं शोध सम्बन्धी सुझाव देना चाहता हूँ। कुछ शोध तो केवल टी.वी. देखकर किए जा सकते हैं। मैं दावे के साथ कह सकता हूँ कि जो अभिनेत्री जितने कम कपड़ों में अभिनय करती हैं उसकी तिजोरी उतनी ही अधिक भरी हुई होती है। इसमें से नंगाकर्षण सिद्धान्त की महत्त्वपूर्ण खोज हो सकती है। न्यूटन ने पता लगाया था कि वस्तुएँ बत्तीस फीट की गति वृद्धि के साथ नीचे गिरती हैं। यह गुरुत्वाकर्षण के सिद्धान्त का मूल है। हम पता लगा सकते हैं कि अभिनेत्री के शरीर के प्रति वर्ग सेंटीमीटर के नंगत्व वृद्धि से कितने लाख रुपये की गतिवृद्धि निर्माता, निर्देशक, संगीतकार व अभिनेत्री आदि की आमदनी में होगी। मगर कोई शोध करे तब न?

चुनाव के समय वादाकर्षण के सिद्धान्त की खोज हो सकती है। लोग वादा पसन्द होते हैं। वादों के अलावा उन्हें कुछ नहीं चाहिए। जितने बड़े और अविश्वसनीय वादे होंगे, वोट उतने ही ज्यादा बरसेंगे। वादे या तो बड़े हो सकते हैं या विश्वसनीय हो सकते हैं। दोनों एक साथ नहीं हो सकते हैं। चमत्कार तब पैदा होता है जब वादे अधिक विश्वसनीय हों। अविश्वसनीय होने के लिए वादों का बड़ा होना जरूरी है। अगर कोई नेता यह वादा करे कि वह इलाहाबाद में बंदरगाह बना देगा अथवा पलामू को लुधियाना बना देगा अथवा अमुक गाँव में एशिया का सबसे बड़ा पुल बना देगा, पहले उस गाँव में ब्रह्मपुत्र जैसी वेगवती नदी का निर्माण कराएगा और फिर उस पर पुल बनाएगा। छोटे वादों में वोटाकर्षण नहीं होता। बड़ों में होता है। वादाकर्षण सिद्धान्तों के खोज की जबरदस्त संभावनाएँ हैं।

झूठाकर्षण के सिद्धान्त पर हिटलर के प्रचार मंत्री गोयबल्स ने थोड़ा बहुत काम किया था। **एक झूठ को सौ बार बोलने पर उस झूठ में रासायनिक परिवर्तन होता है और वह सत्य बन जाता है।** यह अनमोल सिद्धान्त उसी ने खोजा था। छोटे-छोटे झूठ को उसने फालतू की कसरत कहा था। उसका कहना था कि विराट झूठ पर लोग चट से विश्वास करते हैं। गोयबल्स अपने

समय का बड़ा वैज्ञानिक था। उसने झूठाकर्षण के सिद्धान्त को काफी प्रतिष्ठित किया। लेकिन अब उसके सिद्धान्त पूरे नहीं पड़ते। झूठाकर्षण के सिद्धान्त में अभी अपार संभावनाएँ हैं। इस पर अरबों रुपये लग सकते हैं। भारत सरकार को विश्व बैंक की मदद से इस शोध को आगे बढ़ाना चाहिए। मैं ऐसा मानता हूँ कि अपनी संयुक्त मोर्चा सरकार इसकी असीम उपयोगिता को सबसे ज्यादा अच्छी तरह समझती है। उम्मीद करनी चाहिए कि सरकार इस सम्बन्ध में कोताही नहीं करेगी। धर्म-निरपेक्षता की रक्षा की जड़ें झूठाकर्षण में ही हैं। अगर धर्म-निरपेक्षता की रक्षा आगे भी करनी है तो झूठाकर्षण के सिद्धान्त की आगामी कड़ियों की खोज अनिवार्य हो जाती है।''

उच्चादर्शों के प्रति समर्पित गांधी को बुद्धिजीवियों ने साक्षात् देव कहा है। 'तं वन्दे मनुदेहधारिणमहम गान्ध्याख्य देवं परम्' उनका जीवन मानवीय मूल्यों का प्रकाश पुष्प है। इसीलिए उनकी पत्रकारिता मूल्य आधारित है जिसे सर्वोदय पत्रकारिता कहा जा सकता है। ऐसी पत्रकारिता में :

शब्द का सही उपयोग योग है
और कल्याणकारी है योग की तरह।
शब्द का गलत उपयोग भोग है
और विनाशकारी है भोग की तरह।।

गांधी जी के अनुसार, मीडिया की एक महत्त्वपूर्ण भूमिका है–**सही जानकारी के सम्प्रेषण द्वारा जनता को अँधेरे से उजाले में लाने की। समाज के जीर्ण-शीर्ण मूल्यों और जड़ मान्यताओं पर प्रहार कर उनका विसर्जन कर नये मूल्यों का सर्जन कर समाज को सही दिशा प्रदान करना।** जनता के विचारों को सही दिशा में मार्गदर्शन एवं चालना देने का भी एक दायित्व बनता है। मूक जनता पर होने वाले अत्याचार, अन्याय और शोषण की घटनाओं को उजागर कर उसे वाणी देना संवेदनशील मीडिया का दायित्व है।

मीडिया की भूमिका :

मीडिया की एक पहली भूमिका विचारों का मंथन और घटनाओं का सही परिप्रेक्ष्य में विश्लेषण कर दूध का दूध और पानी का पानी करने की है। अपनी-अपनी मान्यताओं और विचारों के कारण जहाँ मिलावट होने लगी है तो मीडिया अपने सामाजिक दायित्व से विमुख लगने लगा है।

मीडिया की दूसरी भूमिका विज्ञापनों के मोहजाल और अन्य दबावों में न फँस कर कलम को आजाद रखने की है।

मीडिया की तीसरी भूमिका सत्यान्वेषण की है। बिना सत्य को खोजे सही निष्कर्षों पर नहीं पहुँचा जा सकता।

मीडिया की चौथी भूमिका है गुण संपादन की। गटर इंस्पेक्टरी की नहीं। कबीरदास ने लिखा है–'सार सार को गहि रहै थोथा देय उड़ाय।' प्रेस की विश्वसनीयता के लिए यह आवश्यक है।

मीडिया की पाँचवीं भूमिका दुनिया के देशों को एक-दूसरे के नजदीक लाने की होनी चाहिए। इसमें शायद अपने देश की राष्ट्रीयता का अहं भाव छोड़ना होगा।

मीडिया की छठी भूमिका आत्मावलोकन की है। दुनिया को वह अपनी नजर से तो देखता है, लेकिन कभी प्रकाश अपनी ओर भी करके देखे। उस उजाले में उसे अपनी कमियाँ भी साफ दृष्टिगोचर होंगी।

विश्ववंद्य बापू ने देश के यथार्थ जीवन, जीवन के मर्म, उसकी संस्कृति, आवश्यकता और स्वभाव को पहचाना। उन्होंने अपनी विचारधारा से स्वदेशी जीवन प्रणाली को गति दी। **यदि हम गांधी-दर्शन को समझते, उसे जीवन में ढालते तो अपनी मौलिकता के कारण हम विश्व मंच पर गौरवदीप्त होते।**

अध्याय-6

सत्य ही परमेश्वर है

सत्य मूल सब सुकृत सुहाई।
वेद पुराण विदित मुनि भाई।।

सारे वेदों को पढ़ लें और सारे तीर्थों में स्नान कर लें फिर भी सत्य उनसे बढ़कर है।

—वेदव्यास (महाभारत)

जिस मार्ग पर तुम्हारे पूर्वज चले हों, उस सत्पथ पर चलो। उस सन्मार्ग के यात्री का कभी पतन नहीं होता।

—मनुस्मृति

राष्ट्रपिता गांधी कहा करते थे कि सत्य हमारे जीवन का नियम है। सत्य का अभिनन्दन, वन्दन, अर्चन करो। सत्य की पूजा तभी सार्थक है जबकि हम सत्य को अपने दैनिक जीवन में ढालें, अपने जीवन को उसी के अनुरूप नियंत्रित करें। वे जोर देकर कहते थे कि सत्य पथ का पथिक प्रथम दर्शन में जीवन बदल सकता है, आत्मा को जगा सकता है और अज्ञान मिटाकर प्रकाश की ज्योति फैला सकता है। गहन अध्ययन चिन्तन-मनन के पश्चात् यह तथ्य सुस्पष्ट होता है कि गांधी जी के जीवन की समस्त गतिविधियाँ सत्य से प्रेरित हैं, सत्य पर आधारित हैं। शाश्वत सत्य के प्रयोग सम्बन्धी बापू के विचार उद्गार इस चराचर सृष्टि के नियमन हेतु अपरिहार्य हैं :

सत्य! यह मूल्यों में सबसे श्रेष्ठ मूल्य है क्योंकि वह पुरुषार्थ के चारों तत्त्वों अर्थ, धर्म, काम, मोक्ष को अर्थ प्रदान करता है और उन्हें इंद्रियातीत करने में सहायक होता है। यही नैतिकता का मूल है और यही धर्म का आधार है। सत्य ही सर्वोच्च मूल्य है, सर्वोच्च आदर्श है और सर्वोच्च नैतिकता है।

—'गांधी' नवजीवन

"मनुष्य सत्य के जिस अंश को भी देख पाता है यदि उसे ही आचरण में उतारने की चेष्टा करे तो उस सापेक्ष सत्य का अनुगमन ही उसे धीरे-धीरे निरपेक्ष सत्य की ओर ले जाएगा।"

–'यंग इंडिया' 3-11-1919

"सत्य सार्वभौम सिद्धान्त है जिसमें दूसरे अन्य बहुत से सिद्धान्त सम्मिलित हैं... मैं ईश्वर की पूजा भी केवल सत्य के रूप में करता हूँ। मैंने उसे अभी पाया नहीं है परन्तु मैं उसे पाने के प्रयास में लगा हूँ परन्तु जब तक मैं इस निरपेक्ष सत्य को प्राप्त नहीं कर लेता तब तक जितना भी सापेक्ष सत्य मैंने पहचाना है उसी को मुझे पकड़े रहना चाहिए। तब तक वह सापेक्ष सत्य ही मेरा प्रकाश स्तम्भ ढाल और कमरबंद रहेगा।"

–'गांधी', नवजीवन पब्लिकेशन हाउस, पृ. 11

"सत्य की खोज में कायरता के लिए कोई स्थान नहीं है, न ही किसी प्रकार की हार है।"

–'यंग इंडिया' 9-7-1931

'सत्य' शब्द का व्यापक अर्थ समझना चाहिए। जिस व्यक्ति ने सत्य का पूर्ण अर्थ समझ लिया है उसे प्राप्त करने के लिए कुछ और नहीं शेष रहता क्योंकि सत्य के अन्तर्गत सभी प्रकार के ज्ञान का समावेश होता है।

–'गांधी', द सेलेक्ट वर्क, वाल्यूम 4, पृ. 214

मेरे पास सिवा सत्य के कोई दूसरा ईश्वर पूजा के लिए नहीं है।

–'हरिजन सेवक' 23-04-1929

ईश्वर सत्य है परन्तु दो वर्ष हुए मैं एक कदम आगे बढ़ गया हूँ। अब मैं कहता हूँ कि सत्य ही ईश्वर है। नास्तिकों को भी सत्य की शक्ति में शंका नहीं है।

–'बापू के पत्र मीरा के नाम', नवजीवन पब्लिशिंग हाउस, पृ. 153

परमेश्वर ही सत्य है और सत्य परमेश्वर है।

सत्य की अभिलाषा खोज किये जाने तथा जैसा और जितना सत्य जान पड़ा हो, उसका लगन के साथ आचरण करना–इसी का नाम सत्याग्रह है और यह परमेश्वर के साक्षात्कार का साधन-मार्ग है।

ईश्वर प्रकाश है, अंधकार नहीं। वह प्रेम है, घृणा नहीं। वह सत्य है, असत्य नहीं।

प्रार्थना नम्रता की पुकार है–आत्मशुद्धि का आत्मनिरीक्षण का आह्वान है।

"लम्बे अध्ययन और अनुभव के उपरान्त मैं इस निष्कर्ष पर पहुँचा हूँ कि (1) सभी धर्म सच्चे हैं (2) सब धर्मों में कोई न कोई खराबी है और (3) सभी धर्म मुझे उतने ही प्रिय हैं जितना मेरा हिन्दू धर्म। मैं अन्य मतों का भी उतना ही आदर करता हूँ जितना अपने मत का। इसलिए मेरे लिए धर्म-परिवर्तन का विचार ही असंभव है। अन्य व्यक्तियों के लिए हमारी प्रार्थना यह नहीं होनी चाहिए, "हे भगवान, उन्हें वही प्रकाश दो जो मुझे दिया है", अपितु यह है कि "उन्हें वह प्रकाश और सत्य दो जो उनके श्रेष्ठतम विकास के लिए आवश्यक है।"

अन्तर्राष्ट्रीय बंधुत्व संघ, जनवरी 1928 में भाषण

धर्म ग्रन्थों का प्रभाव :

मातृभाषा का अनादर माँ के अनादर के बराबर है। जो मातृभाषा का अनादर करता है, वह देशभक्त कहलाने लायक नहीं... जब तक मातृभाषा में हमारे सारे विचार प्रकट करने की शक्ति नहीं आ जाती और जब तक वैज्ञानिक विषय मातृभाषा में नहीं समझाये जा सकते, तब तक राष्ट्र को नया ज्ञान नहीं मिल सकेगा।

तुलसीदास जी अपने दिव्य विचार हिन्दी में प्रकट कर सके थे। रामायण जैसे ग्रन्थ बहुत ही थोड़े हैं। तुलसीदास जी की भाषा सम्पूर्ण है। इस भाषा में हम अपने विचार प्रकट न कर सकें तो दोष हमारा है।

हम धर्म की शिक्षा खो बैठे हैं। हमारी पढ़ाई में धर्म को जगह नहीं दी गयी। यह तो बिना दूल्हे की बरात जैसी बात है। धर्म को जाने बिना विद्यार्थी निर्दोष आनन्द नहीं ले सकते। यह आनन्द लेने के लिए शास्त्रों का पढ़ना, शास्त्रों का चिन्तन करना और विचार के अनुसार कार्य करना जरूरी है। **रामचरितमानस और भगवद्गीता की पढ़ाई धर्म को समझने के लिए करनी है।** इन ग्रन्थों को लिखने वाले ऋषियों का ध्येय इतिहास लिखना नहीं था, बल्कि धर्म और नीति की शिक्षा देना था। करोड़ों आदमी इन ग्रन्थों को पढ़ते हैं और अपना जीवन पवित्र करते हैं। मेरा यह भी विचार है कि हिन्दू मुसलमानों को एक-दूसरे के धर्म ग्रन्थों को विनय के साथ पढ़ना और समझना चाहिए।

सैकड़ों किताबें दिमाग में भर लेने से कुछ लाभ मिल सकता है, किन्तु उसकी तुलना में काम की कीमत कई गुना ज्यादा है। दिमाग में भरे हुए ज्ञान की कीमत सिर्फ उसके अनुसार किये गये काम के बराबर ही है। बाकी का सब ज्ञान दिमाग

के लिए व्यर्थ का बोझ है। इसलिए मेरी तो सदा यही प्रार्थना है कि तुम जैसा पढ़ो और समझो, वैसा ही आचरण करो। वैसा करने में ही उन्नति है।

—छात्र सम्मेलन, भागलपुर, 15-10-1917

"हिन्दू धर्म की रक्षा करने के लिए किसी मनुष्य को नियुक्त करने की जरूरत यदि भगवान को महसूस हुई तो इस काम के लिए वह मुझे ही नियुक्त करेगा।"

पृथ्वी सबकी जरूरतें पूरी कर सकती हैं, परन्तु किसी के लालच की नहीं।

अमेरिका धन को उसके स्थान से हटाकर ईश्वर के लिए थोड़ी जगह खाली करे। मेरा खयाल है कि अमेरिका का भविष्य उज्ज्वल है लेकिन अगर वह धन की ही पूजा करता रहा, तो उसका भविष्य अन्धकारमय है, फिर लोग चाहे जो कहें। धन आखीर तक किसी का सगा नहीं रहा। वह हमेशा बेवफा दोस्त साबित हुआ है।

अगर मुझे एक घण्टे के लिए भारत का तानाशाह बना दिया जाए तो पहला काम मैं यह करूँगा कि तमाम शराबखानों को मुआवजा दिए बिना बन्द करा दूँगा।

मैं एक ऐसे भारत के लिए काम करूँगा, जिसमें गरीब से गरीब भी यह महसूस करे कि यह देश उसका है और इसके निर्माण में उसकी जोरदार आवाज है। ऐस भारत में, जिसमें ऊँच-नीच वर्गों का भेद नहीं होगा, जिसमें सभी जातियाँ मेल-मिलाप के साथ रहेंगी, छुआछूत और नशेबाजी के लिए कोई स्थान नहीं होगा। स्त्रियों और पुरुषों के समानाधिकार होंगे। हम शेष दुनिया के साथ शांति-संबंध कायम करेंगे, न शोषण करेंगे और न शोषण होने देंगे; और इसलिए हमारी सेना इतनी कम होगी, जिसकी कोई कल्पना भी नहीं कर सकता। ऐसे तमाम हितों का जो लाखों भोले-भाले लोगों के हितों के विरुद्ध नहीं हैं, उदारता के साथ आदर किया जाएगा। व्यक्तिगत तौर पर मैं स्वदेशी और विदेशी के भेद से घृणा करता हूँ। यह है मेरे स्वप्नों का भारत।

जिन दूरदर्शी पुरुषों ने सेतुबंध रामेश्वर, जगन्नाथपुरी और हरिद्वार की यात्रा ठहराई, उनका आपकी राय में क्या खयाल होगा? वे मूर्ख नहीं थे, यह तो आप कुबूल करेंगे। वे जानते थे कि ईश्वर भजन घर बैठे भी होता है। उन्हीं ने हमें यह सिखाया है कि मन चंगा तो कठौती में गंगा, लेकिन उन्होंने सोचा कि कुदरत ने हिन्दुस्तान को एक देश बनाया है, इसलिए वह एक राष्ट्र होना चाहिए।

ये अदालतें लोगों के भले के लिए नहीं हैं। जिन्हें अपनी सत्ता कायम रखनी है, वे अदालतों के जरिए लोगों को बस में रखते हैं। लोग अगर खुद अपने झगड़े

निबटा लें, तो तीसरा आदमी उन पर अपनी सत्ता नहीं जमा सकता। सचमुच जब लोग खुद मार-पीट करके या रिश्तेदारों को पंच बना कर अपना झगड़ा निबटा लेते थे तब वे बहादुर थे। अदालतें आयीं और वे कायर बन गये।

उपवास मन और शरीर की शुद्धि के लिए है। उसका अन्य रूप में दुरुपयोग नहीं होना चाहिए। वह सत्याग्रह शास्त्र का अन्तिम और अमोघ अस्त्र है।

गाँव की जरूरत की हर चीज गाँव में ही बननी चाहिए। खादी इसकी पहली सीढ़ी है।

जिस तरह देशभक्ति हमें यह सिखाती है कि व्यक्ति परिवार के लिए, परिवार गाँव के लिए, गाँव जिले के लिए, जिला प्रान्त के लिए और प्रान्त देश के लिए मरे, उसी प्रकार किसी भी **देश को आजाद इसलिए होना चाहिए कि वह जरूरत पड़ने पर संसार के हित के लिए मर सके।**

मैं अपनी हर सांस के साथ परमात्मा से यह प्रार्थना करता हूँ कि या तो मुझे इस आग को शांत करने की शक्ति दे या मुझे इस दुनिया से उठा ले। मैं, जिसने भारत की आजादी के लिए अपनी जान की बाजी तक लगा दी, वह स्वयं इस खून-खराबी का एक जीवित गवाह नहीं बनना चाहता।

2 अक्टूबर, 1947 को 78वें जन्मदिवस पर

जिस शिक्षा या विद्या से त्रिविध–आर्थिक, सामाजिक और आध्यात्मिक मुक्ति मिलती है, वही वास्तविक शिक्षा या विद्या है।

जिस प्रथा की बदौलत हिन्दुओं का एक बड़ा हिस्सा पशु से भी अधम अवस्था को पहुँचा है, उसके लिए मेरे रोम-रोम में घृणा व्याप्त है।

महाभारत संसार का सबसे बड़ा ज्ञान-भण्डार है। हमारे हृदयों में सत् और असत् का जो सनातन संघर्ष चल रहा है, महाभारतकार उसे इस कथानक के द्वारा एक अमर काव्य के रूप में हमारे सामने प्रस्तुत करता है।

मेरे मत से वर्तमान शिक्षा पद्धति दोषपूर्ण है। ये दोष तीन प्रकार के हैं, जो इस प्रकार हैं–

(क) यह विदेशी संस्कृति पर आधारित है,

(ख) यह हृदगत और हस्तगत संस्कारों की उपेक्षा करती है,

(ग) यह विदेशी भाषा के माध्यम से दी जाती है।

वास्तविक शिक्षा विदेशी भाषा के माध्यम से हो ही नहीं सकती। क्योंकि शिक्षा वही है जो आपकी अन्तर्निहित शक्तियों का पूर्ण विकास कर सके और यह काम विदेशी भाषा द्वारा होना असम्भव है।

तुलसीदास के चेतनामय 'रामचरितमानस' के अभाव में किसानों का जीवन जड़त्व और शुष्क बन जाता। उनकी भाषा में जो प्राणशक्ति है, वह दूसरों की भाषा में नहीं पाई जाती है।

जो बीज हमारे पुरखों ने बोये हैं, उनकी बराबरी कर सके ऐसी कोई चीज देखने में नहीं आई। रोम मिट्टी में मिल गया, ग्रीस का सिर्फ नाम ही रह गया, मिस्र की बादशाही चली गई, जापान पश्चिम के शिकंजे में फँस गया और चीन का कुछ भी कहा नहीं जा सकता। लेकिन गिरा-टूटा जैसा भी हो, हिन्दुस्तान आज भी अपनी बुनियाद में मजबूत है।

वही काव्य और वही साहित्य चिरंजीवी रहेगा, जिसे लोग सुगमता से पा सकेंगे, जिसे वे आसानी से पचा सकेंगे।

राष्ट्रपिता और रामराज्य :

महात्मा गांधी की इच्छा थी कि स्वतंत्रता के बाद देश में रामराज्य की स्थापना हो, जिसमें समाज अनेक कानून के बजाय दैवी नियम और मर्यादाओं से सुचारू रूप में चले। दैवी नियम-कानूनों का पालन करने की जिम्मेदारी मनुष्य की स्वयं की होती है, क्योंकि इसके बारे में देश का कानून कुछ नहीं कहता है। जैसे कानून अपराध सिद्ध करने के लिए साक्ष्य मांगता है और शातिर अपराधी कोई साक्ष्य छोड़ता नहीं है। इसलिए वह कानून से तो बच जाता है, परन्तु वह दैवी नियमों के अनुसार अपराधी है और इस संदर्भ में उसे अपराधी सिद्ध करने के लिए उसकी स्वयं की अन्तरात्मा साक्ष्य प्रस्तुत करती है और यह सजा इतनी कठोर होती है कि जिसमें माफी के लिए कोई स्थान नहीं होता है। समाज को दिशा प्रदान करने में समाज के अग्रणियों की बड़ी भूमिका रहती है। जैसे भगवान राम को मर्यादा पुरुष इसलिए कहा जाता है, क्योंकि उन्होंने समाज की मर्यादाओं का पालन करते हुए 14 साल वन में निवास करके कष्ट सहन किए और पिता की आज्ञा का पालन करते हुए इस अवधि में किसी नगर या गाँव में प्रवेश तक नहीं किया था।

वहीं आज के युग के समाज में कुछ अग्रणी जन अक्सर स्वयं के स्वार्थ के लिए भ्रष्टाचार और कुशासन के द्वारा समाज को सही दिशा दिखाने के स्थान पर समाज को दिग्भ्रमित कर रहे हैं। इनके रुतबे के कारण देश का कानून इन्हें दण्ड नहीं दे पाता है, परन्तु ये दैवी कानून के अनुसार घोर अपराधी हैं, क्योंकि इनसे प्रेरणा लेकर समाज के असंख्य लोग उसी प्रकार का व्यवहार करके समाज के वातावरण को दूषित करते हैं और इसी कारण आजकल चारों तरफ अपराध बढ़त पर है। यह सही है कि सरकार और न्याय व्यवस्था अपराधों पर अंकुश लगाने के लिए अपने-अपने

तरीके से काम कर रही है। बावजूद इसके समाज में अपराधों पर प्रभावी अंकुश नहीं लग पा रहा है। यदि समाज के कुछ अग्रणी जन भगवान राम की तरह अपने आचरण द्वारा आदर्श प्रस्तुत करते तो हो सकता है कि अपराध में भारी कटौती होकर देश में स्वस्थ समाज की स्थापना होकर राष्ट्रपिता के सपने के अनुसार रामराज्य की इच्छा पूरी हो गई होती। यदि हम सच्चे भारतीय कहलाना चाहते हैं, तो हमें इन बातों का पालन करते हुए समाज को अपराधमुक्त बनाकर गांधी के सपने को पूरा करना चाहिए।

—कर्नल (रिटायर्ड) शिवदान सिंह
दैनिक जागरण, 20-8-2017

अध्याय-7

पत्रकारिता में गांधी का प्रवेश

"Give me the liberty to know, to think, and to utter freely according to conscience, above all other liberties."

–Milton

*

Journalism is THE TIMES and the GUARDIAN, THE DAILY MIRROR and the SUN.

*

''पत्रकारिता को मैं रणभूमि से भी अधिक बड़ी चीज समझता हूँ। यह कोई पेशा नहीं, बल्कि पेशे से कोई ऊँची चीज़ है। यह एक जीवन है जिसमें मैंने अपने को स्वेच्छापूर्वक समर्पित किया।''

–जेम्स मैकडोनल्ड

*

द वेजीटेरियन

गांधी में पत्रकारिता का बीज-वपन :

गांधी ने कानून की पढ़ाई के साथ लन्दन में Daily News, Daily Telegraph तथा Pal Mal gazette को पढ़ा ही नहीं अपितु वे उन पत्रों से प्रभावित भी हुए। सन् 1888 ई. में वे 'लंदन वेजीटेरियन सोसाइटी' के सदस्य बने तथा उसके पत्र 'द वेजीटेरियन' के लिए लिखने लगे। उनके लगभग 12 लेखों का प्रकाशन उस पत्र में हुआ। कानून की शिक्षा के साथ गांधी जी के लिए यह पत्रकारिता का प्रशिक्षण काल (1888-1891) था। दक्षिण अफ्रीका की राजनीतिक व्यवस्था की

रिपोर्टिंग के लिए गांधी जी को 'वेजीटेरियन' का प्रतिनिधि नियुक्त किया गया। **'वेजीटेरियन' में छपना और छपने की छटपटाहट उनकी पत्रकारिता की पहली प्यास थी।** इसी पत्र ने खाद-पानी देकर गांधी में पत्रकारिता के बीज को पल्लवित-पुष्पित किया। 'द वेजीटेरियन' में उनका पहला लेख 'भारतीय अन्नाहारी' (Indian Vegetarian) 7 फरवरी 1891 तथा 'भारतीय त्योहार' (Some Indian Festivals) 28 फरवरी 1891 में छपा। पढ़ाई पूरी करने के बाद जब गांधी स्वदेश लौटे तो उन्होंने अपनी यात्रा-कथा (On My Way Home again to India) शीर्षक वाला लेख भेजे जो 9 और 16 अप्रैल 1892 को छपे।

भारतीय मताधिकार का संघर्ष और पत्रकार गांधी :

अप्रैल 1893 में गांधी अफ्रीका गए जहाँ रंगभेद की अमानवीयता ने उन्हें क्षुब्ध कर दिया। दादा भाई अब्दुल्ला के लिए गांधी ने दक्षिण अफ्रीका में मानवता की लड़ाई लड़ी। अपनी आत्मकथा में उन्होंने लिखा :

''मैंने सच्ची वकालत करना सीखा, मनुष्य स्वभाव का उज्ज्वल पक्ष ढूँढ़ निकालना सीखा, मनुष्य के हृदय में बैठना सीखा।''

दादा भाई अब्दुल्ला के प्रिटोरिया वाला मुकदमा के बाद गांधी डरबन आए जहाँ नेटाल मरकरी (Natal Mercury) अखबार में उन्होंने भारतीयों को मताधिकार से वंचित कराये जाने पर चिन्ता प्रकट की। उनकी सक्रियता के चलते 1894 के मताधिकार विधेयक विरोध प्रस्ताव से संदर्भित 8 लेख लन्दन के टाइम्स ने छापे। भारतीय मताधिकार (Indian Franchise) शीर्षक अखबारी पैराग्राफ गांधी की सक्रियता का एक अभिलेख है। गिरमिटिया के शोषण, अपमान, प्रताड़न सम्बन्धी मुद्दे गांधी में मानवता के बीज बो गए। **मानव-सेवा के लिए पत्रकारिता को उन्होंने अचूक शस्त्र के रूप में देखा।** अफ्रीका से प्रकाशित 'प्रिटोरिया न्यूज' (Pretoria News), 'नेटाल मरकरी' (Natal Mercury), 'नेटाल एडवरटाइजर' (Natal Advertiser) से जुड़कर गांधी ने मानव-हित की चिन्ता की। इंग्लैण्ड से प्रकाशित 'इंडिया' (India) के डरबन, जोहान्सबर्ग, दक्षिण अफ्रीका के संवाददाता नियुक्त होकर गांधी ने अफ्रीका में चल रहे मानव-संघर्ष को उजागर किया। यह पत्र दादा भाई नौरोजी द्वारा 1890 में निकला। **अफ्रीका में 3 वर्षों तक रहकर गांधी जी ने वकील से ज्यादा पत्रकार के रूप में अपनी प्रतिष्ठा बढ़ाई।**

ग्रीन पैम्फलेट (1896) :

नेटाल में भारतीयों की दुर्दशा गांधी के मन में पैठ गयी। इसकी सार्वजनिक

अभिव्यक्ति की उनकी छटपटाहट ने उन्हें बाध्य किया। 14 अगस्त 1896 ई. में स्वदेश लौटने पर राजकोट में रहकर गांधी ने एक महीने में Grievance of British Indians in South Africa नाम की पुस्तिका प्रकाशित की। पुस्तिका का मुखपृष्ठ हरा था इसलिए इसे हरी पोथी (Green Pamphlet) कहा गया। इलाहाबाद के 'पायोनियर' ने सर्वप्रथम इस पोथी पर टिप्पणी लिखी जिसे अन्य अखबारों ने भी छापा। गांधी के अनुसार नेटाल में **भारतीयों को लूटा जाता है, उन पर हमले किये जाते हैं और उनके साथ जानवरों जैसा बर्ताव होता है,** जिसकी कोई फरियाद नहीं। पत्रों में प्रकाशन के कारण नेटाल में बवण्डर मच गया। 13 जनवरी 1897 को जब गांधी पुनः अफ्रीका पहुँचे तो गोरे अंग्रेजों ने क्रुद्ध होकर उन पर प्रहार किया। प्रहार के समय फिरंगियों ने कहा 'अखबार में यह सब तूने ही लिखा था न'? विपक्षी तिलमिलाहट से गांधी ने समझ लिया कि **पत्रकारिता ही जीवंत माध्यम है जिसके द्वारा प्रभावकारी ढंग से सेवा की जा सकती है।** ग्रीन पैम्फलेट के कारण 'मद्रास स्टैण्डर्ड' के सम्पादक जी.पी. पिल्ले, 'हिन्दू' के सम्पादक जी. सुब्रह्मण्यम, 'इंगलिशमैन' के सम्पादक मि. सा़ंडर्स गांधी से अत्यंत प्रभावित हुए। 'द वेजीटेरियन' (1891) तथा 'ग्रीन पैम्फलेट' (1896) ने गांधी की रचनात्मक संघर्षात्मक पत्रकारिता को अग्रसर किया तथा वे पत्रकार-जगत में छा गये।

युद्ध भूमि के पत्रकार :

अक्टूबर 1899 ई. में गांधी ने स्वतंत्र पत्रकारिता की। बोअर युद्ध के समय युद्ध मैदान में जाकर उन्होंने हताहत सैनिकों की सेवा की तथा सभी स्थितियों की रिपोर्टिंग 'टाइम्स ऑफ इंडिया' में की। 'प्रिटोरिया न्यूज' के सम्पादक नि. विअर स्टेंट ने गांधी जी के युद्ध स्थल के चित्र और रिपोर्टिंग प्रकाशित की जिससे युद्ध संवाददाता मि. चर्चिल जो 'मार्निंग पोस्ट' में कार्यरत थे, वे गांधी की अभिव्यक्ति-प्रतिभा से चकित हो गए। गांधी ने युद्ध कथा की रिपोर्टिंग संवेदनशीलता की भूमि पर की। उन्होंने वर्णनात्मक पत्रकारिता की नीरसता तोड़ी। यही कारण है कि 'केपटाइम्स' अखबार ने गांधी जी के सन्दर्भ में लिखा–**'भारतीय जहाँ भी जाता है, काफी अच्छा और उपयोगी काम करता है।'**

युद्ध के अपने अनुभवों की रिपोर्ट्स भेजने के साथ गांधी ने एम्बुलेंस कोर का विस्तृत विवेचन भी पत्रों में छपवाया।

पत्र-जगत की प्रारम्भिक अनुभूति :

दक्षिण अफ्रीका से भारत आने पर गांधी जी ने विशिष्ट समाज सेवियों, पत्रकारों

से सम्पर्क किया। जीवन-यात्रा के प्रारम्भ में उनकी अनुभूति उनकी ही लेखनी से निःसरित आत्मकथा द्रष्टव्य है :

यहाँ से मैं गोखले के पास गया। वे फर्ग्यूसन कॉलेज में थे। मुझसे बड़े प्रेम से मिले और मुझे अपना बना लिया। उनसे भी मेरा यह पहला ही परिचय था। पर ऐसा जान पड़ा, मानो हम पहले मिल चुके हों। **सर फीरोजशाह मुझे हिमालय-जैसे, लोकमान्य समुद्र-जैसे और गोखले गंगा-जैसे लगे।** गंगा में मैं नहा सकता था। हिमालय पर चढ़ा नहीं जा सकता था। समुद्र में डूबने का डर था। गंगा की गोद में तो खेला जा सकता था। उसमें डोंगियां लेकर सैर की जा सकती थी। गोखले ने बारीकी से मेरी जांच की–उसी तरह, जिस तरह स्कूल में भरती होते समय किसी विद्यार्थी की की जाती है। उन्होंने मुझे बताया कि मैं किस-किससे और कैसे मिलूँ और मेरा भाषण देखने को मांगा। मुझे कॉलिज की व्यवस्था दिखायी। जब जरूरत हो तब फिर मिलने को कहा। डॉ. भाण्डारकर के जवाब की खबर देने को कहा और मुझे विदा किया। राजनीति के क्षेत्र में जो स्थान गोखले ने जीते जी मेरे हृदय में प्राप्त किया और स्वर्गवास बाद आज भी जो स्थान उन्हें प्राप्त हैं, वह और कोई पा नहीं सका।

यहां (मद्रास में) मुझे बड़ी से बड़ी मदद स्व. जी. परमेश्वरन् पिल्ले से मिली। वे 'मद्रास स्टैण्डर्ड', के सम्पादक थे। उन्होंने इस प्रश्न का अच्छा अध्ययन कर लिया था। वे मुझे अपने दफ्तर के समय-समय पर बुलाया करते थे, और मेरा मार्गदर्शन करते रहते थे। 'हिन्दू' के जी. सुब्रह्मण्यम्' से मैं मिला था। उन्होंने और डॉ. सुब्रह्मण्यम् ने भी पूरी सहानुभूति दिखायी थी। पर जी. परमेश्वरन् पिल्लै ने तो मुझे अपने समाचार-पत्र का इस काम के लिए मनचाहा उपयोग करने दिया और मैंने निःसंकोच उसका उपयोग किया भी। सभा पाच्याप्पा हॉल में हुई थी। और मेरा खयाल है कि डॉ. सुब्रह्मण्यम् उसके सभापति बने थे। मद्रास में सबके साथ विशेषकर अंग्रेजी में ही बोलना पड़ता था, फिर भी मैंने, बहुतों से इतना प्रेम और उत्साह पाया कि मुझे घर जैसा ही लगा। प्रेम किन बन्धनों को नहीं तोड़ सकता?

मेरी कठिनाइयाँ बढ़ती जा रही थीं। मैं 'अमृतबाजार पत्रिका' के कार्यालय में गया। वहाँ भी जो सज्जन मुझे मिले उन्होंने मान लिया था कि मैं कोई रमताराम हूंगा। 'बंगवासी' ने तो हद कर दी। मुझे एक घण्टे तक बैठाये ही रखा। सम्पादक महोदय दूसरों के साथ बातचीत करते जाते थे। एक घण्टे तक राह देखने के बाद जब मैंने अपनी बात छेड़ी, तो उन्होंने कहा, "आप देखते नहीं हैं, हमारे पास कितना काम पड़ा है? आप जैसे तो कई हमारे यहाँ आते रहते हैं। आप वापस जायें यही अच्छा है। हमें आपकी बात नहीं सुननी है।"

मुझे क्षणभर दुःख तो हुआ, पर मैं सम्पादक का दृष्टिकोण समझ गया। 'बंगवासी' की ख्याति मैंने सुन रखी थी। सम्पादक के पास लोग आते-जाते रहते हैं, यह भी देख सका था। वे सब उनके परिचित थे। उनका अखबार हमेशा भरापूरा रहता था। उस समय दक्षिण अफ्रीका का नाम भी कोई मुश्किल से जानता था। नित नये आदमी अपने दुखड़े लेकर आते ही रहते थे। उनके लिए तो अपना दुःख बड़ी-से-बड़ी समस्या होती, पर सम्पादक के पास ऐसे दुखियों की भीड़ लगी रहती थी। वह बेचारा सबके लिए क्या कर सकता था ? पर **दुखिया की दृष्टि में सम्पादक की सत्ता बड़ी चीज होती है।** हालांकि सम्पादक स्वयं तो जानता है कि उसकी सत्ता उसके दफ्तर की दहलीज भी नहीं लांघ पाती।

मैं हारा नहीं। दूसरे सम्पादकों से मिलता रहा। अपने रिवाज़ के अनुसार मैं अंग्रेजों से भी मिला। 'स्टेट्समैन' और 'इंग्लिशमैन' दोनों दक्षिण अफ्रीका के सवाल का महत्त्व समझते थे। उन्होंने लम्बी मुलाकातें छापीं। 'इंग्लिशमैन' के मि. सॉण्डर्स ने मुझे अपनाया। मुझे उनके दफ्तर और अखबार का उपयोग करने की पूरी अनुकूलता प्राप्त हो गयी। उन्होंने अपने अग्रलेख में काट-छाँट करने की भी छूट मुझे दे दी। यह कहना अतिशयोक्ति न होगी कि हमारे बीच स्नेह का सम्बन्ध हो गया। उन्होंने मुझे वचन दिया कि जो मदद उनसे हो सकेगी, वे करते रहेंगे। मेरे दक्षिण अफ्रीका लौट जाने पर भी उन्होंने मुझसे पत्र लिखते रहने को कहा और वचन दिया कि स्वयं उनसे जो कुछ हो सकेगा, वे करेंगे। मैंने देखा कि इस वचन का उन्होंने अक्षरशः पालन किया, और जब तक वे बहुत बीमार नहीं हो गये, मुझसे पत्र-व्यवहार करते रहे। मेरे जीवन में ऐसे अनसोचे मीठे सम्बन्ध अनेक जुड़े हैं। मि. सॉण्डर्स को मेरी जो बात अच्छी लगी, वह थी अतिशयोक्ति का अभाव और सत्य-परायणता। उन्होंने मुझसे जिरह करने में कोई कसर नहीं रखी थी। उसमें उन्होंने अनुभव किया कि दक्षिण अफ्रीका के गोरों के पक्ष को निष्पक्ष भाव से रखने में और भारतीय पक्ष से उसकी तुलना करने में मैंने कोई कमी नहीं रखी थी।

इस प्रकार स्वाध्याय और सम्पर्क-साधन के बल पर गांधी की पत्रकारिता पल्लवित और पुष्पित हुई।

समाचार-पत्र :

समाचार-पत्र के कार्य को आजीविका कमाने का साधन मानना अनुचित है। जब समाचार-पत्रों को नफा कमाने का साधन बनाया जाता है, तब तो बहुत अनर्थ की

संभावना रहती है। यह बात मुझे उन लोगों के सम्मुख, जिन्हें पत्रकारिता का पूरा अनुभव है, सिद्ध करने की कोई आवश्यकता नहीं है।

समाचार पत्रों का कार्य है—लोक शिक्षा। इन्हीं के द्वारा लोगों को आधुनिक इतिहास की जानकारी होती है। यह कम जिम्मेदारी का काम नहीं है। यदि समाचार-पत्र लोगों को शिक्षित करना अपना कर्त्तव्य समझें तो समाचार देने से पहले उसकी जाँच करने से न चूकें। इसमें सन्देह नहीं कि इनको अनेक बार कठिन परिस्थितियों में काम करना पड़ता है, और प्रायः अनुमान के आधार पर सत्य निर्धारित करना होता है। इतना होने पर भी मैं मानता हूँ कि **जिस समाचार के सही होने का निश्चय न हो सके, उस समाचार-पत्र को प्रकाशित न करना ही अधिक उचित है।**

अनेक पत्र पूर्वाग्रह से भरे होने के कारण लोगों में द्वेष का प्रसार करते हैं। अथवा उसे और भी बढ़ाते हैं। अनेक बार वे परिवारों और जातियों में कटुता पैदा कर देते हैं। इस प्रकार लोकसेवा करने के बावजूद वे टीका-टिप्पणी से बच नहीं सकते। कुल मिलाकर उनके अस्तित्व से हानि और लाभ होने की समान सम्भावना है।

समाचार-पत्र मुख्य रूप से चन्दों पर नहीं, बल्कि विज्ञापनों की रकम के ऊपर निर्भर करते हैं। इसका परिणाम हानिकारक सिद्ध हुआ है। **जो समाचार-पत्र मदिरापान के विरुद्ध लिखता है, उसमें ही मदिरा का बखान करते हुए विज्ञापन दिया हुआ होता है।** इन विज्ञापनों के कारण समाचार-पत्रों ने (लोगों की) जो सेवा की है, उस पर लगभग हरताल फिर जाती है। विज्ञापन की परिपाटी पश्चिम से ही आयी है। चाहे कितने ही प्रयत्न क्यों न करने पड़ें, लेकिन हमें विज्ञापनों के इस रिवाज़ को खत्म करना चाहिए अथवा विज्ञापनों में बहुत सुधार करने चाहिए।

'भारत सुरक्षा कानून' जैसे कानून प्रचलित हों, वहाँ समाचार-पत्रों को क्या करना चाहिए? हमारे समाचार पत्रों में अनेक बार दो अर्थी भाषा देखने में आता है। मेरी सम्मति में इससे देश को नुकसान पहुँचता है। लोगों में कायरता का प्रसार होता है और दोअर्थी वचनों को बोलने की आदत पड़ती है। इससे भाषा का स्वभाव ही बदल जाता है और वह विचार प्रकट करने के स्थान पर उन्हें छिपाने का साधन बन जाती है। अतएव जिन्हें उपर्युक्त कानूनों से बचकर कार्य करना हो, उनके लिए यही श्रेयस्कर है कि समाचार-पत्र को प्रकाशित ही न करें। अथवा इन कानूनों की परवाह किये बिना मन में जो विचार आये, उन्हें

निडर होकर (लेकिन) विनयपूर्वक प्रकट कर दें और उसका जो भी परिणाम हो, उसे सहन करें।

—म. गांधी की विचार दृष्टि, 14-11-1917, पृ. 82-84

उपर्युक्त समाचार, समाचार-पत्र, विज्ञापन तथा पत्रों की दो अर्थी भाषा पर गांधी जी के विचारों से सुस्पष्ट होता है कि 'मेरे दर्द को जो जुबाँ मिले' के उद्देश्य की पूर्ति हेतु वे पत्रकार बने तथा आजीवन आदर्श पत्रकारिता के उन्नयन में लगे रहे।

अध्याय-8

'इंडियन ओपिनियन' : एक वैश्विक विचार-पत्र

"'इंडियन ओपिनियन' मेरे जीवन का निचोड़ है और इसने हिन्दुस्तानी समाज की अच्छी सेवा की है। इस अखबार के बिना सत्याग्रह की लड़ाई चल नहीं सकती थी।"

—सत्य के प्रयोग

*

"Opinions ought to be weighed, ought not to be counted. Majority is no proof of truth."

—Carlyle

*

"पत्रकार का दायित्व इतिहासकार की तरह ही सबसे पहले सत्य का पता लगाना है और अपने पाठकों के सामने वही चीज नहीं परोसना है जो सरकार उसे बताना चाहती है, बल्कि उसे वह सत्य पेश करना है जो वह प्राप्त कर सके।"

—गांधी

*

"अखबार केवल खबरों का पुलिन्दा नहीं है, उनमें विचारों के प्राण डालना भी जरूरी है।"

—अटल बिहारी वाजपेयी

*

पत्रकारिता लोकतंत्र की संरक्षिका और प्रजा की सेविका है। पत्रकारिता को निरंकुश शक्ति नहीं मिली है, वह तो जनता के कल्याण और शुभ के लिए है।

*

विचारों को प्रजा में दृढ़ करना तथा प्रजा को शिक्षित करना।

—इंडियन ओपिनियन, 28-04-1906

*

इस समाचार-पत्र की जरूरत के बारे में हमारे मन में कोई संदेह नहीं है, इसलिए उनकी भावनाओं को प्रकट करने वाले और विशेष रूप से उसके हित में संलग्न समाचार-पत्र का प्रकाशन अनुचित नहीं समझा जाएगा, बल्कि हम समझते हैं, उससे एक कमी पूरी होगी। हमें अपने देशवासियों के उदार सहारे का भरोसा है। जो महान ऐंग्लो-सैक्सन कौम सप्तम एडवर्ड को अपना राजाधिकार कहती है, क्या हम उससे भी यही आशा नहीं कर सकते? क्योंकि हमारा उद्देश्य इस एक शक्तिशाली साम्राज्य के अनेक वर्गों में सद्भाव तथा प्रेम बढ़ाने के अतिरिक्त और कुछ नहीं है।

—इंडियन ओपिनियन, 28-04-1906

*

'दी क्रिटिक' के उपसम्पादक मि. पोलक ने गांधी को रस्किन की पुस्तक 'अन्टु द लास्ट' भेंट की। इस पुस्तक ने गांधी में संचार प्रवाह ला दिया। स्वतः पत्र-प्रकाशन की ओर वे लग गए। नेटाल-इंडियन कांग्रेस को मुखरित करने के माध्यम से रूप में 'इंडियन ओपिनियन' की अवधारणा उनके मन में बैठ गई। श्री मदनजीत व्यावहारिक ने डरबन में 'द इंटरनेशनल प्रिंटिंग प्रेस' की स्थापना की। गांधी के वे अनुयायी थे। उन्होंने एक साप्ताहिक अखबार निकालने की राय दी। 4 जून 1903 ई. को 'इंडियन ओपिनियन' का प्रथमांक अंग्रेजी, हिन्दी, गुजराती तथा तमिल में निकला। शनिवार को निकलने वाला यह पत्र 6 कालम में प्रकाशित होता था। जिसके चार पृष्ठ अंग्रेजी, दो पृष्ठ गुजराती, दो पृष्ठ हिन्दी तथा दो पृष्ठ तमिल के थे। सम्पादकीय एवं अन्य महत्त्वपूर्ण स्तम्भ गांधी जी ही तैयार करते थे। 'इंडियन ओपिनियन' के प्रथम अंक में गांधी ने लिखा–

"भारतीय लोगों पर हुए अत्याचार को प्रदर्शित करना तथा विचारों का प्रसार करना इसका पहला उद्देश्य है जिससे लोगों में सत्यनिष्ठा जाग्रत हो सके।"

जागरण ही गांधी का लक्ष्य था जिसके लिए उन्होंने अखबार का सहारा लिया। जनमत को जगाने के लिए पत्र ही सक्षम है। मानवता की रक्षा, जनहित और राष्ट्र-चिन्तन का माध्यम 'इंडियन ओपिनियन' ही था। **सर्वोदय और सत्याग्रह**

का प्रचारक बनकर पत्र ने अनाक्रामक प्रतिशोध को मुखरित किया।

गांधी का पत्र 'इंडियन ओपिनियन' किस तरह भारतीयों के हितों के रक्षार्थ चलाया गया इसकी एक झलक 'इंडियन ओपिनियन' के पहले अंक के प्रथम पृष्ठ पर इसके मालिक श्री मदनजीत द्वारा दी गयी सूचना से स्पष्ट हो जाता है।

अलबर्ड वेस्ट, हाबर्ड किचिन, मि. पोलक जैसे सहायकों को पाकर 'इंडियन ओपिनियन' विश्व के लिए विचार पत्र बन गया। डरबन शहर से 14 मील दूर फीनिक्स रेलवे स्टेशन के पास बीस एकड़ भूमि में फीनिक्स आश्रम की स्थापना हुई जहाँ से 24 दिसम्बर 1904 ई. को 'इंडियन ओपिनियन' निकला। 1904 से 1908 ई. तक यह पत्र 6 कालमों में और 4 भाषाओं में प्रकाशित होता था। बाद में 1909 ई. में 6 कालम के स्थान पर 3 कालम का 'इंडियन ओपिनियन' अंग्रेजी तथा गुजराती में निकलने लगा। पहले प्रति शनिवार को यह पत्र निकलता था बाद में बुधवार को छपने लगा। 'आत्मकथा' में गांधी जी ने 'इंडियन ओपिनियन' के सन्दर्भ में विस्तार से चर्चा की है जिसे उन्हीं के शब्दों में समझना उपयुक्त होगा–

इसी अरसे में श्री मदनजीत ने 'इंडियन ओपिनियन' अखबार निकालने का विचार किया। उन्होंने मेरी सलाह और सहायता मांगी। छापाखाना तो वे चला ही रहे थे। अखबार निकालने के विचार से मैं सहमत हुआ। सन् 1904 ई. में इस अखबार का जन्म हुआ। मनसुखलाल नाजर इसके संपादक बने। पर संपादन का सच्चा बोझ तो मुझ पर ही पड़ा। मेरे भाग्य में प्रायः हमेशा दूर से ही अखबार की व्यवस्था संभालने का योग रहा है।

मनसुखलाल नाजर संपादक का काम न कर सकें, ऐसी कोई बात नहीं थी। उन्होंने देश में कई अखबारों के लिए लेख लिखे थे, पर दक्षिण अफ्रीका के अटपटे प्रश्नों पर मेरे रहते उन्होंने स्वतंत्र लेख लिखने की हिम्मत नहीं की। उन्हें मेरी विवेक-शक्ति पर अत्यधिक विश्वास था। अतएव जिन-जिन विषयों पर कुछ लिखना जरूरी होता, उन पर लिखकर भेजने का बोझ वे मुझ पर डाल देते थे।

यह अखबार साप्ताहिक था, जैसा कि आज भी है। आरम्भ में तो वह गुजराती, हिन्दी, तमिल और अंग्रेजी में निकलता था। पर मैंने देखा कि तमिल और हिन्दी विभाग नाम मात्र के थे। मुझे लगा कि उनके द्वारा समाज की कोई सेवा नहीं होती। उन विभागों को रखने में मुझे असत्य का आभास हुआ। अतएव उन्हें बन्द करके मैंने शान्ति प्राप्त की।

मैंने यह कल्पना नहीं की थी कि इस अखबार में मुझे कुछ अपने पैसे लगाने पड़ेंगे। लेकिन कुछ ही समय में मैंने देखा कि मैं पैसे न दूँ, तो अखबार चल ही नहीं सकता। मैं अखबार का संपादक नहीं था। फिर भी हिन्दुस्तानी और गोरे दोनों

यह जानने लग गये थे कि उसके लेखों के लिए मैं ही जिम्मेदार था। अखबार न निकलता तो भी कोई हानि न होती। पर निकालने के बाद उसके बन्द होने की हिन्दुस्तानियों की बदनामी होगी और समाज को हानि पहुँचेगी, ऐसा मुझे प्रतीत हुआ।

मैं उसमें पैसे उड़ेलता गया और कहा जा सकता है कि आखिर ऐसा भी समय आया, जब मेरी पूरी बचत उसी पर खर्च हो जाती थी। मुझे ऐसे समय की याद है, जब मुझे हर महीने 75 पौण्ड भेजने पड़ते थे।

किन्तु इतने वर्षों के बाद मुझे लगता है कि इस अखबार ने हिन्दुस्तानी समाज को अच्छी सेवा की है। इससे धन कमाने का विचार तो शुरू से ही किसी का नहीं था।

मेरे लिए यह अखबार संयम की तालीम सिद्ध हुआ था। मित्रों के लिए वह मेरे विचारों को जानने का माध्यम बन गया था। आलोचकों को उसमें से आलोचना के लिए बहुत कम सामग्री मिल पाती थी। मैं जानता हूँ कि उसके लेख आलोचकों को अपनी कलम पर अंकुश रखने के बाध्य करते थे। इस अखबार के बिना सत्याग्रह की लड़ाई चल नहीं सकती थी। पाठक-समाज इस अखबार को अपना समझकर इसमें से लड़ाई का और दक्षिण अफ्रीका के हिन्दुस्तानियों की दशा का सही हाल जानता था।

इस अखबार के द्वारा मुझे मनुष्य के रंग-बिरंगे स्वभाव का बहुत ज्ञान मिला। संपादक और ग्राहक के बीच निकट का और स्वच्छ सम्बन्ध स्थापित करने की ही धारणा होने से मेरे पास हृदय खोलकर रख देने वाले पत्रों का ढेर लग जाता था। उसमें तीखे, कड़वे, मीठे यों भांति-भांति के पत्र मेरे नाम आते थे। उन्हें उन पर विचार करना उनमें से विचारों का सार लेकर उत्तर देना यह सब मेरे लिए शिक्षा का उत्तम साधन बन गया था। मुझे ऐसा अनुभव हुआ मानो इसके द्वारा मैं समाज में चल रही चर्चाओं और विचारों को सुन रहा होऊँ। मैं सम्पादक के दायित्व को भलीभांति समझने लगा और मुझे समाज के लोगों पर जो प्रभुत्व प्राप्त हुआ, उसके कारण भविष्य में होने वाली लड़ाई संभव हो सकी, वह सुशोभित हुई और उसे शक्ति प्राप्त हुई।

'इंडियन ओपिनियन' के पहले महीने के कामकाज से ही मैं इस परिणाम पर पहुँच गया था कि समाचार-पत्र सेवा भाव से ही चलाने चाहिए। **''समाचार-पत्र एक जबरदस्त शक्ति है, किन्तु जिस प्रकार निरंकुश पानी का प्रवाह गाँव के गाँव डुबो देता है और फसल को नष्ट कर देता है, उसी प्रकार कलम का निरंकुश प्रवाह भी नाश की सृष्टि करता है। यदि ऐसा अंकुश बाहर से आता है, तो वह निरंकुशता से भी अधिक विषैला सिद्ध होता है। अंकुश तो अंदर का ही लाभदायक हो सकता है।''**

सत्याग्रह :

'इंडियन ओपिनियन' ने शब्दों की खोज की। निष्क्रिय प्रतिरोध (Passive Resistance) से सत्याग्रह का समन्वय उचित नहीं बैठता था। मगनलाल ने सद् + आग्रह = सत्याग्रह (शुभ के लिए आग्रह) शब्द सुझाया। गांधी ने सत्य + आग्रह = सत्याग्रह शब्द दिया। 'सत्य' प्रेम का तथा 'आग्रह' शक्ति का प्रतीक है। प्रेम की शक्ति से परिवर्तन निष्क्रिय प्रतिरोध से भिन्न सक्रिय विरोध का अहिंसक प्रतिकार है। स्वयं कष्ट सहकर विरोधी को अपने आत्म बल का आभास करा देना ही सत्याग्रह का दर्शन है।

'इंडियन ओपिनियन' वस्तुतः अफ्रीकी संघर्ष का शंखनाद था। रचनात्मक सत्याग्रह की भूमिका में गांधी जी की पत्रकारिता के नाम से जानी गयी। 'इंडियन ओपिनियन' की भूमिका का ही प्रभाव था कि 'यंग इंडिया', 'नवजीवन', 'हरिजन' जैसे पत्र प्रतिफलित हुए। 'इंडियन ओपिनियन' गांधी जी की अभिव्यक्ति की अहिंसात्मक पत्रकारिता की मशाल है। गांधी चिन्तन में 'पत्रकार-चिन्तन' की बात ही सार्थक है। उनका सम्पूर्ण जीवन पग-पग पर पत्रकारिता ही है। अपनी बात कहने, समस्या सुलझाने, जनमत जगाने के लिए उन्होंने पत्रकारिता को ही आत्मसात् किया और इसी मीडिया के बल पर वे सफल हुए।

डॉ. कमल किशोर गोयनका हिन्दी साहित्य और हिन्दी पत्रकारिता के उन्नायक हैं। 'संपादक गांधी और उनके अखबार' शीर्षक शोधपरक लेख में डॉ. गोयनका ने लिखा है–

गांधी ने 'इंडियन ओपिनियन' के प्रवेशांक में यद्यपि समाचार-पत्र के उद्देश्यों की चर्चा की थी, किन्तु वे बार-बार अपने उद्देश्यों की चर्चा करते रहे। 'इंडियन ओपिनियन' के भविष्य को लेकर गांधी की अध्यक्षता में एक बैठक 23 अप्रैल 1906 को डरबन स्थित उमर हाजी आमद झबेरी के घर हुई। गांधी ने वित्तीय संकट का ब्योरा दिया और प्रेस में एक भी कर्मचारी के रहने तक अंग्रेजी संस्करण को निकालने का व्रत लिया। इस बैठक में गांधी ने उद्देश्यों की भी चर्चा की, जो 'इंडियन ओपिनियन' के 28 अप्रैल 1906 के अंक में छपे। ये उद्देश्य थे–

1. हिन्दुस्तानियों के दुःखों को शासनकर्ताओं एवं गोरों के सामने तथा इंग्लैण्ड, दक्षिण अफ्रीका और भारत में जाहिर करना।
2. हिन्दुस्तानियों के दोषों को उन्हें बताना तथा उन्हें दूर करने के लिए प्रेरित करना।
3. हिन्दुस्तानियों में हिन्दू-मुसलमान के बीच के भेद को तोड़ना तथा गुजराती,

तमिल, बांग्ला आदि की क्षेत्रीय खाइयों को पाटकर एकता पैदा करना।

4. इन विचारों को प्रजा में दृढ़ करना तथा प्रजा को शिक्षित करना।

गांधी हिन्दुस्तानियों को जाग्रत एवं संगठित कर रहे थे। गांधी ने 28 अप्रैल 1906 के लेख में लिखा–''इस समाचार-पत्र की जरूरत के बारे में हमारे मन में कोई संदेह नहीं है, इसलिए उनकी भावनाओं को प्रकट करने वाले और विशेष रूप से उसके हित में संलग्न समाचार-पत्र का प्रकाशन अनुचित नहीं समझा जाएगा, बल्कि हम समझते हैं, उससे एक कमी पूरी होगी। हमें अपने देशवासियों के उदार सहारे का भरोसा है। जो महान एंग्लो-सैक्सन कौम सप्तम एडवर्ड को अपना राजाधिकार कहती है, क्या हम उससे भी यही आशा नहीं कर सकते? क्योंकि हमारा उद्देश्य इस एक शक्तिशाली साम्राज्य के अनेक वर्गों में सद्भाव तथा प्रेम बढ़ाने के अतिरिक्त और कुछ नहीं है।'' तब उनका ब्रिटिश सत्ता की न्यायप्रियता के प्रति विश्वास बना हुआ था। गांधी हिन्दुस्तानियों और अंग्रेजों के बीच के अविश्वास और विरोध को दूर करना चाहते थे और इसके लिए ब्रिटिश सत्ता का सहयोग आवश्यक था। गांधी ने 19 जनवरी 1905 को जे स्टुअर्ट को पत्र में लिखा था–''यह ('इंडियन ओपिनियन') दक्षिण अफ्रीका के दो महान समाजों के बीच दुभाषिए की तरह काम करता है, इसलिए मेरी नम्र सम्मति में यह एक मूल्यवान सेवा कर रहा है। इसका उद्देश्य साम्राज्य-भावना का पोषण है, यद्यपि यह दक्षिण अफ्रीका के ब्रिटिश भारतीयों की शिकायतों पर जोर देता है और उसे जोर देना भी चाहिए, यद्यपि वह प्रायः भारतीय समाज की भावनाओं को नरम बनाता है और उसे साफ तौर पर उसकी त्रुटियाँ बताने से कभी नहीं चूकता।'' इस कारण गांधी में 'इंडियन ओपिनियन' के प्रकाशन-काल में ब्रिटिश विधान में विश्वास, ब्रिटिश नागरिकता के लाभ और राष्ट्रों के कुल के रूप में साम्राज्य के प्रति सकारात्मकता का भाव बना रहा। गांधी में यह भाव इंग्लैण्ड के शिक्षण-काल से ही था और प्रथम विश्व युद्ध के आरंभ होने तक बना रहा। गांधी की इस नीति के कारण अनेक गोरे उनके सहायक बने। गोरों के समाचार-पत्रों ने उनकी मदद की। योरप के अनेक बुद्धिजीवी, लेखक आदि भी उनके समर्थन में सामने आए।

'इंडियन ओपिनियन' का प्रमुख उद्देश्य दक्षिण अफ्रीका के हिन्दुस्तानी समाज को जाग्रत और शिक्षित करना तथा उसे मानवाधिकार दिलाना था। गांधी ने लिखा था कि समाचार-पत्र का प्रकाशन देशवासियों की सेवा के लिए है। गांधी का मानना था कि हिन्दुस्तानियों के स्वाभिमान और अधिकारों की लड़ाई आत्मबल से की जा सकती है। गांधी ने समाचार-पत्र का आश्रय लिया और उसे अपनी आत्मा का रस देकर द्विगुणित शक्ति प्रदान की। गांधी ने लिखा भी है कि–**''मैं 'इंडियन ओपिनियन'**

को प्रति सप्ताह अपनी आत्मा उड़ेलता था और अपने सत्याग्रह के रूप को समझाने का प्रयत्न करता था।'' इसी प्रकार समाचार-पत्र के उपयोग पर उन्होंने दक्षिण अफ्रीका के सत्याग्रह का इतिहास पुस्तक में लिखा– ''मेरी मान्यता है कि जिस लड़ाई का आधार आंतरिक बल हो, वह लड़ाई अखबार के बिना चलाई जा सकती है, किन्तु साथ ही मेरा अनुभव यह भी है कि 'इंडियन ओपिनियन' के होने से हमें कौम को आसानी से शिक्षा दे सकने और संसार में जहाँ-जहाँ हिन्दुस्तानी रहते थे, वहाँ-वहाँ हमारी हलचलों की खबरें भेजते रहने में आसानी हुई। यह सब काम कदाचित किसी दूसरी रीति से नहीं किए जा सकते थे। इसलिए यह निश्चित रूप से कहा जा सकता है कि लड़ाई के साधनों में 'इंडियन ओपिनियन' भी एक बहुत उपयोगी और सबल साधन था।''

गांधी ने 'इंडियन ओपिनियन' के बारे में लिखा–''जब तक 'इंडियन ओपिनियन' मेरे अधीन था, उसमें किये गये परिवर्तन मेरे जीवन में हुए परिवर्तनों के द्योतक थे। जिस तरह आज 'यंग इंडिया' और 'नव जीवन' मेरे जीवन में कुछ अंशों के निचोड़ हैं उसी तरह 'इंडियन ओपिनियन' था। उसमें मैं प्रति सप्ताह अपनी आत्मा उडेलता था और जिसे मैं सत्याग्रह के रूप में पहचानता था उसे समझाने का प्रयत्न करता था। जेल की अवधि को छोड़कर दस वर्षों का अर्थात् सन् 1914 तक 'इंडियन ओपिनियन' का शायद ही कोई अंक ऐसा होगा, जिसमें मैंने कुछ न लिखा हो। **इसमें मैंने एक भी शब्द बिना विचारे, बिना तौले लिखा हो, किसी को केवल खुश करने के लिए लिखा हो अथवा जान-बूझकर अतिशयोक्ति की हो, ऐसा मुझे याद नहीं पड़ा। मेरे लिए यह अखबार संयम की तालीम सिद्ध हुआ था। मित्रों के लिए यह मेरे विचारों को जानने का माध्यम बन गया था।''**

'इंडियन ओपिनियन' के प्रारम्भिक अंकों में प्रकाशित शीर्षक और समाचार की बानगी द्रष्टव्य है–

"IN THE IMPERIAL PARLIAMENT
SYMPATHY FOR INDIAN GRIEVANCE
INDIAN FOR TRANSVAL MISSION."

An Indian Poetess

"The Ladies conference at Calcutta brought to prominence a lady orator, Mrs. Sarojini Naidu, already known as a poet of considerable destination... It is a very hopeful sign of the times that our ladies are coming to the front and are taking active part in the great work of national reform."

23 March, 1907

राजनीतिक संघर्ष में 'इंडियन ओपिनियन' की आन्दोलनकारी भूमिका थी। रंगभेद की समस्या, भारतीय कला-संस्कृति, असमानता जैसी बातों पर इसका ध्यान था। गांधी की पत्रकारिता लंदन के 'द टाइम्स' से प्रेरित थी। वे कहते थे–

"पत्रकारिता का दायित्व इतिहासकार की तरह ही सबसे पहले सत्य का पता लगाना है और अपने पाठकों के सामने वही चीज नहीं परोसना है जो सरकार उसे बताना चाहती है, बल्कि उसे वह सत्य पेश करना है जो वह प्राप्त कर सके।"

'इंडियन ओपिनियन' के प्रथम सम्पादकीय में गांधी ने लिखा–

अपने बारे में

हमें अपनी उपस्थिति दर्ज कराने पर किसी से माफी मांगने की जरूरत नहीं है। दक्षिण अफ्रीका के राजनीतिक जीवन में भारतीय समुदाय की अपनी मान्यता है। उनकी भावनाओं और उनके मकसद के लिए समर्पित अखबार अनावश्यक नहीं कहा जा सकता। वास्तव में हमारा मानना है कि इससे लम्बे समय से बनी आवश्यकता पूरी हो सकेगी। ब्रिटिश दक्षिण अफ्रीका के भारतीय हालांकि साम्राज्य की वफादार प्रजा है, पर वे तमाम कानूनी दिक्कतें झेल रहे हैं जिसे वे गैर-जरूरी और अन्यायपूर्ण मानते हैं। इस स्थिति की वजह उपनिवेशवादियों के दिमाग में बसे पूर्वाग्रह में ढूँढ़ी जा सकती है। ...इसलिए हमारा प्रयास जनता के सामने तथ्यों को सही तरीके से पेश कर गलतफहमी को दूर करना होगा।

हालांकि हम यह नहीं मानते कि यहाँ रहने वाले भारतीयों पर जितनी तरह की कमजोरियों का आरोप लगाया जाता है, वे सभी से मुक्त हैं। हम उन्हें जब भी गलत पायेंगे, निःसंकोच उसकी तरफ इशारा करेंगे और उसे दूर करने के उपाय सुझायेंगे। दक्षिण अफ्रीका में रह रहे हमारे लोगों में भारत की उन संस्थाओं का प्रेरक प्रभाव नहीं है जो जरूरत पड़ने पर आवश्यक नैतिक प्रेरणा देती हैं। जो लोग बचपन में यहाँ चले आये या जिनका जन्म यहाँ हुआ, उन्हें अपने राष्ट्र के पिछले इतिहास को जानने या उसकी महानता को समझने का कभी अवसर नहीं मिला इसलिए यह हमारा कर्त्तव्य है कि अपनी क्षमता के भीतर हम इंग्लैण्ड, भारत और उपमहाद्वीप के अन्य लेखकों से इस विषय पर सामग्री आमंत्रित कर यहाँ के भारतीयों के सामने परोसें।"

'इंडियन ओपिनियन' के विविध अंकों की स्मरणीय सामग्री प्रस्तुत है–

दादाभाई नौरोजी

भारत से ताजा डाक में आये अखबारों में श्री दादाभाई नौरोजी के जन्मदिन की वर्षगांठ पर बहुत लंबे-लंबे नोटिस छपे हैं। निश्चय ही श्री दादाभाई का भारत में वही स्थान है जो ग्रेट ब्रिटेन में श्री ग्लैडस्टोन का था। उन्होंने 69वें वर्ष में प्रवेश किया है और उनकी यह वर्षगाँठ सारे भारत में समुचित ढंग से मनायी गयी है। लाखों-करोड़ों लोगों ने परमात्मा से प्रार्थनाएँ कीं कि वे भव्य वयोवृद्ध दादाभाई पर कृपा की वृष्टि करें, और उन्हें चिरायु करें। हम भी उन करोड़ों की प्रार्थना में शामिल हैं। हिंदूकुश से लेकर कन्याकुमारी तक और कलकत्ता से लेकर कराची तक श्री दादाभाई के प्रति जनता का जितना प्रेम है, उतना और किसी जीवित व्यक्ति के प्रति नहीं है। उन्होंने अपना सारा जीवन जन्मभूमि की सेवा में अर्पित कर दिया है। यद्यपि वे पारसी हैं, फिर भी सारे देश में हिन्दू, मुसलमान, ईसाई और अन्य सब लोग भी उनके प्रति वैसा ही श्रद्धा भाव रखते हैं जैसे कि पारसी लोग। भारत की सेवा के लिए उन्होंने अपने आराम और वैभव को तिलांजलि दे दी और एक निर्वासित-सा जीवन स्वीकार किया। अपना धन भी उन्होंने इसी काम में लगा दिया ! उनकी देशभक्ति शुद्धतम है और उसकी प्रेरणा का एकमात्र स्रोत मातृभूमि के प्रति कर्त्तव्य की भावना ही है। यही नहीं, उनका व्यक्तिगत चरित्र पूर्णतः आदर्श रहा है, जिसका उभरती पीढ़ी को हर तरह से अनुकरण करना चाहिए। हमारी यह समझ शायद गलत नहीं है कि उनके समस्त राजनीतिक कार्यों के मूल में एक प्रबल और पवित्र धार्मिक उत्साह रहा है जिसे कोई दबा नहीं सकता। जो देश दादाभाई जैसे व्यक्तियों को जन्म दे सकता है, उसका भविष्य अंततः उज्ज्वल ही होने की आशा है। इंग्लैण्ड के 'हाउस ऑफ कामन्स' के लिए वे सांसद चुने गये। एक ब्रिटिश क्षेत्र से चुने जाने वाले वे पहले भारतीय हैं। अपने इस चुनाव के तुरंत बाद जब वे भारत आये तो उनका स्वागत बड़ी धूमधाम से किया गया। बम्बई से लाहौर की उनकी इस विजय यात्रा को जिन्होंने देखा, वे कहते हैं कि उनके स्वागतोत्सव में जो उत्साह दिखाई दिया उसकी बराबरी अगर किसी उत्साह से हो सकती है तो वह चिरस्मरणीय लॉर्ड रिपन के उस समय के सत्कार का उत्साह था जब वे अपने वाइसराय के पद से निवृत्त हुए थे। ऐसे पुरुष का सम्मान करके निश्चय ही राष्ट्र ने स्वयं अपना सम्मान किया है।

दक्षिण अफ्रीका में रह रहे हम लोगों के लिए, प्रचंड बाधाओं के मध्य ऐसे समर्पण-भाव व आत्मोत्सर्ग से भरपूर जीवन देश और देशवासियों से प्रेम तथा

धीरज की सीख देने वाला है। (हमारे कई पाठकों को स्मरण होगा कि दादाभाई ने बहुत तकलीफें उठाई हैं)। राजनैतिक लड़ाई में जीत एक दिन में हासिल नहीं होती। उसमें लगे लोगों को अक्सर निराशा ही हाथ लगती है।

दक्षिण अफ्रीका में हमें इसका खासा अनुभव है। अगर हम यह स्मरण कर लें कि श्री दादाभाई गत चालीस वर्ष या इससे भी अधिक समय से इस संघर्ष में पड़े हुए हैं तो उससे हमें बड़ा संतोष मिलेगा। क्योंकि, हमारी लड़ाई तो अभी शुरू ही हुई है और फिर, हम पर जो मुसीबतें आयी हैं, उनमें कहीं-कहीं आशा की किरणें भी दिखाई दे जाती हैं। अपने तमाम कामकाज के बीच श्री दादाभाई दक्षिण अफ्रीका के प्रश्न पर भी बराबर ध्यान देते रहे हैं और वे हमारे उद्देश्य तथा कार्य के अत्यंत उत्साही संरक्षकों में से हैं। परमात्मा से हमारी यही हार्दिक प्रार्थना है कि वह श्री दादाभाई को शरीर और मन से पूर्णतः स्वस्थ रखे, ताकि वे चिरायु होकर अपनी मातृभूमि की सेवा का गौरव प्राप्त करते रहें।

19-11-1903

'इंडिया' का जो अंक पिछली डाक से प्राप्त हुआ है, उसमें हाल ही में ऐम्स्टर्डम में हुए अन्तर्राष्ट्रीय समाजवादी सम्मेलन में श्री नौरोजी के स्वागत का सजीव वर्णन है।

'इंडिया' का विशेष संवाददाता कहता है–अध्यक्ष श्री वान कोल ने सम्मेलन से अनुरोध किया कि वे अपने स्थानों से उठकर सम्मान व्यक्त करने के लिए मौन खड़े हों जायें–उसके बाद एक अद्भुत और अत्यंत प्रेरणाप्रद दृश्य उपस्थित हुआ। श्री दादाभाई नौरोजी धीरे-धीरे चलकर मंच के बीच में पहुँचे। उस समय उस विशाल सभागार में ठसाठस भरा वह विशाल श्रोता समुदाय उनके सम्मुख मौन और खुले सिर खड़ा हो गया। यद्यपि यह कार्य सीधा-सादा था, तथापि जिस गंभीरता और सर्वसम्मत रूप से यह किया गया उससे यह अत्यंत प्रभावशाली बन गया था। खास तौर से यह स्मरण करते हुए कि यह सम्मान इतनी भिन्न जातियों और राष्ट्रों के इतने अधिक प्रतिनिधियों द्वारा किया गया था। श्री नौरोजी जिन लोगों के प्रतिनिधि हैं, उनके प्रति अंतर्व्यथा से भरपूर सम्मान व्यक्त किया गया। इसके बाद, स्वयं उस प्रतिनिधि के सम्मान में एक प्रचंड और उत्साहपूर्ण सम्मान का प्रदर्शन किया गया। उस विशाल श्रोता समुदाय का ध्यान भारत की जनता के स्मरण से चलकर श्री दादाभाई नौरोजी के गौरवपूर्ण व्यक्तित्व पर आकर केन्द्रित हो गया। उसके जीवन भर के प्रयत्नों के संबंध में जो कुछ कहा गया था वह सब श्रोताओं ने स्मरण किया और अपने हृदय की भावना हर्षध्वनियों, तालियों और

जय-जयकारों द्वारा प्रतिध्वनित की। यह अभिनंदन देर तक और गांभीर्य के साथ चलता रहा। जिन लोगों ने अंतर्राष्ट्रीय एकता के इस महान प्रदर्शन को देखा, उन सब पर उसकी अमिट छाप पड़ी। यह एकता एक राष्ट्र से दूसरे राष्ट्र तक ही नहीं, बल्कि एक महाद्वीप से दूसरे महाद्वीप तक फैल गई है।

1-10-1904

प्रत्येक भारतीय को यह जानकर गर्व होगा कि उनके श्रद्धेय श्री दादाभाई की, यूरोप के लोग कितनी इज्जत करते हैं।

मनसुखलाल हीरालाल की नजर के सम्बन्ध में गांधी जी की सदाशयता अविस्मरणीय है–

अपना व्यवसाय फैलाने की बजाय वे लोक सेवा एवं लोक कल्याण में पूरी निष्ठा से जुट गये। सन् 1897 में ब्रिटिश भारतीयों की शिकायतों को स्वर देने के लिए विशेष प्रतिनिधि बनाकर इंग्लैण्ड भेजे गये। वहाँ वे सर विलियम विल्सन हंटर, सर लेपेल ग्रिफिन, सम्माननीय दादाभाई नौरोजी, सर मनचेरजी भावनगरी तथा अन्य सार्वजनिक हस्तियों से मिले। नजर की योग्यता तथा आत्मनियंत्रण से सर विलियम हंटर इतने प्रभावित हुए कि 'द टाइम्स' में श्री नजर के कार्यों का उल्लेख करते हुए एक विशेष लेख लिखा। स्वर्गीय लॉर्ड नार्थबुक, लॉर्ड रिये और अन्य अंग्रेजों व भारतीयों ने सदा धीरज से उनकी बातें सुनीं। उनके काम के फलस्वरूप, ईस्ट इंडिया एसोसिएशन ने ब्रिटिश भारतीयों के मामले में काफी रुचि ली। उस दिशा में श्री नजर के कार्यों की मैं ज्यादा चर्चा नहीं करना चाहता। कोई भी प्रतिकूल टिप्पणी भी मैं यहाँ करना नहीं चाहता। अधिकांश अविस्मरणीय तथा टिकाऊ कार्य वे पर्दे के पीछे ही रहकर करते रहे थे। उसके कारण दक्षिण अफ्रीका में दोनों समुदायों के बीच आपसी समझदारी का नाजुक-सा पौधा बढ़ा-पनपा। वे दोनों के बीच एक कड़ी बने। वे ऊँचे दर्जे के राजनेता थे, उत्तेजना उनके स्वभाव में नहीं थी। शांत, चुपचाप वे हर समय, हर कहीं, स्वदेशवासियों के अधिकारों की सशक्त पैरवी करते तो दूसरी ओर सदा दूरदर्शिता, बुद्धिमत्ता तथा धीरज की सलाह देते। सबसे पहले वे गरीबों के मित्र थे। भारत के गरीब लोगों के वे सखा और सच्चे सलाहकार थे। जब 'नेटाल इंडियन एंबुलेंस कोर्प्स' बनायी गयी, तो सभी ने उन्हें सलाह दी कि यह आवश्यक नहीं कि इस संगठन के कामों में वे सक्रिय भाग लें। उन दिनों वे हृदय रोग से पीड़ित थे, लेकिन वे माने नहीं। सक्रिय सदस्य बने और खूब काम किया। चिकित्सा और औषधि का उनका ज्ञान यहाँ उत्तम प्रयोजन में लगा।

उनके बिना यह पत्र (इंडियन ओपिनियन) कभी प्रारंभ ही न हो पाता। संघर्ष के प्रारंभिक दिनों में नजर साहब ने लगभग सारा ही संपादकीय बोझ अपने सिर पर ले लिया। आज यदि यह पत्र अपनी सौम्य नीति और स्पष्ट विचारों के लिए जाना जाता है तो मुख्यतया इसी कारण कि श्री नजर ने इसमें ऐसी भूमिका निभाई।

इस संस्मरण का पाठक भारतीय भलीभांति समझ जायेगा कि नजर साहब क्या थे? मेरा मानना है कि वे सच्चे योगी थे, सार्वभौम हिन्दू थे। जाति या पंथ का वे कोई भेद मानते थे। किसी धार्मिक मतभेद को वे कभी मान्यता नहीं देते थे। जीवन में उन्हें सदा 'सनातन गीत' श्रीमद्भगवद्गीता से शांति मिली। गीता के दर्शन में वे निमग्न थे। उस संस्कृत शास्त्र को वे हृदय से जानते थे। यह लेखक इसका निजी तौर पर साक्षी है कि कठिन परीक्षा की बहुत-सी घड़ियाँ हमारे जीवन में आयीं और सबमें वे सदा पूर्ण स्थितप्रज्ञ रह सके। यह श्रीमद्भगवद्गीता की शिक्षा के प्रभाव का परिणाम था। एक सनातनी हिन्दू को उनकी जीवनचर्या का कुछ अंश अटपटा लग सकता है। नजर साहब निस्संदेह एक विचित्र मिश्रण थे। उस दिवंगत के चरित्र की सूक्ष्म जांच-परख इस लेखक का प्रयोजन नहीं है। श्री नजर जैसा कोई व्यक्ति पाने के लिए भारतीयों को दूर-दूर तक नजर दौड़ानी पड़ेगी। प्रशंसा से वे सदा बचते, उन्होंने कभी प्रशंसा नहीं चाही। स्तुति या निंदा कोई भी उनके लोककार्य या लोकसेवा को प्रभावित नहीं कर पाये। ऐसे निःस्वार्थ कार्यकर्ता चाहे जहां और हर कहीं नहीं मिल जाते। सभी समुदायों में ऐसे लोग बहुत कम होते हैं। श्री नजर के चले जाने से भारतीय समुदाय ने और मैं कहना चाहता हूँ कि यूरोपीय समुदाय ने भी, जो खोया है, वह तो केवल समय ही बता पायेगा।

27-1-1906

25 अगस्त 1906 के अंक में गांधी जी ने एक और महापुरुष के तिरोधान पर शोक व्यक्त किया।

व्योमेश चन्द्र बनर्जी

श्री व्योमेश चन्द्र बनर्जी के देहावसान की सूचना देते हमें दुख हो रहा है। वे आधुनिक काल के सबसे बड़े भारतीय देशभक्तों में से एक थे। वे उन देशभक्तों में थे जिन्हें नौरोजी की परंपरा का कहा जा सकता है और जो अपने समय एवं बुद्धि बल का पूरा उपयोग अपने देश के हित के लिए किया करते थे। श्री बनर्जी बंगाल के अग्रगण्य बैरिस्टरों में से थे और अपने कानूनी ज्ञान तथा न्यायिक वाग्मिता के

कारण अपने कार्यकाल के आरंभ में ही उन्होंने प्रसिद्धि पा ली थी। इस असाधारण प्रसिद्धि का उपयोग उन्होंने अपने देश के लाभ के लिए किया। वे भारतीय राष्ट्रीय कांग्रेस के जन्मदाताओं में से एक थे, और उसके प्रथम अध्यक्ष भी थे। वे अपने जीवन के अंतिम दिन तक उसकी सेवा करते रहे और मुक्तहस्त होकर अपना धन सार्वजनिक कार्यों में लगाते रहे...

श्री बनर्जी के जैसे जीवन से वर्तमान पीढ़ी के भारतीय युवकों को अनेक शिक्षाएँ मिलती हैं। स्वर्गीय आत्मा के प्रति उत्तम श्रद्धांजलि तो उनके उदाहरण के अनुकरण के रूप में ही हो सकती है। हम आदरपूर्वक श्री बनर्जी के कुटुम्ब के प्रति अपनी सहानूभुति प्रकट करते हैं। उनकी क्षति भारत की भी क्षति है।

'इंडियन ओपिनियन' का लक्ष्य :

जनमत को शिक्षित करना, यूरोपीय और भारतीय नागरिकों के बीच व्याप्त गलतफहमियों के कारणें को दूर करना तथा भारतीयों में उनकी गलतियों के बारे में चेतना जगाना इस पत्र का लक्ष्य था। इसके कालमों के माध्यम से गांधी जी ने दक्षिण अफ्रीका के भारतीयों को आत्मानुशासन, स्वच्छता तथा अच्छी नागरिकता के बारे में शिक्षित करने तथा उन्हें सत्याग्रह हेतु तैयार करने का प्रयास किया। उन्होंने पाठकों को लियो ताल्स्ताय, अब्राहम लिंकन, माजीनी, एलिजाबेथ, फ्राई, फ्लोरेंस नाइटिंगेल, टी. महादेव राव इत्यादि की जीवनियों के माध्यम से प्रेरणा दी। इस पत्र ने शक्तिशाली ब्रिटिश साम्राज्य के सदस्य के रूप में भारतीयों की जिम्मेदारियों को भी इंगित किया। यह विभिन्न भाषायें बोलने वाले भारतीयों के लाभ हेतु चार भाषाओं अंग्रेजी, गुजराती, तमिल व हिन्दी में प्रकाशित किया गया। इसके प्रकाशन के प्रथम वर्ष में स्वयं गांधी जी को अपनी जेब से 2,000 पाउंड स्टर्लिंग खर्च करने पड़े। हेनरी पोलक ने एक दक्षिण अफ्रीकी ब्रिटिश समाचार-पत्र में अधिक वेतनवाली नौकरी छोड़कर फीनिक्स में गांधी जी के आदर्श फार्म पर अपना जीवन व्यतीत करना शुरू कर दिया।

पोलक ने अपनी पुस्तक 'द इंसिडेंट्स ऑफ गांधी जी ज लाइफ' में लिखा है, 'वह प्रिंटिंग प्रेस, जिस पर हाथ से टाइपसेटिंग किया जाता था एक जर्जर तेल के इंजन से चलाया जाता था जो अक्सर बंद हो जाता था। जब ऐसा होता तो वहाँ के निवासियों को प्रायः अर्धरात्रि तक हाथों की शक्ति का सहारा लेना पड़ता था, ताकि सामान्य डाक से भेजने हेतु समाचार-पत्र को समय से निकाला जा सके। जब ऐसा हुआ तो एक से अधिक बार मुझे याद है गांधी जी ने स्वयं हममें से किसी अन्य की तरह पहिये पर अपने कंधों का जोर लगाया।'

'इंडियन ओपिनियन' ने अपने 24 मार्च, 1906 ई. के अंक में **'नौजवानों से निवेदन'** प्रकाशित किया जिसमें गांधीजी ने घर-घर जाकर गंदगी दूर करने हेतु नवयुवकों से कहा–

किसी भी देश का आधार उसके नौजवानों पर होता है। पके हुए विचारों के बुजुर्ग अपने विचारों में फेरफार नहीं करते। वे पुराने विचारों पर डटे रहते हैं। हर कौम को ऐसे लोगों की जरूरत होती है क्योंकि ऐसे लोग नौजवानों के खौलते खून को ठंडा कर सकते हैं। लेकिन अगर उनसे यह लाभ होता है तो कभी-कभी उनके कारण हानि भी होती है अर्थात् जरूरत पड़ने पर वे कुछ कामों को करने में आनाकानी कर जाते हैं। उन्हें वही करना ठीक मालूम होता है। लेकिन ऐसे समय अच्छे नौजवान मददगार साबित होते हैं और आगे आते हैं। प्रयोग तो उन्हीं से हो सकते हैं। अतएव जहाँ एक ओर नौजवानों के मण्डलों को बढ़ावा देना जरूरी है, वहाँ उन्हें चेतावनी देना भी जरूरी है।

अगर इन नौजवान मंडलों के सदस्य सच्चे दिल से, देश का भला करने के इरादे से ही काम करेंगे तो वे बहुत बड़े-बड़े काम कर सकेंगे। **हममें गंदगी ज्यादा है। इस गंदगी को दूर करने में नौजवान घर-घर जाकर, लोगों को नम्रतापूर्वक समझाकर बहुत मदद कर सकते हैं।** कुछ गरीब भारतीय शराब पीते हैं। उनकी स्त्रियों को भी इसकी लत पड़ जाती है। अगर हमारे नौजवान उनको इससे मुक्त करने का बहुत जरूरी काम अपने ऊपर ले लें तो वे बहुत कुछ कर सकते हैं।

हम मानते हैं कि ऐसा करना उनका कर्त्तव्य है और हमें आशा है कि ये मण्डल अच्छे काम करके अपने कर्त्तव्य का पालन करेंगे।

गांधी के सपनों को साकार करने में वर्तमान प्रधानमंत्री मोदी जी अग्रगण्य हैं। 'इंडियन ओपिनियन' (24/3/1906) के अंक में स्वच्छता हेतु गांधी जी ने अपील की। मोदी जी ने ठोस कदम उठाया–

प्रधानमंत्री मोदी का स्वच्छता पर जोर :

जब भी मोदी जी काशी आए, आकाशवाणी पर मन की बात साझा की, स्वच्छता ही केन्द्र बिन्दु रहा। बापू को बार-बार स्मरण कर उन्होंने स्वच्छता पर जोर दिया। नारा भी दिया, **'स्वच्छता ही सेवा है।'** उनके संकल्पों से भला काशी कैसे अलग रहती। वह तो काशी के सांसद हैं। अपने हैं। फिर काशी के लोगों की ऐसी जागरूकता। साहित्यकार, मनीषी, प्रबुद्धजन सभी निकल पड़े। स्वच्छता का भाव जगाने को हाथ में उठा लिए झाड़ू। हमारे पूज्य स्व. मनु शर्मा जी जब निकले थे तो स्वच्छता का यह संदेश बड़ी दूर तलक पहुँचा। सुप्रसिद्ध गायक

कैलाश खेर तक ने झाड़ू लगाकर यह संदेश दिया कि स्वच्छ हो मेरी काशी, स्वस्थ हो यह देश।

''बापू की 150वीं जयन्ती स्वच्छता को समर्पित करने का संकल्प''

''जब हम बापू की 150वीं जयन्ती मना रहे हों, तब यह देश अपने स्वच्छता मिशन के रास्ते में काफी आगे बढ़ चुका हो। पूरे देश ने इस घोषणा का इस तरीके से बड़े ही पुलकित हृदय से स्वागत किया।''

इस स्वच्छता आन्दोलन का असर पड़ा कि 2017-18 ई. में 3 लाख बच्चे काल कलवित होने से बच गए।

आरोग्य :

दर्द का इलाज करना तो ठीक है, किन्तु दर्द को मिटाने के लिए दवा लेनी चाहिए, यह निरर्थक बात है। मेरे घर में कचरा हो गया हो, और मैं उसे केवल ढंक दूँ तो इसका जो परिणाम होगा, वही परिणाम दवा का समझिये। यदि मैं कचरे को ढंक दूँ तो वह सड़ उठेगा और मुझे हानि पहुँचायेगा। फिर ढक्कन ही सड़ जाये, तो यह ढकना अतिरिक्त कचरा गया अर्थात् जो कचरा पहले था, वह, और यह नया कचरा, इन दोनों को मुझे साफ करना पड़ेगा। ठीक यही दशा दवा लेने वाले की होती है। किन्तु यदि ढंकने के बजाय यह कचरा साफ कर दिया जाये तो घर फिर साफ और स्वच्छ हो जायेगा। इसी प्रकार जब तक प्रकृति मेरे शरीर रूपी घर का कचरा साफ कर रही हो, तब तक मैं यदि खामोश रहूँ, तो मेरा शरीर ठीक हो जाये और मैं निरोग या दुःख से मुक्त हो जाऊँ। यदि मैं प्रकृति को रोकूँ तो उसका काम दुगुना हो जायेगा यानी कचरा साफ करना और प्रतिरोध से जूझना।

आवश्यकता इस बात की है कि हम अपने मन को स्थिर रखें। कई बार देखा गया है कि **जहाँ-जहाँ वैद्यों की संख्या बढ़ती है, रोग भी बढ़ते हैं।**

—इंडियन ओपिनियन, 11-1-1913

आरोग्यता को बनाये रखने का सबसे बलवान साधन हमारा मन ही है और मन की शुद्धता ही आरोग्यता का निर्वाह करने वाली वस्तु है।

अनल, अनिल, जल, गगन, रसा
इन पांचों से विश्व बना है।।

यह शरीर चमड़ी, हड्डियों, मांस और रुधिर से बना हुआ है। हड्डियों का पिंजर शरीर का मुख्य आधार है। डॉक्टरों की गिनती के अनुसार हमारे शरीर में 238 हड्डियाँ हैं। छाती में बाईं ओर श्वासों द्वारा हवा के जरिये हवा पहुँचती है।

रक्त हमारे शरीर का पोषण तत्त्व का विभाजन करता है और अनुपयोगी पदार्थों को मलमूत्र आदि के जरिये बाहर फेंककर हमारे शरीर का तापमान एक समान बनाये रखता है। हमारी नाड़ी भी रक्त की गति के आधार पर ही चलती है। **रक्त को शुद्ध करने वाला सबसे बड़ा साधन हवा है।**

—इंडियन ओपिनियन, 5-1-1913

हवा हम लोग फेफड़ों के जरिये ही नहीं लेते, उसका कुछ भाग त्वचा के द्वारा भी लेते हैं। हमारी त्वचा में अगणित बारीक छिद्र हैं। इन्हीं के जरिये हम लोग हवा का सेवन करते हैं।

हवा को दूषित करने के मुख्य साधन हैं—हमारे संडास, हमारे आंगन और पेशाबघर।

हम लोग जहाँ-तहाँ बिना विचारे ही थूक देते हैं। थूक भी अनेक बार जहरीला होता है। यत्र-तत्र थूकने की आदत गन्दी है और नुकसानदेह है।

—इंडियन ओपिनियन, 8-2-1913

जिस प्रकार हवा के बिना हमारा निर्वाह नहीं हो सकता, उसी प्रकार उजाले के बिना भी जिया नहीं जा सकता। जहाँ रोशनी नहीं होगी, वहाँ की हवा हमेशा खराब ही होगी। जहाँ लोग कम हवा और कम उजाला पाते हैं, वहाँ वे बीमार हो जाते हैं।

—इंडियन ओपिनियन, 15-2-1913

स्वराज्य के स्तंभ :

'वन्दे मातरम्' पत्र में खुल्लमखुल्ला मार-काट करने की सलाह दी गयी है, मानो ऐसा करने से भारत आज ही स्वतंत्र हो जायगा। किन्तु अगर स्वतंत्र हो भी जाये तो वह उस स्वतंत्रता का करेगा क्या?

नई हवा वाले कुछ भारतीय युवक बिना विचार किये उन लोगों को गालियाँ देते हैं और उनका तिरस्कार करते हैं, जिन्होंने आज तक भारत की सेवा की है। ऐसा करने से भारत स्वतंत्र होने वाला नहीं है। उन्होंने जो काम किया, उसी के फलस्वरूप आज हम ज्यादा काम करने के योग्य बन सके हैं।

मैं इस सवाल पर बहस नहीं करता कि वे इस समय भूल कर रहे हैं या नहीं। मैं तो इतना ही कहता हूँ कि वे भूल कर रहे हों, तो भी उनकी निन्दा करना हमें शोभा नहीं देता। इसमें हमारा ओछापन है और इससे प्रकट होता है कि हमें स्वतंत्रता का पहला पाठ अभी पढ़ना है। जो लोग भारत के स्तम्भ कहे गये हैं,

उनकी बनाई हुई इमारत को हम तोड़ें नहीं, उसके ऊपर चिनाई भले ही करें। ऐसा न करेंगे तो वे जिस डाल पर बैठे हैं, उसी को काटने के बराबर होगा। **नम्रता, गंभीरता और विचारपूर्ण व्यवहार ये स्वराज्य के स्तम्भ हैं,** जो भी चाहे बोलना-चालना तो प्रलाप कहा जायगा।

—इंडियन ओपिनियन, 30-10-1909

विमान चलने लगेंगे तो लोगों को मरा ही समझिए :

वायु के विमान चलाने वाले श्री (लुई) बजेरियट और उत्तरी ध्रुव तक पहुँचने का दावा करने वाले डॉ. कुक की चर्चा में लन्दन पागल हो उठा है। इसमें उन्होंने कौन-सा चमत्कारी काम कर लिया, यह मैं तो नहीं समझ सकता।

मुझे तो ऐसा लगता है कि यदि बहुत से विमान वायु में फिरेंगे तो हमारा जीवन असह्य हो जायगा। नीचे देखें तो रेलगाड़ियाँ दौड़ रही हैं, ऊपर टेलिग्राफ के तार लटक रहे हैं और रास्तों में गाड़ियों की आवाज़ कानों को बहरा किये दे रही है। अब वायु में विमान चलने लगेंगे, तब तो लोगों को मरा ही समझिये।

—इंडियन ओपिनियन, 2-10-1909

युद्ध :

युद्ध को शरीर बल का गुणगान करके गौरवान्वित किया जाता है, लेकिन वह मूलतः **मनुष्य का पतन करने वाला है।** वह स्वभावतः सौम्य प्रकृति के लोगों को क्रूर बना देता है। उसमें प्रतिष्ठा प्राप्त करने का मार्ग वासना के आवेगों से दूषित और हत्याओं के रक्त से रंजित है। हमारे लक्ष्य तक पहुँचने का मार्ग यह नहीं है। हमारा लक्ष्य तो **सबल, पवित्र और सुन्दर चरित्र का विकास करना है।**

—इंडियन ओपिनियन, 12-2-1910

अखबार कब बन्द कर देना चाहिए :

जो समाचार पत्र धंधे के रूप में नहीं, बल्कि केवल लोकसेवा के लिए निकाले जाते हैं, उनके सम्पादकों को उनके बन्द हो जाने का डर छोड़कर उन्हें चलाना चाहिए। जो कुछ छापा गया है, वह सरकार को पसन्द न हो और कानूनों के खिलाफ हो, तो भी यदि सत्य हो तो सम्पादक को क्या करना चाहिए? क्या उसे क्षमा मांगनी चाहिए? हम तो कहेंगे कि कदापि नहीं। एक बार उसे प्रकाशित कर देने पर सम्पादक को उसकी जिम्मेवारी स्वीकार करनी चाहिए।

यदि ऐसे लेख के कारण संकट आ जाये तो अखबार को बन्द कर देने में अधिक लोकसेवा होती है।

मान लें कि कहीं कन्या-विक्रय की नृशंस प्रथा दिखाई देती है। वहाँ कन्या-विक्रय के विरुद्ध कड़े लेख लिखें। उनसे कन्या-विक्रय करने वाले चिढ़ जायें तो भी कन्या विक्रय के विरुद्ध लिखते जाना चाहिए और अपने पास पैसा न रहने पर अखबार बन्द कर देना चाहिए, किन्तु माफी तो कदापि नहीं मांगनी चाहिए। ऐसा करने पर ही कन्या-विक्रय की रूढ़ि के उन्मूलन का आधार मजबूत होगा।

कल्पना कीजिए कि सरकार ने घोर अन्याय करके गरीबों के घर लूट लिए। ऐसे अन्याय के विरुद्ध लेख लिखा गया और लोगों को सरकारी कानून की अवज्ञा करने का परामर्श दिया गया। उससे सरकार नाराज हो गयी। उसने धमकी दी कि क्षमा न मांगने पर सुधारक की सम्पत्ति जब्त कर ली जायगी। तब सम्पत्ति जब्त हो जाने दी जाये और समाचार-पत्र का प्रकाशन बन्द कर दिया जाये, परन्तु माफी मांगी जाये। यदि सुधारक माफी मांगे तो अनुकूल प्रभाव पड़ने के बजाय विपरीत पड़ेगा। सुधारक (सम्पादक) समाचार-पत्र को बन्द कर देगा, तभी पूरी सेवा होगी।

—इंडियन ओपिनियन, 23-4-1910

'द इंडियन ओपिनियन' में गांधी जी के लेखन पर रस्किन, ताल्स्ताय, थोरो तथा इमर्सन का काफी प्रभाव पड़ा। 1942 में तत्कालीन अमेरिकी, राष्ट्रपति रूजवेल्ट को लिखे एक पत्र में उन्होंने लिखा था, **'मैं थोरो तथा इमर्सन के लेखन से काफी लाभान्वित हुआ।'** गांधी जी की पत्रकारिता कुछ हद तक व्यक्तिगत पत्रकारिता थी। उन्होंने स्वयं स्वीकार किया कि जिन समाचार-पत्रों का संपादन और प्रकाशन उन्होंने किया, उस पर उनका व्यक्तिगत प्रभाव पड़ा।

खर्चों के बढ़ने के बावजूद गांधी जी ने भारतीयों को दक्षिण अफ्रीका में सामाजिक और राजनीतिक अधिकार दिलाने के लिए संघर्ष जारी रखते हुए घाटा सहकर भी इस पत्र को चलाया। बाद में गांधी जी ने बताया कि 'द इंडियन ओपिनियन' को चलाने के लिए और फीनिक्स आश्रम को स्थापित करने के लिए उन्होंने दक्षिण अफ्रीका में अपने आखिरी प्रवास के दौरान की पूरी कमाई 5,000 पाउण्ड लगा दी थी।

'द इंडियन ओपिनियन' में भारतीयों से संबंधित मानव रुचि के समाचार, इंग्लैण्ड के समाचार, खेल समाचार, शोक समाचार और विश्व के समान स्त्री-पुरुषों के जीवनवृत्त होते थे। इस पत्र ने भारतीयों को सत्याग्रह आन्दोलन के बारे में शिक्षित किया।

उपर्युक्त तथ्यों के अवलोकन से सुस्पष्ट है कि गांधी ने पत्रकारिता का विधिवत कोई अध्ययन नहीं किया था और न वे प्रोफेशनल पत्रकार थे। उन्होंने स्वयं को शौकिया पत्रकार कहा था। 'इंडियन ओपिनियन' के संपादक-प्रकाशन-संचालन और प्रबंधन के लगभग ग्यारह वर्षों की अपनी पत्रकारिता के अनुभवों और प्रयोगों से वे सर्वगुण सम्पन्न पत्रकार बन गए थे। 'इंडियन ओपिनियन' के प्रायः प्रत्येक अंक में गांधी द्वारा लिखित लेख, संपादकीय तथा टिप्पणियाँ होती थीं, परन्तु उनका नाम बहुत ही कम जाता था। गांधी ने जब 'इंडियन ओपिनियन' आरम्भ किया तो उनके सामने भारतीय समाज को न्याय दिलाने और गोरों एवं भारतीयों के बीच प्रेम तथा सद्भाव उत्पन्न करने का महत उद्देश्य था। इस कारण पत्रकारिता उनके मिशन तथा सेवा का आधार बनी। गांधी ने विश्व को बताया कि भारतीय जनता ब्रिटिश साम्राज्य का अंग है, अतः उसे ब्रिटिशों जैसा स्वतंत्रता, न्याय और अधिकार मिलने चाहिए।

गांधी ने अपने ग्राहकों, पाठकों को ही समाचार-पत्र का मालिक माना। स्वयं आचार संहिता बनाने का प्रस्ताव रखा और सर्वोपरि रूप में एक पत्रकार के नाते राष्ट्रप्रेम को प्रेरणा एवं कर्मशक्ति माना। इस प्रकार गांधी ने पत्रकार और पत्रकारिता का एक मॉडल बनाया। उन्होंने यह सिखाया कि एक व्यक्ति किस प्रकार संपादक, पत्रकार, प्रबंधक, संचालन आदि के सभी दायित्व उठाते हुए सत्याग्रह के संघर्ष के बीच एक साप्ताहिक पत्र को जनता का मुखपत्र बना सकता है और कैसे राष्ट्रोपयोगी प्रतिमानों की सृष्टि कर सकता है। गांधी ने अपनी पत्रकारिता का आधार व्यवसाय को नहीं बनाते हुए लोकसेवा को बनाया, क्योंकि वे मानते थे कि व्यवसाय से पत्रकारिता दूषित होती है। **उनका मार्ग लोकसेवा और लोक-जागृति का था** यह उनकी मौलिकता थी तथा पत्रकारिता को भारतीय रूप देने वाली थी।

अध्याय-9
'यंग इंडिया' और निष्पक्ष पत्रकारिता

"A free press can be good or bad, but most certainly, without freedom a press will never be anything but bad.

—Albert Comus

*

......"The newspaper is the moving force of current history."

—Cutlip and Center

*

"मैंने पत्रकारिता को पत्रकारिता की खातिर नहीं अपनाया, बल्कि जिसे मैंने अपने जीवन का ध्येय समझा है, उसके सहायक के रूप में अपनाया है।

—गांधी, यंग इंडिया, 2-7-1925

*

अंग्रेजों तथा दक्षिण भारतीयों को गुजराती तथा हिन्दी समझ नहीं आती थी, इसलिए गांधी जी ने अंग्रेजी साप्ताहिक 'यंग इंडिया' का प्रकाशन 7 अक्टूबर 1919 को प्रारम्भ किया। इसके प्रकाशक महादेव देसाई और मुद्रक शंकरलाल बैंकर थे। 1920 में यंग इंडिया असहयोग आंदोलन का प्रमुख पत्र बन गया। 18 दिसम्बर 1920 के अंक में गांधी ने घोषित किया, 'यंग इंडिया' के कालम असहयोग आंदोलन के विरुद्ध मत व्यक्त करने वालों के लिए सदैव खुले हुए हैं।' इसके प्रथम पृष्ठ पर बायें कोने में विषय सूची तथा उसके नीचे **'नोट्स एंड न्यूज'** स्तंभ हुआ करता था। इसके प्रथमांक में प्रथम पृष्ठ पर जो तीन टिप्पणियाँ निकलीं, उनके शीर्षक क्रमशः इस प्रकार थे-(1) नो सिक्योरिटी, (2) वी आर ऐप्ट टू मिस्टेक्स तथा (3) सिक्स सप्रेस्ड क्लास स्कूल्स इन अहमदाबाद।

अंतिम टिप्पणी में प्रोफेसर ध्रुव के अस्पृश्यता सम्बन्धी विचारों को गांधी जी ने मुक्त कंठ से प्रशंसा की थी। एक समय 'यंग इंडिया' की प्रसार संख्या बढ़ कर 40,000 तक पहुँच गयी थी। इस पत्र में प्रकाशित गांधी जी के लेखों को दूसरे पत्र खुलकर छापने लगे।

जब 1921 में गांधी जी सविनय अवज्ञा आन्दोलन चला रहे थे तो पूरे देश में हजारों लोग जेल में भेजे जाने लगे। हर सप्ताह जो सत्याग्रही गिरफ्तार कर जेल (जिन्हें गांधी जी **'हिज मैजेस्टीज होटेल'** कहते थे) भेजे जाते, उनके नाम वे 'यंग इंडिया' में प्रकाशित करते थे। यही नहीं, उन्होंने इस पत्र के माध्यम से सत्याग्रहियों को जेल के घोर कष्टों के बारे में भी आगाह किया। 1922 से 1932 के दौरान गांधी जी जब भी जेल में थे, उस समय 'यंग इंडिया' तथा 'नवजीवन' का सम्पादन चक्रवर्ती राजगोपालाचारी, जयरामदास, दौलतराम, जॉर्ज जोसेफ आदि ने किया।

1932 में मैकडॉनल्ड एवार्ड के द्वारा हरिजनों को हिन्दू समाज से पृथक करने का कुचक्र अंग्रेजों द्वारा रचा गया। गांधी जी ने इसका जम कर विरोध किया तथा यरवदा जेल में इसके विरुद्ध आमरण अनशन भी शुरू किया। महामना मालवीय तथा अन्य लोगों की मध्यस्थता से समझौता हुआ और अन्ततः हरिजन हिन्दू समाज के अंग बने रह गये।

संयम का महत्त्व :

महात्मा गांधी वादनिष्ठ नहीं थे। उन्होंने सब प्रकार से संयम पर बल दिया। 7 अगस्त 1924 के 'यंग इंडिया' में 'बिलो द बेल्ट' में लिखा–'प्रेस कानून खत्म हो गया है और विद्रोहपूर्ण और अपलेख नियमों के अन्तर्गत नयी व्यवस्थाओं के द्वारा प्रतिस्थापित कर दिया गया है। ...एक दैनिक समाचार पत्र का संपादक जब अग्रलेख लिखना शुरू करता है तो वह अपने शब्दों को सोने के तराजू से नहीं तौलता है। वह कोई शब्द जल्दी में लिखने की गलती भी कर सकता है। क्या उसे इसकी कीमत चुकानी चाहिए, यद्यपि यह स्पष्ट है कि उसने ऐसा जनहित में तथा बिना किसी दुर्भावना के नेक इरादे से स्पष्ट रूप से किया हुआ होगा ? अपलेख की कार्रवाइयाँ भारतीय पत्रकारिता को हतोत्साहित करने तथा सार्वजनिक आलोचना को अतिसतर्क और बुजदिल बनाने के इरादे से की गई है। मैं कोई गैर-जिम्मेदार या अनुचित कटु आलोचना का प्रेमी नहीं हूँ। किन्तु चेतावनी के फायदेमन्द होने के लिए स्वतः इसका पालन होना चाहिए न कि बाहर से इसे थोपा जाये।'

प्रेस की स्वतंत्रता का समर्थन करते समय उन्हें दायित्वों का भी पूरा आभास

था। 12 मई 1920 के 'यंग इंडिया' में उन्होंने लिखा, 'पत्रकारिता का एकमात्र उद्देश्य सेवा होना चाहिए...आधुनिक पत्रकारिता में सतहीपन, एकतरफापन, अशुद्धियों और बल्कि बेईमानी के घुस जाने के कारण ईमानदार व्यक्ति भी, जो सिर्फ न्याय होता देखना चाहते हैं, लगातार पथभ्रष्ट हो रहे हैं।'

जब कलकत्ता के एक समाचार-पत्र 'द माडर्न रिव्यू' के संपादक के कार्यालय और निवास की सरकार ने तलाशी ली तो, गांधी जी ने 28 जनवरी 1928 के 'यंग इंडिया' में लिखा, 'मैं अंग्रेजी पराधीनता से स्वतंत्रता के लिए लालायित हूँ। इसके लिए मैं कोई भी कीमत दूँगा। इसके बदले में मुझे अव्यवस्था भी स्वीकार्य होगी, क्योंकि अंग्रेजी शांति कब्र की शांति है। सभी लोगों की जीवित मृत्यु से कोई भी चीज बेहतर होगी। इस शैतानी शासन ने इस सुंदर प्रदेश को भौतिक, नैतिक और आध्यात्मिक रूप से पूरी तरह से नष्ट कर दिया है।' सनसनीखेज पत्रकारिता के बारे में गांधी जी के दृष्टिकोण से संबंधित एक रोचक प्रसंग है। एक बार इंग्लैंड की उनकी समुद्री यात्रा के दौरान उनके सहयात्रियों ने 'बिली बोट्स' नामक एक क्लब बना लिया और एक पत्र 'स्कैंडल टाइम्स' निकाला। उसकी विषय सामग्री नाम के अनुरूप थी। उन लोगों ने गांधी जी को उसकी एक प्रति दे कर उनकी राय पूछी। गांधी जी ने उसे लिया तथा उसकी पिन निकाल कर कहा कि उन्होंने उस प्रकाशन से सबसे कीमती चीज ले ली है।

28 मई 1931 के 'यंग इंडिया' में सनसनीखेज और अश्लील पत्रकारिता के बारे में उन्होंने लिखा, 'इसका वास्तविक उपचार एक स्वस्थ जनमत है जो जहरीले पत्रों को संरक्षण देने से इंकार कर देगा। प्रेस की स्वतंत्रता एक विशेषाधिकार है जो कोई भी देश छोड़ नहीं सकता। किन्तु यदि कोई संवैधानिक नियंत्रण सिर्फ बहुत हल्की प्रकृति का यदि कोई हो, जैसा कि होना चाहिए तो आंतरिक प्रतिबंध लगाना असंभव नहीं होना चाहिए और नापसंद नहीं किया जाना चाहिए।'

यन्त्रों पर गांधी की दृष्टि :

'यंग इंडिया' के अनेक अंकों में गांधी जी ने आधुनिक यंत्र, टेक्नालॉजी पर सूत्रवत् विचार व्यक्त किया है जो निम्नवत् हैं :

'क्या आप सभी मशीनों के खिलाफ हैं?'

उत्तर : मेरा स्पष्ट जवाब है 'नहीं'। लेकिन मैं इसके बिना सोचे-समझे उपयोग के खिलाफ हूँ।

मशीनों की प्रतीयमान विजय मुझे चकाचौंध नहीं कर सकती। मैं सभी विनाशकारी मशीनों का पूर्णतया विरोधी हूँ। मैं ऐसे सीधे-सादे औजारों, उपकरणों

और यंत्रों का स्वागत करता हूँ जो व्यक्ति के श्रम को बचाते हैं और लाखों झोपड़ियों के काम के बोझ को हल्का करते हैं।

17-6-1926

मेरा मत है कि जब किसी काम को आसानी से वे लाखों लोग कर सकते हैं जिनके पास करने को कोई और काम नहीं है तो इस काम के लिए मशीनों का प्रयोग करना हानिकारक है। उन्नीस सौ मील लम्बे और पंद्रह सौ मील चौड़े भारत के सात लाख गाँव में फैले लाखों-करोड़ों लोग जिस प्रकार अपना भोजन स्वयं बनाते हैं, उसी प्रकार यदि अपने वस्त्र भी खुद तैयार करने लगें तो यह हर दृष्टि से बेहतर और अधिक सुरक्षित होगा। यदि हमारे गाँवों का अपने जीवन की प्रमुख आवश्यकताओं के उत्पादन पर नियंत्रण न रहा तो वे उस आजादी को कायम नहीं रख पायेंगे जिसका सुख वे अनादिकाल से उठाते आ रहे हैं।

2-7-1931

मुट्ठीभर हाथों में धन और सत्ता के केन्द्रीकरण तथा लाखों लोगों के शोषण के लिए मशीन तंत्र के संचालन को मैं पूरी तरह गलत मानता हूँ। आज का मशीन तंत्र प्रायः इसी प्रकार का है। चरखे का अभियान मशीन को नियन्ता और शोषण की स्थिति से हटाकर अपने युक्तियुक्त स्थान पर बिठाने का ही एक संगठित प्रयास है। इसलिए मेरी योजना के तहत मशीनों के मालिक केवल अपने या अपने राष्ट्र का ही हित चिंतन नहीं करेंगे अपितु सम्पूर्ण मानव जाति का करेंगे।

17-9-1925

...और हाँ, मैं इतना समाजवादी हूँ कि कह सकूँ कि ऐसी फैक्ट्री का राष्ट्रीयकरण होना चाहिए। अर्थात् इसे सरकारी नियंत्रण में होना चाहिए।

13-11-1924

मुझे आपत्ति मशीनों से नहीं, बल्कि मशीनों के पीछे दीवाना हो जाने से है। यह दीवानगी तथाकथित श्रमबचाऊ मशीनों के लिए है। लोग तब तक 'श्रम बचाते' जाते हैं जब तक हजारों लोग बेरोजगार होकर भूखों मरने की स्थिति से सड़कों पर नहीं आ जाते। मैं मानव जाति के एक छोटे-से अंश के लिए नहीं बल्कि सबके लिए समय और श्रम की बचत करना चाहता हूँ।

हमारा उद्देश्य लोभ नहीं, अपितु व्यक्ति के श्रम की बचत करना होना चाहिए। उदाहरण के लिए मैं तकुए को सीधा करने की मशीन का सदैव स्वागत करूँगा। इससे लुहारों का तकुआ बनाने का काम बंद नहीं होगा, वे फिर भी

तकुआ बनाते रहेंगे, लेकिन जब तकुआ खराब हो जाएगा तो हर कताई करने वाले के पास उसे सीधा करने की मशीन होगी। इसलिए लोभ-लालच के स्थान पर प्रेम की स्थापना करो तो बाकी सब कुछ ठीक हो जाएगा।

13-11-1924

राजनीति और धर्म :

'यंग इंडिया' के विविध अंकों में 'राजनीति और धर्म' पर लिपिबद्ध गांधी जी के विचार प्रस्तुत हैं :

मैं अपने धर्म को अपने देश से ज्यादा प्यार करता हूँ और इसलिए मैं हिन्दू पहले हूँ और राष्ट्रभक्त बाद में। इससे मैं अच्छे-से-अच्छे राष्ट्रभक्त से कम राष्ट्रभक्त नहीं बन जाता। मेरा आशय केवल यह है कि मेरे देश के हित और मेरे धर्म के हित एक ही हैं। इसी प्रकार, जब मैं कहता हूँ कि मैं अपनी मुक्ति को सर्वाधिक, यहाँ तक कि भारत की मुक्ति से भी अधिक महत्त्व देता हूँ तो उसका आशय यह नहीं होता कि मेरी निजी मुक्ति के लिए भारत की राजनीतिक अथवा किसी अन्य प्रकार की मुक्ति की बलि देनी होगी। इसका अनिवार्य आशय यह होता है कि ये दोनों सहगामी हैं।

23-2-1922

मुझे सदा यह देखकर सन्तोष का अनुभव हुआ है कि मैं जिनके सिद्धान्तों और नीतियों का विरोध करता हूँ, ये भी प्रायः मेरे प्रति अपना प्रेम और विश्वास यथावत् बनाए रखते हैं। दक्षिण अफ्रीकियों ने भी व्यक्तिगत स्तर पर मुझे अपना विश्वास और मित्रता दी।

ब्रिटिश नीति और प्रणाली की भर्त्सना करने के बावजूद मुझे हजारों अंग्रेज स्त्री-पुरुषों का स्नेह प्राप्त है और आधुनिक भौतिकवादी सभ्यता की पूरी तरह निन्दा करने पर भी मेरे यूरोपीय और अमरीकी मित्रों की संख्या बढ़ती जाती है। यह भी अहिंसा की ही विजय है।

17-3-1927

...मैं जानता हूँ कि ईश्वर का वास उच्च और शक्ति-सम्पन्नों की अपेक्षा प्रायः अपने अतिसाधारण-निचले प्राणियों के बीच अधिक है, इसलिए मैं इन्हीं के स्तर पर आने लिए संघर्षरत हूँ। यह मैं उनकी सेवा किए बगैर नहीं कर सकता। इसीलिए मुझे दलित वर्गों की सेवा की लालसा रहती है और चूँकि मैं राजनीति में प्रवेश किए बगैर यह सेवा नहीं कर सकता इसलिए मैं राजनीति में हूँ।

17-9-1924

मैं राजनीति को अपने जीवन की गहनतम बातों से पृथक् नहीं कर सकता जिसका सीधा-सादा कारण यह है कि मेरी राजनीति भ्रष्ट नहीं है और वह अहिंसा तथा सत्य के साथ अटूट बन्धन में बँधी है।

1-10-1931

हम अपने लिए स्वतन्त्रतापूर्वक अपना मत प्रकट करने और कार्य करने के अधिकार का दावा करते हैं तो यही अधिकार हमें दूसरों को भी देना चाहिए। बहुसंख्यक दल का शासन, जब वह लोगों के साथ जबरदस्ती करने लगता है, तब उतना ही असह्य हो उठता है, जितना किसी अल्पसंख्यक नौकरशाह का। हमें अल्पसंख्यकों को अपने पक्ष में धीरज के साथ, समझा-बुझाकर और दलील करके ही लाने की कोशिश करनी चाहिए।

5-5-1924

बहुसंख्यक दल का शासन अमुक हद तक जरूर माना जाना चाहिए। यानी, ब्योरे की बातों में हमें बहुसंख्यक दल का निर्णय स्वीकार कर लेना चाहिए। लेकिन उसके निर्णय कुछ भी क्यों न हों, उन्हें हमेशा स्वीकार कर लेना गुलामी का चिह्न है। लोकशाही किसी ऐसी स्थिति का नाम नहीं है, जिसमें लोग भेड़ों की तरह व्यवहार करें। लोकशाही में व्यक्ति के मत-स्वातंत्र्य और कार्य-स्वातंत्र्य की रक्षा अत्यन्त सावधानी से की जाती है और की जानी चाहिए। इसलिए मैं यह विश्वास करता हूँ कि अल्पसंख्यकों का बहुसंख्यकों से अलग ढंग से चलने का पूरा अधिकार है।

6-8-1925

अगर व्यक्ति का महत्त्व न रहे तो समाज में भी क्या सत्व रह जायेगा? वैयक्तिक स्वतंत्रता ही मनुष्य को समाज की सेवा के लिए स्वेच्छापूर्वक अपना सर्वस्व अर्पण करने की प्रेरणा दे सकती है। यदि उससे यह स्वतन्त्रता छीन ली जाये तो वह एक जड़ यंत्र जैसा हो जाता है और समाज की बरबादी होती है। **वैयक्तिक स्वतन्त्रता को अस्वीकार करके कोई सभ्य समाज नहीं बनाया जा सकता।**

11-8-1920

वृक्ष पूजा की महत्ता :

ऐसी हालत में वृक्ष-पूजा में कोई मौलिक बुराई या हानि दिखाई देने के बजाय मुझे तो इसमें एक गहरी भावना और काव्यमय सौंदर्य ही दिखाई देता है। वह समस्त वनस्पति जगत् के लिए सच्चे पूजा-भाव का प्रतीक है। **वनस्पति-जगत् तो सुन्दर रूपों और आकृतियों का अनन्त भण्डार है।** उनके द्वारा वह मानो

असंख्य जिह्वाओं से ईश्वर की महानता और गौरव की घोषणा करता है। वनस्पति के बिना इस पृथ्वी पर जीवधारी एक क्षण के लिए भी नहीं रह सकते। इसलिए ऐसे देश में, जहाँ खासतौर पर पेड़ों की कमी है, वृक्षपूजा का एक गहरा आर्थिक महत्त्व हो जाता है।

26-9-1929

धर्म-परिवर्तन :

मेरी हिन्दू धर्मवृत्ति मुझे सिखाती है कि थोड़े या बहुत अंशों में सभी धर्म सच्चे हैं। सबकी उत्पत्ति एक ही ईश्वर से हुई है, परन्तु सब धर्म अपूर्ण हैं, क्योंकि वे अपूर्ण मानव-माध्यम के द्वारा हम तक पहुँचे हैं। सच्चा शुद्धि का आन्दोलन यह होना चाहिए कि हम सब अपने-अपने धर्म में रहकर पूर्णता प्राप्त करने का प्रयत्न करें। इस प्रकार की योजना में एकमात्र चरित्र ही मनुष्य की कसौटी होगा। अगर एक बाड़े से निकलकर दूसरे में चले जाने से कोई नैतिक उत्थान होता हो तो जाने से क्या लाभ? शुद्धि या तबलीग का फलितार्थ ईश्वर की सेवा ही होना चाहिए। इसलिए मैं ईश्त्रर की सेवा की खातिर यदि किसी का धर्म बदलने की कोशिश करूँ तो उसका क्या अर्थ होगा, जब मेरे ही धर्म को मानने वाले रोज़ अपने कर्मों से ईश्वर का इंकार करते हैं? दुनिया की बातों के बनिस्बत धर्म के मामलों में यह कहावत अधिक लागू होती है, "वैद्य जी, पहले अपना इलाज कीजिए।"

29-5-1924

मैं धर्म परिवर्तन की आधुनिक पद्धति के खिलाफ हूँ। दक्षिण अफ्रीका में और भारत में लोगों का धर्म-परिवर्तन जिस तरह किया जाता है, उसके अनेक वर्षों के अनुभव से मुझे इस बात का निश्चय हो गया है कि उससे नये ईसाइयों की नैतिक भावना में कोई सुधार नहीं होता। वे यूरोपीय सभ्यता की ऊपरी बातों की नकल करने लगते हैं, किन्तु ईसा की मूल शिक्षा से अछूते ही रहते हैं।

17-12-1925

नेहरू के हाथों में भारत सुरक्षित :

सन् 1929 ई. में गांधीजी को अखिल भारतीय कांग्रेस का अध्यक्ष बनाए जाने का प्रस्ताव आया। प्रस्ताव को अमान्य करते हुए गांधी जी ने पं. नेहरू के सन्दर्भ में लिखा :

"...In bravery he is not to surparssed. Who can excel him in the love of the country ?" He is rash and impetuous', say some. This quality is an additional qualification at the present moment. ...He is pure as crystal, he is truthful beyond suspicion. He is a knight sans peur et pans reproch. **The nation is safe in his hands.**

एक कुशल पत्रकार की परख-शक्ति का अनुमान उपर्युक्त शब्दों से ही लगाया जा सकता है।

नैतिक पवित्रता :

अपना सारा ज्ञान और पांडित्य तराजू के एक पलड़े पर और सत्य तथा पवित्रता को दूसरे पलड़े पर रखकर देखो। सत्य और पवित्रता वाला पलड़ा, पहले पलड़े से कहीं भारी पड़ेगा। नैतिक अपवित्रता की विषैली हवा आज हमारे विद्यार्थियों में भी जा पहुँची है और छिपी हुई महामारी की तरह उनकी भयंकर बरबादी कर रही है। इसलिए मैं तुम लोगों से अनुरोध करता हूँ कि तुम अपने मन और शरीर पवित्र रखो। तुम्हारा सारा अध्ययन बिलकुल बेकार होगा, यदि तुम उनकी शिक्षाओं को अपने दैनिक जीवन में न उतार सको।

21-2-1929

युवकों को, जो भविष्य के विधाता होने का दावा करते हैं, राष्ट्र का नमक रक्षक तत्व होना चाहिए। यदि यह नमक ही अपना खारापन छोड़ दे तो उसे खारा कैसे बताया जाये ?

22-12-1927

मेरी आशा देश के युवकों पर है। उनमें से जो बुरी आदत के शिकार हैं, स्वभाव से बुरे नहीं हैं। वे उनमें लाचारी से और बिना सोचे-समझे फँस जाते हैं। उन्हें समझना चाहिए कि इससे उनका और देश के युवकों का कितना नुकसान हुआ है। उन्हें यह भी समझना चाहिए कि कठोर अनुशासन द्वारा नियमित जीवन ही उन्हें और राष्ट्रों को सम्पूर्ण विनाश से बचा सकता है, कोई दूसरी चीज़ नहीं।

सबसे बड़ी बात तो यह है कि उन्हें ईश्वर की खोज करनी चाहिए और प्रलोभन से बचने के लिए उसकी मदद मांगनी चाहिए। उसके बिना यंत्र की तरह केवल अनुशासन का पालन करने से विशेष लाभ नहीं होगा। ईश्वर की खोज का, उसके ध्यान और दर्शन का अर्थ यह भी है कि जिस तरह बालक बिना किसी प्रदर्शन की आवश्यकता के अपनी माँ के प्रेम को महसूस करता है, उसी तरह हम भी यह महसूस करें कि ईश्वर हमारे हृदयों में विराजमान है।

9-7-1934

मैं अर्थ-विद्या में कोई भेद नहीं करता। जिस अर्थ-विद्या से व्यक्ति या राष्ट्र के नैतिक कल्याण को हानि पहुँचती हो, उसे मैं अनीतिमय और पापपूर्ण कहूँगा। उदाहरण के लिए, जो अर्थ-विद्या किसी देश को दूसरे देश का शोषण करने की अनुमति देती है, वह अनैतिक है। जो मज़दूरों को योग्य मेहनताना नहीं देते और उनके परिश्रम का शोषण करते हैं, उनसे वस्तुएँ खरीदना या उन वस्तुओं का उपयोग करना पापपूर्ण है।

वर्ष 13, अंक 21

अंग्रेजी के मोह से छुटकारे की आवश्यकता :

अंग्रेज़ी, अन्तर्राष्ट्रीय व्यापार की भाषा है, कूटनीति की भाषा है, उसमें अनेक बढ़िया साहित्यिक रत्न भरे हैं और उसके द्वारा हमें पाश्चात्य विचार और संस्कृति का परिचय होता है। इसलिए हममें से कुछ लोगों के लिए अंग्रेज़ी जानना जरूरी है। वे राष्ट्रीय व्यापार और अन्तर्राष्ट्रीय कूटनीति के विभाग चला सकते हैं और राष्ट्र को पश्चिम का उत्तम साहित्य, विचार और विज्ञान दे सकते हैं। यह अंग्रेज़ी का उचित उपयोग होगा। आजकल तो अंग्रेज़ी ने हमारे हृदय के प्रिय-से-प्रिय स्थान पर ज़बरन् अधिकार कर लिया है और **हमारी मातृभाषाओं को वहाँ से सिंहासन-च्युत कर दिया है।** अंग्रेज़ी के साथ हमारी बराबरी के सम्बन्ध न होने के कारण वह इस अस्वाभाविक स्थान पर बैठ गयी है। अंग्रेज़ी के ज्ञान के बिना ही भारतीय मस्तिष्क का उच्च-से-उच्च विकास सम्भव होना चाहिए। हमारे लड़कों और लड़कियों को यह सोचने का प्रोत्साहन देना कि अंग्रेज़ी जाने बिना उत्तम समाज में प्रवेश करना असम्भव है, भारत के पुरुष-समाज और ख़ास तौर पर नारी-समाज के प्रति हिंसा करना है। यह विचार इतना अपमानजनक है कि इसे सहन नहीं किया जा सकता। **अंग्रेज़ी के मोह से छुटकारा पाना स्वराजय के लिए एक ज़रूरी शर्त है।**

2-2-1922

'यंग इंडिया' में गांधी जी ने अपने समय के समर्पित राजपुरुषों के प्रेरक व्यक्तित्व पर प्रकाश डाला है। आलोक पुरुषों का वियोग उन्हें किस प्रकार व्यथित करता था, इसे जानने के लिए कुछ उदाहरण प्रस्तुत हैं :

मजहर-उल-हक

मजहर-उल-हक एक महान देशभक्त, अच्छे मुसलमान और दार्शनिक थे। स्वभाव

से ऐशो-आराम पसंद होते हुए भी, जब असहयोग शुरू हुआ, उन्होंने वह सब पूरी तरह ऐसे छोड़ दिया जैसे हम शरीर पर चिपके मैल को छुड़ा देते हैं। बाद में वे साधु जीवन के उतने ही शौकीन बन गये, जितने कि शाही जीवन के थे। लोगों के आपसी मतभेदों से आजिज आकर वे सबसे अलग रहने लगे थे, चुपचाप यथाशक्ति सेवा करते रहते थे और सबकी भलाई के लिए खुदा की इबादत करते रहते थे बोलने में भी निडर थे और कर्म में भी। **पटना के समीप जो सदाकत आश्रम है, वह उन्हीं के रचनात्मक पुरुषार्थ का फल है।** यद्यपि वह अपनी इच्छानुसार उस आश्रम में बहुत समय तक नहीं रह सके तथापि उनके आश्रम संबंधी विचारों की बदौलत बिहार विद्यापीठ का आश्रम के रूप में एक स्थायी भवन मिल सका। आज भी वह दोनों समुदायों को परस्पर बांधने वाली शक्ति सिद्ध हो सकता है। ऐसे पुरुष का अभाव सदा खटकता रहता है। विशेष रूप से देश के इतिहास की वर्तमान स्थिति में उनका अभाव और भी खटकेगा...

9-1-1930

पंडित मोतीलाल नेहरू

पंडित मोतीलाल नेहरू की मौत मेरे लिए उस वीर विधवा से भी अधिक आघातप्रद है, जिनके पास यह शोक बंटाने के लिए इन दिनों में सौभाग्यवश हूँ। इस प्रहार को मैं परमात्मा की महानता और अच्छाई में अपनी निष्ठा की एक अतिरिक्त कसौटी की तरह ले रहा हूँ। पंडित जी ने एक सच्चे योद्धा की मृत्यु का वरण किया है। अतः उनके लिए तो ऐसी मृत्यु शोभन ही है। ऐसी मृत्यु के द्वारा वे अधिक प्रखरता तथा तीव्रता से हमारे निकट जीवित हो उठे हैं। प्रभु से मेरी प्रार्थना है कि वह मुझे त्याग और कष्ट सहन के माध्यम से आत्मशोधन के इस दौर में और अधिक समर्पण भाव से लक्ष्य के लिए जीवन लगा देने की शक्ति दें, जिस लक्ष्य के लिए जीने में ही जीवन जीने योग्य बनता है।

19-2-1931

मौलाना मुहम्मद अली

मौलाना मुहम्मद अली की मौत पर मैंने यरवदा से एक तार-संदेश मौला ना शौकत अली को भेजा, और इस तरह उनकी स्तुति में श्रद्धांजलि अर्पित करने का सौभाग्य प्राप्त किया। परन्तु 'यंग इंडिया' का संपादन फिर से प्रारंभ करने के पहले यह सार्वजनिक घोषणा मैं जरूरी समझता हूँ कि उनके जाने से मेरा एक भाई और दोस्त

चला गया तथा देश ने एक निडर देशभक्त खो दिया। हमारे विचारों में अंतर आ जाता था। पर वह प्रेम, जो मतभेदों के तनाव सह न पाये, वह तो "थोथा चना बाजे घना" और "डिंडिम स्वर" ही होता है।

19-2-1931

गणेश शंकर विद्यार्थी

गणेश शंकर विद्यार्थी की शहादत तो ईर्ष्या योग्य है। **इनका रक्त वह सीमेंट है, जो अंततः दोनों समुदायों को परस्पर जोड़ेगा।** किसी समझौते से हमारे दिल नहीं मिल सकते। बल्कि गणेश शंकर विद्यार्थी ने जो वीरता दिखायी है वैसी वीरता ही आखिर में पत्थर दिल को भी पिघलाकर रहती है और फिर सबको एकता में ढालती है। पर जहर इतनी गहराई तक फैल चुका है कि इतने महान, इतने आत्मोत्सर्ग वाले और इतने वीर गणेश शंकर विद्यार्थी जैसे व्यक्ति का खून भी जहर को धो पाने के लिए आज काफी नहीं है। यह उत्कृष्ट उदाहरण हम सबको ऐसे अवसर आने पर ऐसे ही प्रयासों की प्रेरणा दे। शोकमग्न विधवा और उनके बच्चों के प्रति मेरी शोक संवेदनाएँ, पर साथ ही गणेश शंकर विद्यार्थी जैसा आत्मीय उन्हें मिला, इसकी बधाइयां भी। वे मरे नहीं हैं। सशरीर जैसे वे हमें दिखते थे, और जितना हम उन्हें जान पाते थे, उससे कहीं अधिक उनका सच्चा स्वरूप और उनके बारे में सच्ची समझ अब हमारे पास है।

9-4-1931

'यंग इंडिया' में प्रकाशित टिप्पणी समाचार एवं वक्तव्यों से महात्मा गांधी की दूरदर्शिता, सेवा-भाव तथा राष्ट्रभक्ति को सरलता से समझा जा सकता है :

बिना राजनीतिक सत्ता के स्वराज्य :

हम पूर्ण स्वराज्य का क्या अर्थ लगाते हैं और उसके जरिये क्या चाहते हैं? इससे अगर हमारा अर्थ जनता में जागृति होना, उनके अन्दर इस बात का ज्ञान होना कि उनका सच्चा हित क्या है और सारे संसार के विरुद्ध होकर भी उस हित के लिए कार्य करने की क्षमता होना, और यदि पूर्ण स्वराज्य के जरिये हम सुव्यवस्था, आन्तरिक या बाह्य आक्रमणों से मुक्ति और जन साधारण की आर्थिक दशा में उत्तरोत्तर सुधार चाहते हैं, तो सीधे उन्हीं के आधार पर काम करके प्राप्त कर सकते हैं।

यंग इंडिया, 18/6/1931

अभिव्यक्ति की स्वतंत्रता का अर्थ :

अभिव्यक्ति की स्वतंत्रता के नाम पर हम ऐसे मत व्यक्त करने का आग्रह करें, जिनसे

किसी को चोट पहुँच सकती है, तो हम असहिष्णुता की अग्नि को ही भड़कायेंगे।

मेरा निवेदन है कि दूसरों की भावनाओं का सूक्ष्म-से-सूक्ष्म और अधिक से अधिक ध्यान रखा जाये।

सहिष्णुता के नाम पर यदि हम परस्पर एक-दूसरे के देवताओं को गालियाँ देने लगें तो यह बात कहानियों में उल्लिखित उस व्यक्ति के समान होगी, जिसने सोने का अंडा देने वाली बत्तख को एक साथ सब अंडे पाने के लालच में मार डाला था।

यंग इंडिया, 24/4/1924

अश्लील विज्ञापन :

प्रतिष्ठित अखबारों में भी मैं अक्सर बहुत ही अश्लील विज्ञापन देखता हूँ। उनके शीर्षक बहुत भ्रामक होते हैं। एक विज्ञापन का शीर्षक था, 'योग से सम्बन्धित पुस्तकें।' विज्ञापन का मजमून देखा तो पता चला कि दस में से शायद एक पुस्तक ही योग से किसी तरह संबद्ध थी, शेष का सम्बन्ध काम से ही था। ...शायद ही कोई ऐसा अखबार हो, जिसमें शराब और ऐसी औषधियों का विज्ञापन न छापता हो, जिनका उद्देश्य युवा मन को दूषित करना है।

ऐसे सम्पादक और अखबार मालिकों को भी, जो खुद बहुत शुद्ध चरित्र वाले और शराबखोरी, धूम्रपान तथा इसी तरह की अन्य बुराइयों के विरोधी हैं, ऐसे विज्ञापनों से पैसा कमाते हुए कोई क्लेश नहीं होता, जिनका उद्देश्य स्पष्ट ही ऐसी बुराइयों का प्रचार करना होता है, जिनसे वे स्वयं दूर भागते हैं। अक्सर इसके उत्तर में यह दलील दी जाती है कि और किसी तरह अखबार चलाया ही नहीं जा सकता। लेकिन क्या किसी भी कीमत पर अखबार चलाना जरूरी है? क्या उनसे इतना लाभ होता है कि गन्दे विज्ञापनों से उत्पन्न होने वाली बुराई उसके सामने ध्यान देने योग्य नहीं है?

हमारा एक पत्रकार संघ है। क्या यह संभव नहीं है कि उस संघ के जरिये पत्रकारिता से संबद्ध सभी लोगों से एक ही तरह के नैतिक नियमों का पालन कराया जाये और ऐसा लोकमत तैयार किया जाये जो किसी भी प्रतिष्ठित पत्र-पत्रिका के लिए निर्धारित नैतिक नियमों का उल्लंघन करना असंभव बना दे।

यंग इंडिया, 23/6/1927

स्वदेशी :

स्वदेशी का उद्देश्य एक भी प्राणी को नुकसान पहुँचाना नहीं है। वह इस देश के सर्वाधिक गरीब लोगों को वह चीज लौटाना चाहता है, जो उनसे जबरदस्ती छीन

ली गयी है। स्वदेशी आन्दोलन सभी विदेशी अथवा यूरोपीय वस्तुओं का बहिष्कार नहीं करता, न तो वह मशीनों द्वारा बनी हुई सभी वस्तुओं का ही बहिष्कार करना चाहता है और न वह देश में बनी सभी वस्तुओं को वरेण्य मानता है।

स्वदेशी ऐसी सभी विदेशी वस्तुओं की आमद का स्वागत करता है, जिनको हम हिन्दुस्तान में तैयार नहीं कर सकते, अथवा नहीं करना चाहते और जिनसे हिन्दुस्तान के लोगों को लाभ है। उदाहरणार्थ स्वदेशी श्रेष्ठ साहित्य की सभी विदेशी पुस्तकों को, विदेशी घड़ियों को, विदेशी सुइयों, सिलाई की विदेशी मशीनों और विदेशी आलपिनों की आमद को स्वीकार करता है। स्वदेशी सभी मादक वस्तुओं का, चाहे वह भारत में ही बनी हों, वर्जन करता है।

यदि मैं सम्राट होता :

यदि मैं भारत का सम्राट होता तो पृथ्वी के सभी मनुष्यों के साथ **धर्म, वर्ण और जाति का कोई भेद किये बिना मैत्री करता।**

भारत पर कब्जा रखने के लिए जो **सेना रखी गयी है, उसे मैं प्रायः हटा देता**, केवल इतनी पुलिस रखता, जितनी यहाँ के नागरिकों की चोरों और डाकुओं से रक्षा करने के लिए आवश्यक है।

सभी विदेशी कपड़े की आमद पर इतना कर लगा देता कि वह भारत के अन्दर न आ सके और खद्दर को सरकारी नियंत्रण में लाकर ऐसी व्यवस्था करता कि सूत कातने के इच्छुक प्रत्येक ग्रामवासी को यह विश्वास हो जाता कि उसके चरखे से निकला माल खप जायगा।

मैं मादक द्रव्यों की आमद एकदम रोक देता और शराब खींचने की हर भट्ठी को बन्द कर देता। केवल उतनी ही शराब और अफीम तैयार होने देता, जितनी कि दवा के लिए आवश्यक मालूम होती।

हर प्रकार की **धार्मिक पूजा की-जो मनुष्य मात्र के नैतिक संस्कार के विरुद्ध नहीं है, पूरी रक्षा की गारंटी देता।**

जिनको हम अछूत समझते हैं, उनको प्रत्येक सार्वजनिक मन्दिर में, पाठशाला में जहाँ, दूसरे हिन्दू जा सकते हें, जाने की स्वतंत्रता देता।

मैं हिन्दू और मुसलमान, दोनों के प्रतिनिधियों को बुलवाता, उनकी जेबों की तलाशी लेकर उनके पास जो कुछ खाने की वस्तु और घातक हथियार होते, उन्हें उनसे छीनकर उनको एक घर में बन्द कर देता और उसके दरवाजे उस समय तक नहीं खोलता, जब तक वे आपस के झगड़ों को तय नहीं कर लेते।

पर मेरे सम्राट होने की संभावना बिल्कुल नहीं है।

यंग इंडिया, 1/7/1926

'महामानव गांधी' ग्रन्थ में प्रकाशित लेख में डॉ. कमलकिशोर गोयनका ने गांधी जी के पत्रों की समीक्षा की है :

'यंग इंडिया' की संपादकीय-नीति एवं पत्रकारिता के संबंध में गांधी ने जो विचार व्यक्त किए हैं, उनके पूर्व मतों से काफी समानता है। बस संदर्भ और घटना बदल गई हैं। 'इंडियन ओपिनियन' एवं 'नवजीवन' के साथ 'यंग इंडिया' में व्यक्त विचारों को रखा जाए तो उनमें एकरूपता मिलेगी। गांधी ने 'यंग इंडिया' में सेंसरशिप, प्रेस की स्वतंत्रता, आत्मसंयम, झूठी रिपोर्ट, गुप्त समाचारों का उद्घाटन, अर्थतंत्र, विज्ञापन, पाठकों से संबंध आदि के विषय में चर्चा की है। गांधी सेंसरशिप के विरोधी और अभिव्यक्ति की स्वतंत्रता के समर्थक थे और 'कर्मवीर', 'इंडिपेंडेंट', 'स्वराज्य', 'क्रॉनिकल', 'वंदे मातरम्', 'जमींदार', रामदास गौड़, रामानंद चटर्जी आदि पर प्रेस-एक्ट के अंतर्गत कार्यवाही होने पर 'यंग इंडिया' के पृष्ठों में सरकारी नीति और दमन-चक्र का कड़ा विरोध किया। गांधी स्वराज्य की स्थापना के लिए भाषण, सभा-सम्मेलन और मुद्रण की स्वतंत्रता अनिवार्य मानते थे और सेंसरशिप के आपातकाल में हस्तलिखित समाचार-पत्र को 'एक असाधारण वीरोचित उपाय कहते थे।' गांधी ने 'यंग इंडिया' के पृष्ठों में पत्रकारों की स्वच्छंदता, झूठे, असत्य, विषैले एवं गोपनीय समाचारों के प्रकाशन और पत्रकारों की निरंकुश स्वतंत्रता की कटु शब्दों में आलोचना की। 22 अगस्त 1929 को उन्होंने 'खतरनाक संवाददाता' शीर्षक से कठोर टिप्पणी की। इसमें गांधी ने लिखा–"मेरे संबंध में झूठी और खतरनाक खबरें छापकर प्रेस एजेंसियों ने कानूनी कार्यवाही के योग्य काम किया है। ऐसे मौकों पर अकसर असहयोगी या शांतिप्रिय होते हुए भी क्षण भर के लिए मेरा मन उसके खिलाफ गुस्से से भर गया है। **झूठी खबरें फैलाकर भोली-भाली जनता को आघात पहुँचाना सरासर क्रूरता है।** मैं प्रेस एजेंसियों को सलाह देता हूँ कि वे अपने संवाददाताओं को सावधान कर दें कि मैंने जिस तरह के आरोपों का जिक्र किया है, उनके दुहराए जाने पर वे या तो दंडित किए जायेंगे या फिर उन्हें हटा ही दिया जायेगा।"

सत्याग्रही साप्ताहिक की शुरुआत :

अप्रैल 1919 में गांधी जी ने रौलट एक्ट के विरोध में बिना पंजीकरण कराये ही मुंबई से 'सत्याग्रही' नामक साप्ताहिक समाचार-पत्र का प्रकाशन भारतीय प्रेस अधिनियम का उल्लंघन करते हुए प्रारम्भ कर दिया। इसमें पाठकों के लिए यह सलाह छपी रहती थी : **'कृपया इस समाचार-पत्र को पढ़ें, प्रतिलिपि करें और मित्रों में प्रसारित करें और उनसे आग्रह करें कि वे इसकी प्रतिलिपि करें और प्रसारित करें।** मूल्य एक पैसा।

इसमें एक रोचक सूचना यह भी छपी रहती थी कि 'यह समाचार पत्र नियमानुसार पंजीकृत नहीं किया गया है। इसलिए इसका कोई वार्षिक शुल्क नहीं हो सकता है न ही यह गारंटी दी जा सकती है कि यह पत्र बिना किसी व्यवधान के प्रकाशित होता रहेगा। इसके संपादक को सरकार के द्वारा किसी भी क्षण गिरफ्तार किया जा सकता है और सतत प्रकाशित होते रहने को सुनिश्चित करना तब तक असंभव है जब तक भारत इस अच्छी स्थिति में न हो जाये के वह गिरफ्तार किये गये संपादकों के स्थान पर पर्याप्त संख्या में संपादकों को उपलब्ध कराने की स्थिति में हों। हम निरंतर एक के बाद एक संपादकों को प्राप्त करने के लिए कोई कसर न छोड़ेंगे।'

'सत्याग्रही' के प्रथमांक का मुखपृष्ठ उपर्युक्त तथ्यों का साक्ष्य है :

(Please read, copy and circulate among friends; and also request them to copy and circulate this paper) No. 1, Price_one price.

Satyagrahi

(Editor : Mohandas Karamchand Gandhi, Laburum Road, Gamdevi, Bombay)

Published every Monday at 10 A.M.

Bombay, 7th April, 1919

NOTICE TO SUBSCRIBERS

"This paper has not been registered according to law. So there can be no annual subscription. Nor can it be guaranteed that the paper will be published without imterruption. The editor is liable at any moment to be arrested by the Government and it is impossible to ensure continuity of Publication until India is in the happy position of supplying editors enough to take the place those arrested. We shall leave no stone unturned to secure ceaseless succession of editors.

"It is not our intention to break for all time the law governing publication of newspapers. This paper will, therefore, exist so long only as the Rowlatt legislation is not withdrawn."

अध्याय-10

नवजीवन

‘ ‘नवजीवन’ का उद्देश्य स्वराज्य-प्राप्ति है।’

*

सम्पादक का पद आजीविका के लिए नहीं बल्कि केवल लोक सेवा के लिए है।

‘नवजीवन’ 2-11-1924

*

जो वस्तुएँ देश के लिए उपयोगी हैं तथा स्वदेशी हैं, उनका विज्ञापन ‘नवजीवन’ में निःशुल्क छपेगा। विज्ञापन जब पैसे लेकर छपते हैं तब उनमें से 99 प्रतिशत वस्तुएँ बेकार होती हैं और दवाइयों के विज्ञापनों में तो धोखा ही होता है तथा विज्ञापन से वस्तुओं की कीमत भी बढ़ जाती है।

‘नवजीवन’ 14-9-1919

*

गांधी जी ने जब अंग्रेजी के ‘यंग इंडिया’ का दायित्व ग्रहण किया तो वे जानते थे कि भारत की जनता को सत्याग्रह की शिक्षा अंग्रेजी भाषा में नहीं दी जा सकती। अतः जनता की सेवा के उद्देश्य से अपने विचारों को जनता की भाषा गुजराती मतें प्रस्तुत करने का निर्णय किया और ‘नवजीवन अने सत्य’ के जुलाई 1919 के अंक में इस समाचार-पत्र का दायित्व स्वीकार करने की घोषणा की। गांधी ने ‘नवजीवन’ को मासिक से साप्ताहिक बनाया। ‘नवजीवन’ संस्था का गठन किया। नवजीवन प्रकाशन मंदिर खोला। आरम्भ में नवजीवन संस्था की मिल्कियत दस हजार रुपये थी, किन्तु सन् 1929 में यह एक लाख रुपये की हो गई। नवजीवन संस्था के उद्देश्य थे–“गुजराती भाषा के माध्यम से गुजरात के

जीवन में घुल-मिल जाना और इस प्रकार हिन्द की सच्ची सेवा करने के इच्छुक सुसंस्कृत और गुजराती भाषा परामर्श कार्यकर्त्ताओं के द्वारा लोक-शिक्षा का कार्य करते हुए **हिंद के लिए स्वराज्य प्राप्त करने के शांतिपूर्ण उपायों का प्रचार करना।**'' नवजीवन संस्था और 'नवजीवन' समाचार-पत्र के उद्देश्य समान थे। गांधी पत्रकारिता और राजनीतिक आन्दोलन एक ही मूल उद्देश्य को लेकर चल रहे थे। गांधी की देशसेवा ओर जनसेवा में उनका संपूर्ण कृतित्व समा जाता है। गांधी ने 'नवजीवन' (गुजराती) के 7 सितम्बर 1919 के अंक में 'हमारा उद्देश्य' शीर्षक से अपने अनेक उद्देश्यों की चर्चा की है–''सत्याग्रह का प्रचार एवं लड़ाई को निरंतर बनाए रखना, स्त्री जागरण, राजा-प्रजा में बैर-भाव मिटाना और मित्रता बढ़ाना, हिन्दू-मुसलिम एकता आदि। ये सब देश सेवा के अन्तर्गत हैं, जिनका लक्ष्य जनता में नवजीवन का संचार है'' और इसका लक्ष्य स्वराज्य प्राप्ति है। गांधी ने लिखा– **'' 'नवजीवन' का उद्देश्य है स्वराज्य। 'नवजीवन' का अस्तित्व केवल उसी के लिए है।''** इस प्रकार गांधी के अनुसार–**'नवजीवन' खरीदने का अर्थ है चरखे का स्तवन करना तथा 'नवजीवन' के ग्राहक होने का अर्थ है सत्य और अहिंसा का सौदा करना।** गांधी के अनुसार इस प्रकार 'नवजीवन' एक नई वस्तु देता है, जिसके द्वारा वे अव्यवस्था को मिटाकर सुव्यवस्था, विवाद को मिटाकर मेल-जोल तथा निष्प्राण जनता में एकता लाकर शक्ति और निर्भयता उत्पन्न करना चाहते हैं। यह तभी संभव होगा जब पत्रकारिता धन-लोभ एवं कीर्ति-लोभ से मुक्त रहे, उसे सेवा-भाव से देखा जाए और गांधी के समान प्रत्येक सप्ताह उसमें आत्मा उड़ेली जाए।

8 अगस्त 1920 के 'नवजीवन' ने तिलक के प्रति श्रद्धांजलि व्यक्त की।

लोकमान्य बाल गंगाधर तिलक के प्रति सच्ची श्रद्धा :

ऐसा महान जीवन, देह नष्ट होने से क्षीण नहीं हो जाता। वस्तुतः देह नष्ट होने के बाद उसकी शुरुआत होती है।

तिलक महाराज के लिए कुछ विशेष किया जाना चाहिए–ऐसा एक मित्र ने मुझे लिखा है और मेरी सलाह माँगी है। साथ ही उन्होंने यह भी सुझाव दिया है कि अगर उनकी स्मृति में तीन दिन तक हड़ताल की जाये तो क्या ठीक न होगा? उन्हें मैंने जो उत्तर दिया है उसे यहाँ मैं विस्तार से लिख रहा हूँ।

जिनको हम पूज्य मानते हों, उनके सद्गुणों का अनुसरण करने में ही सच्ची श्रद्धा है। परिणामतया मुझे तो हड़ताल करने की अपेक्षा कोई रचनात्मक कार्य करने

की बात अधिक उचित लगती है। उस दिन हड़ताल करना, उपवास करना आदि निःसंदेह आवश्यक है, लेकिन विशेषता तो अनुकरण में ही होनी चाहिए। वे अत्यंत सादे थे, उनकी स्मृति में हम सादेपन का संकल्प करें और असुविधा उठाकर भी कुछ वस्तुओं का त्याग करें। हम उनकी बहादुरी का अनुकरण करें और विवेक से जो उचित लगे, वही करें, अपने उद्देश्य से कभी पीछे न हटें। वे विचारशील थे, हम भी कुछ बोलते अथवा करते समय खूब विचार करें और सब कुछ बोलें अथवा करें। वे विद्वान थे। उन्हें अपनी मातृभाषा तथा संस्कृत भाषा पर आश्चर्यजनक रूप से अधिकार था, हम उनके जैसा विद्वान बनने की साधना करें। अपने व्यवहार में हम विदेशी भाषा का त्याग करें तथा मातृभाषा में दक्ष बनकर अपने विचारों को उनमें अभिव्यक्त करना सीखें। संस्कृत भाषा का अध्ययन करें और हमारे शास्त्रों में छुपी हुई आध्यात्मिक बुद्धिमत्ता के सौन्दर्य को खोजें-जानें। वे स्वदेशी प्रेमी थे, हम स्वदेशी का अर्थ समझकर स्वदेशी पर आचरण करें। उन्हें देश के प्रति अगाध प्रेम था, हम भी अपने भीतर वैसे ही प्रेम का विकास करें तथा यथाशक्ति प्रतिदिन देश सेवा में अधिक से अधिक समर्पित रहें। ऐसा करनें में ही उनकी सच्ची पूजा है।

ऐसे वरिष्ठ देशभक्त का स्वर्गवास होने पर हम शोक मना रहे हैं। जिस देह से हमने उन्हें जाना था यदि वे उसी देह में बने रहते तो हमें लाभ होता, यह निर्विवाद है। लेकिन ऐसे व्यक्ति की देह रहे या न रहे तो भी देश सेवा करते रहते हैं, देश का नेतृत्व करते रहते हैं। जिन्होंने अपनी कार्ययोजना का स्वरूप निश्चित कर लिया था, जिन्होंने उसके अनुसार पैंतालीस वर्षों तक कार्य किया, जिन्होंने अपनी देह को देश सेवा में ही जीर्ण कर दिया, वे देहपात होने पर जन-मन से विस्मृत नहीं हो सकते, वे कभी नहीं मर सकते। इसीलिए हमें यह मानना चाहिए कि **लोकमान्य तिलक मर कर भी हमें जीवन का रहस्य सिखा गये।**

19 अगस्त 1921 से यह पत्र हिन्दी में भी निकलने लगा। 1932 तक गांधीजी ने इसका सम्पादन किया। उन्होंने इस पत्र को अपने सिद्धान्तों और दृष्टिकोणों का वाहक बनाया। 'नवजीवन' के द्वारा गाँव-गाँव में स्वतंत्रता एवं जन-जागरण की अलख जगायी गयी। 1932 में वे लन्दन के गोलमेज अधिवेशन से लौटे तो उन्हें गिरफ्तार कर लिया गया तथा पत्र प्रतिबन्धित हो गया।

'नवजीवन' (3 नवम्बर 1920) में गांधी जी ने लिखा–"एक पत्रकार के रूप में मेरी क्या जवाबदेही है? प्रत्येक सम्पादक अपने पत्र की हर पंक्ति पर अंकुश नहीं रख सकता। रिपोर्टर जैसा भाषण सुनता है उसे अपनी समझ और शुद्ध बुद्धि से प्रस्तुत करता है। पाठकों को सदा संपादक तथा रिपोर्टर वर्ग की

मुश्किलों को ध्यान में रखते हुए समाचार-पत्रों में उचित सुधार की गुंजाइश रखकर ही उन्हें पढ़ना चाहिए। यदि ऐसा नहीं करते तो वे समाचार-पत्रों के संचालकों के प्रति भारी अन्याय करते हैं और उनसे जितना लाभ उठाना संभव है, उतना लाभ कदापि नहीं उठा सकते।''

डॉ. कमलकिशोर गोयनका ने 'सम्पादक गांधी और उनके अखबार' में लिखा है—''गांधी ने 'नवजीवन' के संपादन-प्रकाशन में कई महत्त्वपूर्ण कार्य किए। इसका प्रकाशन गुजराती के साथ हिन्दी आदि भाषाओं में हुआ। 'नवजीवन' क्लब की स्थापना की और पाठकों-ग्राहकों को मालिक बनाया। 'नवजीवन' बहिष्कार-मंडल का विचार दिया, जिससे पाठक संपादक पर अंकुश रख सके और अहिंसात्मक असहयोग करें। पाठकों की शिकायतों का उत्तर देने एवं विभिन्न नीतिगत विषयों पर उनकी राय लेने की परंपरा आरंभ कीं। गांधी ने पाठकों को समाचार-पत्र का मालिक बनाकर तथा होने वाले लाभांश को सार्वजनिक हित में खर्च करके भारतीय पत्रकारिता को नया आयाम दिया। गांधी 'नवजीवन' में पत्रकारिता को लोकतांत्रिक पद्धति से चलाते हैं। पाठकों की आपत्तियों एवं आरोपों को छापते हैं, उनका उत्तर देते हैं, परन्तु वे अपनी पूर्व निर्धारित रीति-नीति तथा प्रतिमानों को नहीं बदलते। इसी कारण वे पाठकों की इच्छा के अनुरूप 'नवजीवन' को समाचार-पत्र नहीं बनाते और उसे विचार-पत्र बनाए रखते हैं। गांधी के लिए पाठक की सत्ता और राय महत्त्वपूर्ण है, परन्तु उनकी अपनी राय सर्वोपरि है। गांधी ने कभी पत्रकारिता के स्वरूप, नीति तथा सिद्धान्तों पर अपने साथियों एवं कर्मचारियों से विचार किया हो, ऐसा कोई उदाहरण नहीं मिलता। गांधी ही एकमात्र नीति-निर्धारक थे और उनका निर्णय ही अंतिम था। गांधी के पास पत्रकारिता का अपना मॉडल था, जो देशसेवा और राष्ट्रीयता की बुनियाद पर टिका था। इसमें निजी आर्थिक लाभ या कीर्ति आदि के लिए कोई स्थान नहीं था। **गांधी की राजनीति और पत्रकारिता राष्ट्रीय जागरण, सत्याग्रह, स्वराज्य, स्वदेशी एवं लोक-शिक्षा के लिए समान रूप से समर्पित थी। दोनों का लक्ष्य एक ही था—स्वराज्य प्राप्ति।** पत्रकारिता इस उद्देश्य की पूरक और सहायक थी। इसी महत् उद्देश्य के लिए गांधी ने 'नवजीवन' को भारतीय भाषाओं में प्रकाशित किया, क्योंकि जनता तक पहुँचने के लिए जनता की भाषा ही आधार बन सकती थी।''

हिन्दू-मुसलमानों की एकता को मजबूत करने के उपाय के साथ गांधी जी ने 'स्वराज्य' की व्यवस्था की।

एकता मजबूत करने के उपाय : हिन्दू-मुसलमानों की एकता को मजबूत

करने के लिए जितने उपाय काम में लाये जाने चाहिए, उन्हें काम में लाने की बहुत जरूरत है और इन उपायों को हम अच्छी तरह जान गये हैं। वे निम्नलिखित हैं :

1. परस्पर एक-दूसरे के सुख-दुःख में भाग लेना।
2. एक-दूसरे की भावनाओं का पूरा-पूरा ध्यान रखना।
3. परस्पर एक-दूसरे के प्रति भय को त्यागना।
4. जिनमें एक-दूसरे के हित जुड़े हुए दिखाई दें, ऐसे कामों को हाथ में लेना।

हिन्दू ज्यादा हैं और मुसलमान कम–इस बात से मुसलमानों को नहीं डरना चाहिए और मुसलमान मुस्लिम राज्यों से सहायता प्राप्त करके हिन्दुओं को दबायेंगे, यह भय हिन्दुओं को त्याग देना चाहिए। स्वदेशी और चरखा सबके लिए समान हित की वस्तुएँ हैं। अगर हिन्दू और मुसलमान समान रूप से उनके महत्त्व और लाभ को समझ जायें तो दोनों की एकता में बहुत अधिक वृद्धि हो जाएगी।

दोनों की एकता में वृद्धि करने का सबसे अच्छा उपाय यह है कि हिन्दू और मुसलमान दोनों छोटी-छोटी कौमों की रक्षा करने लगें। दोनों पारसियों, यहूदियों और ईसाइयों से प्रेम करें, उनका सम्मान करें और स्वप्न में भी उन्हें सताने अथवा उनके साथ जोर-जबरदस्ती करने का विचार न करें। ऐसा करते हुए दोनों को एक-दूसरे की रक्षा करने और सेवा करने की आदत पड़ जायेगी।

जिस हद तक हममें सेवा भाव बढ़ेगा, उस हद तक हम एक दिल होंगे। हम भविष्य का विचार छोड़कर वर्तमान का सुधार करने में ही लग जायें।

'नवजीवन', 8-1-1922

स्वराज्य की व्याख्या :

1. स्वराज्य का अर्थ है : स्वयं अपने ऊपर प्राप्त किया हुआ राज्य।
2. स्वराज्य का अर्थ है : देश के आयात और निर्यात पर, सेना और अदालतों पर जनता का पूरा नियन्त्रण।
3. स्वराज्य का अर्थ है : अन्न-वस्त्र की बहुतायत, किसी को भूखा-नंगा न रहना पड़े।
4. स्वराज्य का अर्थ है : सभी अपने-अपने धर्म का पालन कर सकें और ऐसा करते हुए हम दूसरे के धर्म का आदर करें।
5. स्वराज्य का अर्थ है : प्रत्येक गाँव चोरों और डाकुओं के भय से अपनी रक्षा करने में समर्थ हो जाये

			और प्रत्येक गाँव अपने लिए आवश्यक अन्न वस्त्र पैदा करे।
1.	स्वराज्य में	:	राज्य सत्ता, शराब, अफीम इत्यादि (मादक पदार्थों) का व्यापार न करें।
2.	स्वराज्य में	:	अनाज और रूई का सट्टा न हो।
3.	स्वराज्य में	:	कोई कानून को भंग न करे।
4.	स्वराज्य में	:	स्वेच्छाचार के लिए बिल्कुल स्थान न रहे, जिससे कोई अपने ही खिलाफ का गयी शिकायत का फैसला खुद ही काजी बन कर न करे, बल्कि देश की बनाई अदालत में अपने खिलाफ की गयी फरियाद का फैसला होने दें।

'नवजीवन', 14-8-1921

गांधी जी का हिन्दी को राष्ट्रभाषा के पद पर ही बैठाकर और अहिन्दी-भाषी प्रान्तों में हिन्दी-प्रचार की योजना बनाकर संतोष नहीं हुआ। थोड़े ही दिनों बाद 1921 में उन्होंने अपने अंग्रेजी 'यंग इंडिया' और गुजराती 'नवजीवन' के साथ हिन्दी में भी हिन्दी 'नवजीवन' निकालना प्रारम्भ कर दिया। इससे एक लाभ यह भी हुआ कि अब तक हिन्दी पत्रों में उनके अंग्रेजी और गुजराती लेखों के हिन्दी अनुवाद हिन्दी पत्रकार अपनी-अपनी भाषा और ढंग से निकालते थे। उसकी जगह उनका प्रामाणिक अनुवाद तथा स्वयं गांधीजी के लिखे स्वतंत्र हिन्दी लेख हिन्दी पाठकों को मिलने लगे।

हिन्दी 'नवजीवन' के प्रारम्भिक लेख में गांधी जी ने अपने हिन्दी लेख में लिखा था: ''यद्यपि मुझे मालूम है कि 'नवजीवन' को हिन्दी में प्रकाशित करना कठिन काम है, तथापि मित्रों के आग्रहवश होकर और साथियों के उत्साह से 'नवजीवन' का हिन्दी अनुवाद निकालने की धृष्टता मैं करता हूँ। मेरे विचारों पर मेरा प्रेम है। मेरा विश्वास है कि उनके अनुकरण से जनता को लाभ है। इसलिए उनको हिन्दी में प्रकट करने की इच्छा मुझे बहुत समय से थी। परन्तु आजतक परमात्मा ने उसे सफल नहीं किया था। हिन्दुस्तानी को भारतवर्ष की राष्ट्रीय भाषा बनाने का प्रयत्न मैं हमेशा करता आया हूँ। हिन्दुस्तानी के सिवा दूसरी भाषा राष्ट्रभाषा नहीं हो सकती। इसमें कुछ भी शक नहीं। जिस भाषा को करोड़ों हिन्दू-मुसलमान बोल

सकते हैं, वही अखिल भारतवर्ष की सामान्य भाषा हो सकती है और उसमें जब तक 'नवजीवन' न निकाला गया, तब तक मुझे दुःख था।

"हिन्दुस्तानी भाषा जानने वाले जब तक असहयोग और शान्ति के सिद्धान्त भलीभाँति न समझ लेंगे, तब तक शान्तिमय असहयोग की सफलता असम्भव सी है। इसलिए 'हिन्दी-नवजीवन' की आवश्यकता थी। परमात्मा से प्रार्थना है कि जो लोग केवल हिन्दुस्तानी ही समझते हैं, उन्हें 'हिन्दी नवजीवन' मददगार हो।"

इस पत्र के 25 अगस्त 1926 के अंक में प्रकाशित गांधीजी के विचार मननीय हैं।

धार्मिक शिक्षा :

इसमें कोई शक नहीं है कि सरकारी स्कूल-कॉलेजों से निकले हुए अधिकतर लड़के धार्मिक शिक्षण से कोरे ही होते हैं। मैं जानता हूँ कि इस विचारवाले लोग भी हैं कि सार्वजनिक स्कूलों में सिर्फ़ अपने-अपने विषयों की ही शिक्षा देनी चाहिए। मैं यह भी जानता हूँ कि हिन्दुस्तान जैसे देश में, जहाँ संसार के अधिकतर धर्मों के अनुयायी मिलते हैं और जहाँ एक धर्म के इतने भेद और अभेद हैं, धार्मिक शिक्षण का प्रबन्ध करना कठिन होगा। लेकिन अगर हिन्दुस्तान को आध्यात्मिकता का दिवाला नहीं निकालना है तो उसे धार्मिक शिक्षा को भी अन्य विषयों के शिक्षण के बराबर ही महत्त्व देना पड़ेगा।

अध्याय-11
'हरिजन' : अप्रतिम विचार-पत्र

"समाचार-पत्र एक सामाजिक संस्थान है। इसकी सफलता इस बात पर निर्भर करती है कि किस हद तक यह पाठकों के दिमाग को शिक्षित करता है। मैंने पत्रकारिता को पत्रकारिता की खातिर नहीं, बल्कि सिर्फ मेरे जीवन के उद्देश्य को प्राप्त करने के सहायक के रूप में अपनाया। मेरा मिशन उदाहरण और निर्देश के द्वारा कठोर नियंत्रण के अन्तर्गत सत्याग्रह के बेजोड़ हथियार का प्रयोग बढ़ाना है जो अहिंसा और सत्य का प्रत्यक्ष उपप्रमेय है। पाठकों को इस बात का अंदाजा नहीं हो सकता कि हफ्ते-दर-हफ्ते मुझे कितना संयम बरतना पड़ता है। विषयों और शब्दावली को चुनते समय यह मेरे लिए प्रशिक्षण है। यह मुझे अपने अंदर झांकने और अपनी कमजोरियों को खोजने में समर्थ बनाता है।"

—महात्मा गांधी

"इन दिनों प्रेस एक बड़ी शक्ति बनी हुई है और वह काफी खतरनाक भी हो गयी है। ...भारत की एकता कायम रखनी है तो हमें अपने प्रेस के जरिए सांस्कृतिक तथा चित्तशुद्धि के विषयों को अधिक महत्त्व देना चाहिए और पार्टी पालिटिक्स (पक्षीय राजनीति) को कम।"

—विनोबा भावे

'हरिजन' साप्ताहिक का प्रकाशन पूना से शनिवार दिनांक 11 फरवरी 1933 को हुआ। अंग्रेजी के इस पत्र के सम्पादक श्री आर. वी. शास्त्री थे। 'The Servants of Untouchables Society' 'हरिजन सेवक संघ' के तत्त्वावधान में पत्र प्रकाशित हुआ जिसके अध्यक्ष सेठ घनश्याम दास बिड़ला थे। पत्र के मुद्रक, प्रकाशक श्री अनन्त विनायक पटवर्धन थे। फरवरी 1932 को 'यंग इंडिया' और 'नवजीवन' बन्द हो गए तब गांधी जी ने 8 जनवरी 1933 को यरवदा केन्द्रीय

जेल में बिड़ला जी को पत्र लिखा :

भाई घनश्याम दास

तुम्हारे 4 तारीख के पत्र के उत्तर में मैंने कल एक तार भेजा था। मैंने अपने इस पुराने सुझाव को अब फिर दुहराया है कि कम से कम अंग्रेजी 'हरिजन' पूना से निकले और हिन्दी और अंग्रेजी संस्करणों का एक ही दिन निकलना जरूरी नहीं है। यदि हिन्दी का शुक्रवार को निकले तो अंग्रेजी का सोमवार को निकाला जाय। अंग्रेजी 'हरिजन' मेरी देखरेख में निकलेगा और जितना आवश्यक होगा हिन्दी से लेगा। खबरें, आंकड़े, रिपोर्ट आदि हिन्दी से ली जायेंगी और उसमें मौलिक सामग्री भी रहेगी। ...मैंने कल इस बारे में ठक्कर बापा से बात की और उन्हें विचार पसंद आया। मैंने उनसे कहा कि वह तुमसे भी बात कर लें पर उन्होंने उत्तर दिया कि इससे व्यर्थ की देरी होगी। ...यदि तुम इस विचार का हृदय से समर्थन करते हो तो काम को आगे बढ़ाओ और जरूरी समझो तो आकर मुझसे बातचीत कर जाओ। पर इसकी खातिर हिन्दी संस्करण निकालने में देर नहीं करनी चाहिए। अंग्रेजी संस्करण दो-एक हफ्ते बाद निकलेगा।

तुम्हारा

बापू

प्रवेशांक में ही गांधी जी ने सात पण्डितों के हस्ताक्षर का एक पत्र प्रकाशित किया जिसमें बताया गया था कि चार वर्षों में जो समान अधिकार है उनका अधिकार हरिजनों को मिलना चाहिए। ये हैं–मंदिर प्रवेश, पाठशालाओं में शिक्षा, सार्वजनिक कुओं, घाटों, तालाबों और नदियों में निस्तार सुविधा। आज हरिजनों का चाहे कोई भी मसीहा बने पर हरिजनों के उत्थान और उनकी जागृति का जो बीड़ा गांधी ने 'हरिजन' पत्र के माध्यम से उठाया वह अप्रतिम है। सवर्णों और पुरातनपंथियों को झकझोर कर समाज में एक नई चेतना जगाने का कार्य गांधी ने किया। 7 फरवरी 1933 को डॉ. अम्बेडकर ने एक वक्तव्य दिया–

"दलित वर्ग वर्ण व्यवस्था का प्रति उत्पाद है और जब तक वर्ण व्यवस्था रहेगी दलित वर्ग बने रहेंगे। इसलिए जाति प्रथा की समाप्ति ही दलितों के लिए एकमेव स्वीकार्य बात है और आने वाले संघर्ष में यही तत्त्व हिन्दुओं की रक्षा करेगा और उनके अस्तित्व को सुनिश्चित करेगा।"

'हरिजन' शब्द गांधी का नहीं है जैसा कि उन्होंने स्वतः लिखा है :

'It is not a name of my own coining. Some years ago, several, untouchable correspondents complained that I used the word 'asprishya' in the pages of the 'Navjivan'. 'Asprishya' means literally untouchable. I then invited them to suggest a better name, and one of the untouchable correspondents suggested the adoption of the name ' Harijan'on the strength of its having been used by the first poet-saint of Guzrat.

...I thought that it was a good word, 'Harijan' means a man of God. All the religions of the world describe God pre-eminently as the friend of friendless, help of the helpless and protector of the weak. The rest of the world apart, in India, who can be more friendless, helpless or weaker than the forty million or more Hindus, who are classified as untouchable...."

'हरिजन' का शाब्दिक अर्थ 'हरि' का 'जन' है। सभी धर्मों में यही तथ्य वर्णित है कि हरि ही सबका मित्र, पोषक, रक्षक, स्वामी तथा सखा है। पहले 'नवजीवन' में 'अस्पृश्य' का प्रयोग हुआ जिसे कुछ संवाददाताओं ने उत्तम नहीं माना। गांधी ने अस्पृश्य संवाददाताओं से कोई नाम सुझाने का अनुरोध किया। गुजरात के संत कवि द्वारा प्रयुक्त 'हरिजन' सर्वथा सार्थक शब्द मिला जिसकी सार्थकता अब भी निर्विवाद है।

अंग्रेजी 'हरिजन' के माध्यम से गांधी जी पूरे देश में हरिजनों से सम्बन्धित समस्याओं का समाधान भी किया करते थे क्योंकि 'हरिजन' में सभी प्रान्तों के हरिजन उत्थान के लिए किए गए कार्यों की प्रगति का ब्योरा प्रकाशित होता था। दिल्ली से हिन्दी हरिजन जिसका नाम 'हरिजन सेवक' था का प्रकाशन श्री वियोगी हरि के सम्पादन में 24 फरवरी 1933 को प्रारम्भ किया गया। फरवरी 1933 के अंत में गुजराती में 'हरिजन बंधु' का प्रकाशन हुआ।

अपनी पत्रकारिता द्वारा गांधी जी ने हरिजन सेवा हेतु अनेक लोगों को प्रेरित किया। उनका स्पष्ट कहना था :

"इस देश के नवयुवकों को यह समझ लेना चाहिए कि मानवीय सेवाओं में सबसे कठिन सेवा हरिजनों की सेवा करना है। अतः इसके लिए हर सेवक के मन की उत्कृष्ट पवित्रता और अपार सरलता अनिवार्य है।"

8 अगस्त 1942 को बम्बई कांग्रेस में जब गांधी जी ने 'अंग्रेजो, भारत छोड़ो' का नारा दिया तब गांधी जी और अन्य नेता गिरफ्तार कर लिए गए। 'हरिजन' प्रेस पर ताले लग गए। 6 फरवरी 1946 को 'हरिजन' पुनर्जीवित किया गया।

हरिजन में पत्रकारिता का स्वरूप :

महात्मा गांधी ने 'हरिजन' के अनेक अंकों में पत्रकारिता की परिभाषा, उसका उद्देश्य तथा उसकी समाज-निष्ठा को प्रदर्शित किया है :

पत्रकारिता का सही काम लोक मानस को शिक्षित करना है–उसे वांछित-अवांछित विचारों से भरना नहीं।

इसलिए अखबार में क्या बात देनी है और कब देनी है, इसका निर्णय पत्रकार को अपने विवेक से करना चाहिए। आज स्थिति यह है कि पत्रकार केवल तथ्य देकर संतोष का अनुभव नहीं करते। पत्रकारिता 'घटनाओं की प्रबुद्ध पूर्ण शिक्षा' की कला बन गयी है।

29-4-1946

पश्चिम की तरह पूर्व में भी अखबार लोगों की बाइबिल, कुरान-जेंद-अवेस्ता और भगवद्गीता बनते जा रहे हैं। अखबारों में जो कुछ छपता है, उसे लोग ईश्वरीय सत्य मान लेते हैं।

28-4-1946

मैं स्वयं कभी अखबारों की रिपोर्टिंग पर बहुत अधिक भरोसा नहीं करता और अखबारों के पाठकों को भी चेतावनी देना चाहता हूँ कि वे उनमें छपी कहानियों से आसानी से प्रभावित न हों। अच्छे से अच्छे अखबार भी अतिरंजन और भाषा के अलंकरण से मुक्त नहीं होते।

30-11-1947

अखबारों का बड़ा जबरदस्त असर होता है। संपादकों का यह कर्त्तव्य है कि वे यह सुनिश्चित करें कि उनके अखबारों में कोई झूठी रिपोर्ट प्रकाशित न हो और न कोई ऐसी रिपोर्ट प्रकाशित हो जिससे जनता के भड़कने की आशंका हो।

संपादकों और उनके सहायकों को खबरों और उनके देने के ढंग के बारे में विशेष रूप से सावधान रहना चाहिए।

स्वाधीनता की स्थिति में सरकार के लिए प्रेस पर नियंत्रण रखना लगभग असंभव है। यह काम जनता का है कि वह अखबारों पर कड़ी नजर रखे और उन्हें सही रास्ते पर चलाये। **प्रबुद्ध जनता भड़काने वाले या अश्लील अखबारों को संरक्षण देने से इनकार कर देगी।**

18-10-1947

मैं अखबारों से राय उधार लेने की आदत को खराब समझता हूँ। अखबार तथ्यों का अध्ययन करने के लिए हैं। उन्हें स्वतंत्र चिंतन की हमारी आदत को मारने की इजाजत नहीं की जानी चाहिए।

25-5-1946

मैं अखबारों का कर्त्तव्य यह समझता हूँ कि वे अपने पाठकों को केवल तथ्य दें, और कुछ नहीं।

9-2-1947

किसी भी विषय पर जनता को मुफ्त साहित्य उपलब्ध कराने में मेरा विश्वास नहीं है। वह बहुत ही सस्ता हो सकता है, पर मुफ्त कभी भी नहीं। इस पुरानी संस्कृत उक्ति में मेरा विश्वास है कि 'ज्ञान उनके लिए है जो उसके पात्र हैं।' लेकिन ये मेरे निजी विचार हैं। मैं संगठनों को सिर्फ अपनी सलाह ही दे सकता हूँ। 'हरिजन' में कोई कॉपीराइट नहीं है। उद्यमी भाषाई समाचार-पत्र 'हरिजन' का अपना संस्करण प्रकाशित करेंगे। कुछ ने ऐसा करने की अपनी इच्छा के बारे में मुझे लिखा भी है। मैं किसी को रोक नहीं सकता। मैं सिर्फ हर एक से यह आग्रह ही कर सकता हूँ कि मैंने जो सलाह दी है और जो काफी अनुभव पर आधारित है, उसका अनुकरण किया जाये।

25-2-1933

प्रेस को लोकतंत्र का चौथा स्तम्भ कहा जा सकता है। उसके शक्तिशाली होने में कोई संदेह नहीं है, लेकिन **उस शक्ति का दुरुपयोग करना एक अपराध है**। मैं स्वयं एक पत्रकार हूँ और अपने साथी पत्रकारों से अपील करता हूँ कि वे अपने उत्तरदायित्व को समझें और अपना काम करते समय केवल **इस विचार को प्रश्रय दें कि सच्चाई को सामने लाना है और उसी का पक्ष लेना है।**

27-4-1947

समाज और धर्म :

अपने विचार पत्र **'हरिजन' में बापू ने समाज और धर्म पर लेखनी चलायी।** जिसके अंश द्रष्टव्य हैं :

मैं जब तक सम्पूर्ण मानवता के साथ अपना तारतम्य स्थापित न कर लूं तब तक यह नहीं कह सकता कि मैं धार्मिक जीवन व्यतीत कर रहा हूँ; और यह मैं तब तक नहीं कर सकता जब तक कि राजनीति में भाग न लूँ। ...आप सामाजिक,

आर्थिक, राजनीतिक और शुद्ध धार्मिक कार्यों को अलग-अलग चौखटों में नहीं बांध सकते। मैं **मानव क्रिया के अतिरिक्त और कोई धर्म नहीं जानता।**

24-12-1938

वस्तुतः हमारा प्रत्येक कार्य धर्म से व्याप्त होना चाहिए। यहाँ धर्म से आशय सम्प्रदायवाद से नहीं है। **उसका आशय विश्व के व्यवस्थित नैतिक शासन से है।** ...यह धर्म हिन्दू धर्म, इस्लाम, ईसाई धर्म आदि सब में व्याप्त है। ...यह उसमें समस्वरता लाता है और उन्हें वास्तविकता प्रदान करता है।

10-2-1940

मुझे राजनीति के क्षेत्र में विवश होकर उतरना पड़ा क्योंकि मैंने देखा कि राजनीति का स्पर्श किए बगैर मैं सामाजिक कार्य भी नहीं कर सकता था। मैं अनुभव करता हूँ कि **राजनीतिक कार्य को सामाजिक और नैतिक प्रगति के अर्थ में लिया जाना चाहिए।** लोकतंत्र में कोई पक्ष राजनीतिक से अछूता नहीं है।

6-10-1946

चूँकि मानव जीवन एक अखण्ड इकाई है, इसलिए इसके विभिन्न पक्षों के बीच कोई विभाजक रेखा नहीं खीचीं जा सकती–नीतिशास्त्र और राजनीति के बीच भी नहीं। जो व्यापारी धोखाधड़ी करके धन कमाता है वह अगर यह समझे कि इस काली कमाई के एक अंश को तथाकथित धार्मिक प्रयोजनों पर खर्च करके वह अपने पापों से मुक्त हो जाएगा तो वह स्वयं को ही धोखा देता है।

मनुष्य का रोजाना का जीवन उसके आध्यात्मिक स्वरूप से कभी अलग नहीं किया जा सकता।

30-3-1947

शिक्षा का मूल ध्येय :

शरीर, मन और आत्मा की विविध शक्तियों में ठीक-ठीक सहकार और सुमेल न होने के दुष्परिणाम स्पष्ट हैं। वे हमारे चारों ओर विद्यमान हैं; इतना ही है कि वर्तमान विकृत संस्कारों के कारण वे हमें दिखाई नहीं देते।

18-5-1936

मनुष्य न तो कोरी बुद्धि है, न स्थूल शरीर है और न केवल हृदय या आत्मा ही है। सम्पूर्ण मनुष्य के निर्माण के लिए तीनों के उचित और एकरस मेल की जरूरत होती है और यही शिक्षा की सच्ची व्यवस्था है।

8-5-1937

शिक्षा से मेरा अभिप्राय यह है कि बालक की या प्रौढ़ की शरीर, मन तथा आत्मा की उत्तम क्षमताओं को उद्घाटित किया जाये और बाहर में लाया जाये। अक्षर-ज्ञान न तो शिक्षा का अन्तिम लक्ष्य है और न उसका आरम्भ। वह तो मनुष्य की शिक्षा के कई साधनों में से केवल एक साधन है। अक्षर-ज्ञान अपने आप में शिक्षा नहीं है। इसलिए मैं बच्चे की **शिक्षा का श्रीगणेश उसे कोई उपयोगी दस्तकारी सिखाकर और जिस क्षण से वह अपनी शिक्षा का आरम्भ** करे, उसी क्षण से उसे उत्पादन के योग्य बनाकर करूँगा। मेरा मत है कि इस प्रकार की शिक्षा-प्रणाली में मस्तिष्क और आत्मा का उच्चतम विकास सम्भव है। अलबत्ता, प्रत्येक दस्तकारी आजकल की तरह निरे यांत्रिक ढंग से सिखाकर वैज्ञानिक तरीके पर सिखानी पड़ेगी, अर्थात् बालक को प्रत्येक क्रिया का क्यों और कैसे बताना होगा।

31-7-1937

शिक्षा की मेरी योजना में हाथ, अक्षर लिखना सीखने के पहले औजार चलाना सीखेंगे। आँखें जिस तरह दूसरी चीजों को तस्वीरों के रूप में देखती और उन्हें पहचानना सीखती हैं, उसी तरह वे अक्षरों और शब्दों को तस्वीरों की तरह देखकर उन्हें पढ़ना सीखेंगे और कान चीज़ों के नाम और वाक्यों का आशय पकड़ना सीखेंगे। गरज़ यह कि सारी तालीम स्वाभाविक होगी। बालकों पर वह लादी नहीं जायेगी, बल्कि वे उसमें स्वतः दिलचस्पी लेंगे और इसलिए यह तालीम दुनिया की दूसरी तमाम शिक्षा-पद्धतियों से जल्दी फल देने वाली और सस्ती होगी।

28-8-1937

हाथ का काम इस सारी योजना का केन्द्र-बिन्दु होगा। हाथ की तालीम का मतलब यह नहीं होगा कि विद्यार्थी पाठशाला के संग्रहालय में रखने लायक वस्तुएँ बनायें या ऐसे खिलौने बनायें, जिनका कोई मूल्य नहीं। उन्हें ऐसी वस्तुएँ बनाना चाहिए, जो बाजार में बेची जा सकें। कारखानों के प्रारम्भिक काल में जिस तरह बच्चे मार के भय से काम करते थे, उस तरह हमारे बच्चे यह काम नहीं करेंगे। वे उसे इसलिए करेंगे कि इससे उन्हें आनन्द मिलता है और उनकी बुद्धि को स्फूर्ति मिलती है।

11-9-1936

मैं भारत के लिए **निःशुल्क और अनिवार्य प्राथमिक शिक्षा के सिद्धान्त में दृढ़तापूर्वक विश्वास रखता हूँ।** मैं यह भी मानता हूँ कि इस लक्ष्य को पाने का सिर्फ यही एक रास्ता है कि हम बच्चों को कोई उपयोगी उद्योग सिखायें और

उसके द्वारा उनकी शारीरिक, मानसिक तथा आध्यात्मिक शक्तियों की विकास सिद्ध करें। ऐसा किया जाये तो हमारे गाँवों के लगातार बढ़ रहे नाश की प्रक्रिया रुकेगी और ऐसी न्यायपूर्ण समाज-व्यवस्था की नींव पड़ेगी, जिसमें अमीरों और गरीबों के अस्वाभाविक विभेद की गुंजाइश नहीं होगी और हर एक को जीवन-मजदूरी और स्वतंत्रता के अधिकारों का आश्वासन दिया जा सकेगा।

9-10-1937

हम राजनैतिक दृष्टि से तो स्वतन्त्र हो गये, परन्तु पश्चिम के सूक्ष्म प्रभाव से मुक्त नहीं हुए हैं। मुझे उस विचारधारा के राजनीतिज्ञों से कुछ नहीं कहना है, जो यह मानते हैं कि ज्ञान पश्चिम से ही आ सकता है। मैं इस विश्वास से भी सहमत नहीं हूँ कि पश्चिम से कोई अच्छी बात नहीं मिल सकती। मगर मुझे यह डर जरूर है कि अभी तक इस मामले में हम किसी निर्णय पर नहीं पहुँच सके हैं। आशा है, कोई यह दावा नहीं करेगा कि चूँकि हमें विदेशी प्रभुता से राजनैतिक मुक्ति मिल गयी मालूम होती है, सिर्फ इसीलिए हम विदेशी भाषा और विदेशी विचारों के प्रभाव से भी मुक्त हो गये हैं।

2-11-1947

'हरिजन' में महात्मा गांधी जी ने अपने समय के समर्पित मनीषियों पर अपनी सम्मति प्रकाशित की है–

पं. मोतीलाल नेहरू

यह कहने में अतिशयोक्ति नहीं होगी कि हमारे संबंध दो सगे भाइयों जैसे ही घनिष्ठ थे। उनका उत्कट देशप्रेम, उनका महान त्याग और अपने बच्चों के प्रति उनका असीम प्रेम आपके सामने वैसे ही प्रत्यक्ष रहने चाहिए जैसे कि मेरे सामने थे और अपने बच्चों को भी उन्होंने देश के सेवार्थ समर्पित कर दिया। मेरा उनसे पहले-पहले परिचय होने के बाद से उनकी मृत्यु के समय तक मुझे उनके निकट संपर्क में रहने का सौभाग्य मिला था और मैं देखता था कि जीवन भर हर क्षण उनके मन में अपने देश का ही विचार रहता था जिसकी उन्होंने इतनी एकनिष्ठा से सेवा की। उनकी दृष्टि में स्वराज्य कोई दूर का सपना नहीं था; वह तो उनके लिए उनकी प्राण वायु के समान था। उनकी स्वतंत्रता की लालसा दिनों दिन बढ़ती गयी। जिस देशभक्त की आप सराहना करते हैं उसको महान बनाने वाले उनके गुणों का यदि अनुकरण नहीं करते तो केवल उस व्यक्ति के प्रति वचन में श्रद्धा प्रकट करने

मात्र से आपको कोई लाभ नहीं होगा। आप यह भी याद रखें कि ऊँच-नीच की भावना से वे परे थे। अपने दीर्घ और विविधतापूर्ण जीवन में उन्होंने अस्पृश्यता को कभी कोई स्थान नहीं दिया। **उनके सीने में एक राजकुमार का हृदय था।** वह पैसा कमाना भी जानते थे और लुटाना भी।

22-12-1933

डॉ. अंसारी

...हकीम अजमलखां की तरह ही वे भी वस्तुतया हिंदू-मुस्लिम एकता के एक प्रतीक थे। कड़ी से कड़ी परीक्षा के समय भी डॉ0 अंसारी अपने विश्वास से कभी डिगे नहीं। वे एक पक्के मुसलमान थे। हजरत मुहम्मद साहब की जिन लोगों ने जरूरत के वक्त मदद की थी, वे उनके वंशज थे और उन्हें इस बात का गर्व था। इस्लाम के प्रति उनमें जो दृढ़ता थी और उसका उन्हें जो प्रगाढ़ ज्ञान था उस दृढ़ता और ज्ञान ने ही उन्हें हिन्दू-मुस्लिम एकता में विश्वास करने वाला बना दिया था। अगर यह कहा जाये कि जितने उनके मुसलमान मित्र थे, उतने ही हिन्दू मित्र थे, तो उनमें कोई अत्युक्ति न होगी। वे हिन्दुस्तान के योग्यतम डॉक्टरों, हकीमों में से थे। किसी भी जाति का गरीब आदमी उनसे सलाह लेने जाये, उसके लिए उनका दरवाजा हमेशा खुला रहता था। उन्होंने राजा-महाराजाओं और अमीरों से जो धन कमाया वह अपने जरूरतमंद दोस्तों में दोनों हाथों से खर्च किया। कोई उनसे कुछ मांगने गया तो कभी ऐसा नहीं हुआ कि वह उनकी जेब खाली किये बगैर लौटा हो और उन्होंने जो दिया उसका कभी हिसाब नहीं रखा। सैकड़ों नर-नारियों के लिए वे एक बड़ा सहारा थे। मुझे इसमें तनिक भी संदेह नहीं कि सचमुच वे अनेक लोगों को रोता-बिलखता छोड़ गये हैं। वे अपने पीछे ऐसी पत्नी छोड़ गये हैं जो दार्शनिक हैं, यद्यपि वे हमेशा बीमार-सी रहती हैं। वे इतनी बहादुर हैं और इस्लाम पर उनकी इतनी ऊँची श्रद्धा है कि उन्होंने अपने प्रिय पति की मृत्यु पर एक आँसू भी नहीं गिराया। पर जो बहुत से लोग मेरे ध्यान में हैं वे दार्शनिक नहीं हैं। ईश्वर में तो उनका विश्वास धुंधला-सा ही है, पर डॉ. अंसारी में उनका जीवित विश्वास था। इसमें उनका कोई कसूर नहीं। डॉक्टर साहब की मित्रता के उनके पास ऐसी अनेक प्रमाण थे कि ईश्वर ने जब उन्हें छोड़ दिया तब डॉक्टर साहब ने उन्हें सहायता पहुँचाई। पर उन्हें यह पता मालूम था कि डॉक्टर साहब भी उनकी मदद तभी तक कर सकते हैं, जब तक परमात्मा की अनुमति मिली रहे। जीवित रहते वे जो लक्ष्य नहीं पा सके, भगवान करे, वह उनकी मौत से प्राप्त हो जाये।

16-5-1936

सर अकबर हैदरी

गीता के श्लोकों और अन्य भजनों का हम जो पाठ तथा गान करते, उसमें वे गहरी दिलचस्पी लेते। महादेव देसाई से उन्होंने उन सबका अपने लिए अनुवाद करा लिया था। मुझसे उनका वायदा था कि सांप्रदायिक एकता के लिए हम दोनों हिन्दुस्तान का साथ-साथ दौरा करेंगे। पर ईश्वर की इच्छा कुछ और थी। स्वर्गीय लार्ड विलंगडन ने मेरे लिए अलग ही कार्यक्रम तय कर दिया। मुझे नागरिक अवज्ञा आंदोलन में लगना पड़ा। अपना कार्यक्रम सर अकबर और मैं मिलकर चला न पाये। वे श्री अरविन्द घोष के प्रभाव में आये। पांडिचेरी के ऋषि जब अपने भक्तों को त्रैमासिक दर्शन देते, तब लगभग हर बार वे दर्शनार्थ पहुँचते। सर अकबर की मृत्यु देश के लिए बड़ी क्षति है। दिवंगत के परिवार को मेरी सादर शोक संवेदनाएँ।

18-1-1942

सेठ जमनालाल बजाज

सेठ जमनालाल बजाज को हमसे छीनकर मृत्यु ने हमें एक महाप्राण व्यक्ति से वंचित कर दिया है। जब कभी मैंने लोक कल्याणार्थ धनवानों के अपनी संपत्ति के न्यासी बन जाने की बात लिखी, मेरे मन में सदा मुख्यतया इस व्यापारी शिरोमणि का ही ध्यान रहा। यदि उनका न्यासी धर्म आदर्श स्थिति को प्राप्त न हो सका तो उसमें उनका कोई दोष नहीं था। मैं उन्हें जान-बूझकर रोकता रहा। मैं नहीं चाहता था कि उत्साहातिरेक में वे कोई ऐसा कदम उठायें जिस पर बाद में शांत मन से विचार करने पर उन्हें पछतावा हो। उनकी सादगी तो उनकी अपनी ही चीज थी। उन्होंने अपने लिए जितने घर बनवाये, सभी धर्मशालाएँ बन गयीं। सत्याग्रही के रूप में उनका योगदान श्रेष्ठतम कोटि का था। राजनीतिक विचार-विमर्श में वे अद्वितीय थे। उनके निर्णय सुस्पष्ट और सम्यक् होते। त्याग के कार्य के रूप में उनका अंतिम कार्य सर्वोपरि था। वे कोई ऐसा रचनात्मक कार्य हाथ में लेना चाहते थे जिसमें वे अपने शेष जीवन को समर्पित कर अपनी समस्त योग्यताओं का उपयोग कर पाते। यह कार्य था भारत के उस पशुधन की रक्षा का कार्य जिसका मूर्तिमंत रूप गाय है। इस कार्य में वे जिस एकनिष्ठता और उत्साह से जुट गये उससे अधिक एकनिष्ठता और उत्साह मैंने कहीं नहीं देखा था। उनकी उदारता, नस्ल या रंग का कोई भेद, धर्मपंथ नहीं मानती थी। वे जो करना चाहते थे, वह किसी भी व्यस्त व्यक्ति के लिए दुर्लभ बात है। कदाचित ही ऐसा सम्भव है। मन में एक भी अवांछनीय विचार घुसपैठ न कर पाये, ऐसा आत्मनियंत्रण उनका लक्ष्य था। **उनकी मृत्यु से यह पृथ्वी दरिद्रतर हो गयी।** देश ने अपना एक परम पराक्रमी सेवक खो दिया है। जिस कार्य को उन्होंने अपना जीवन अर्पित कर दिया था उसे

उनकी विधवा जानकी देवी ने अपना लेने का निश्चय किया है। उन्होंने अपनी सारी निजी संपत्ति का, जो लगभग ढाई लाख रुपयें की है, त्याग कर दिया है जो दायित्व उन्होंने अपने सिर लिया है, प्रभु उन्हें उसका निर्वाह करने की शक्ति दे।

15-2-1942

बाईस वर्ष पहले की बात है। तीस वसंतों की बहार चेहरे पर लिए एक नौजवान मेरे पास आया और बोला :

"मैं आपसे कुछ मांगना चाहता हूँ।"

मैंने तनिक विस्मयपूर्वक कहा, "मांगो और पाओगे, अगर मेरे वश में हुआ तो।"

नवयुवक ने कहा, "आप मुझे अपने बेटे, देवदास की तरह मानिए।"

मैंने कहा, "मंजूर। पर यह तो तुमने दिया, मैं तो इसमें कुछ देने वाला हुआ नहीं।"

यह नवयुवक और कोई नहीं, जमनालाल बजाज ही थे। उस संबंध संस्कार का परिणाम क्या रहा, यह तो लोगों को कुछ-कुछ पता है। पर मेरे इस स्वयं गोद बैठे पुत्र की भूमिका क्या रही, यह थोड़े ही लोग जानते हैं। मैं कह सकता हूँ कि पहले कभी किसी नश्वर व्यक्ति का जीवन उन जैसे पुत्र ने धन्य नहीं किया था। निश्चय ही मेरे अनेक पुत्र और पुत्रियाँ हैं जो कि सब संतानवत् कुछ न कुछ काम करते हैं। लेकिन **जमनालाल जी ने स्वयं को तथा अपने सब कुछ को मुझे अर्पित कर दिया, कुछ भी शेष न रखा।** मेरी ऐसी एक भी क्रियाशीलता नहीं थी जिसमें उन्होंने दिल से पूरी-पूरी सहायता न की हो और वह सब बहुत कीमती साबित न हुई हो। वे प्रखर बुद्धि तथा प्रत्युत्पन्नमति थे। व्यापारियों में वे सरताज थे। **अपनी विपुल संपत्ति उन्होंने मुझे यथेच्छ व्यय हेतु सौंप दी।** मेरे स्वास्थ्य और मेरे काम की सार-संभाल का दायित्व उन्होंने ले लिया। लोकहित के लिए उन्होंने यह सब किया। जिस दिन उनका देहान्त हुआ, उसी दिन वे और जानकीदेवी मेरे पास आने वाले थे। जिस वक्त उन्हें मेरे पास होना था, लगभग उसी वक्त वे परमतत्व में जा मिले। मैंने स्वयं को इतना असहाय और कभी नहीं अनुभव किया। केवल मगनलाल के बरसों पहले गुजरने पर ऐसा ही अनुभव मुझे हुआ था। पर तब भी और अब भी मुझे विश्वास था कि वह भी उस प्रभु की प्रच्छन्न अनुकंपा ही है। ईश्वर बारंबार मेरी परीक्षा लेते हैं। मेरी श्रद्धा यह है कि वे इन अग्नि परीक्षाओं में खरा सिद्ध होने की शक्ति मुझे देंगे।

22-2-1942

श्रीनिवास शास्त्री

न केवल हमारे बीच से, बल्कि सारे संसार से, भारत का एक उत्तम सपूत चला गया। भारत के प्रति उनका उत्कट प्रेम हर एक परिचित स्पष्ट देख पाता था। मद्रास में पिछली बार हम मिले तो वे बस भारत की संस्कृति के ही बारे में बात करते रहे, जिसके लिए वे जिए और मरे। मेरा निश्चित मानना है कि मृत्यु शय्या पर भी वे अपने बारे में कुछ नहीं सोच रहे होंगे। उनका संस्कृत ज्ञान उनके अंग्रेजी ज्ञान जैसा ही विशद् था, बल्कि विशदतर ही रहा होगा। इसके अतिरिक्त अधिक कुछ मैं नहीं कहने वाला कि हमारे बीच राजनैतिक असहमतियाँ थीं पर हमारे दिल एक थे। उत्तम देशभक्त से तनिक भी कम उनकी देशभक्ति होगी, यह मैं विचार तक नहीं कर सकता। देह तो भस्म हो गयी पर शास्त्री का व्यक्तित्व जीवित है।

21-4-1946

पंडित मदनमोहन मालवीय

अंग्रेजी में एक कहावत है–"राजा नहीं रहे। राजा चिरंजीवी हों।" महान और श्रेष्ठ मालवीय जी के बारे में यह और भी ठीक बैठेगी। मृत्यु ने उन्हें भौतिक कष्टों से मुक्ति दी। वह शरीर अब कुछ समय से उनके द्वारा चाहे गये काम कर नहीं पा रहा था। उनके बारे में हम यह क्यों नहीं कह सकते भला, "भारतवर्ष के श्रद्धेय मालवीय जी नहीं रहे। मालवीय जी अमर रहें?"

युवावस्था के प्रारम्भ से पकी हुई वृद्धावस्था तक उन्होंने जो लगातार मेहनत की, उसने उन्हें अमर बना दिया। उनकी सेवाएँ बहुत हैं, पर बनारस हिन्दू यूनिवर्सिटी, जिसे हिन्दी में काशी विश्वविद्यालय कहा गया है, निश्चय ही सदा उनकी महत्तम एवं उत्तम रचना मानी जायेगी। जनता उसे बनारस हिंदू विश्वविद्यालय के नाम से ही ज्यादा जानती है। इसमें दोष मालवीय जी का नहीं और अगर है ही तो उनके उदात्त हृदय के कारण ही है। वे अपने अनुयायियों के सेवक थे। उन लोगों की ही इच्छा को वे मान लेते थे। मैं निजी तौर पर जानता हूँ कि ऐसा समायोजन उनके स्वभाव में था जो कई बार कमजोरी तक बन जाता था। जबकि वे एक सशक्त व्यक्ति थे। उनके प्रिय भागवत् में भी तो कहा गया है कि समर्थ को दोष नहीं लगता। पर यह एक ऐसी कमी है जो अभी भी सुधारी जा सकती है। उस भव्य संरचना का हर एक पत्थर सच्चे हिन्दू धर्म एवं संस्कृति का प्रतिबिम्ब होना चाहिए। इस संस्था को किसी भी आकार या रूप में पश्चिम के उस भौतिक वाद की महिमा को व्यक्त नहीं करना चाहिए जिससे हम सुपरिचित

हैं। बल्कि उसे अध्यात्म की महिमा का सच्चा प्रतिबिम्ब करना चाहिए। क्या वहाँ का हर विद्यार्थी शुद्ध, पवित्र धर्म का प्रतिनिधि है? यदि नहीं है, तो क्यों नहीं? इस विश्वविद्यालय की तथा सभी विश्वविद्यालयों की कसौटी यह है और होनी चाहिए कि उसके विद्यार्थियों की संख्या चाहे जितनी कम हो, पर उनकी गुणवत्ता का स्वरूप व स्तर क्या है; न कि यह कि किसी समय में वहाँ कितने विद्यार्थी पढ़ रहे हैं। मुझे पता है कि यह कहना सरल है, कर पाना कठिन। तथापि इस विश्वविद्यालय का आधार तो यही है। अतः वहाँ यदि संस्कृति का प्रतिबिंबन एवं गुणवत्ता नहीं है, तो फिर वहाँ कुछ नहीं है। इसलिए दिवंगत मालवीय जी के वंशधरों का और अनुयायियों का भी यह स्पष्ट कर्त्तव्य है कि इस विश्वविद्यालय को ऐसा ही स्वरूप प्रदान करें। इस विश्वविद्यालय का यह परम कर्त्तव्य है कि वह विश्व के धर्मों के बीच हिन्दू को उसका उचित स्थान दिलवाये तथा उसे आंतरिक दोषों और सीमाओं से मुक्त करे। उनके भक्तों को यह भार वहन करना अपना विशेष कर्त्तव्य समझना चाहिए।

काशी हिन्दू विश्वविद्यालय के रूप में मालवीय जी अपना अक्षय स्मारक छोड़ गये हैं। उसे टिकाऊ आधार देना तथा उसके सतत विकास को सुनिश्चित बनाना ही उस महान देशभक्त की स्मृति में हमारे द्वारा खड़ा किया गया उपयुक्त स्मारक होगा। इसके लिए लगातार धनराशि जुटाते रहना होगा। उनकी स्मृति के प्रति जिन्हें श्रद्धा है, ऐसे प्रत्येक व्यक्ति इसमें सहायक बन सकते हैं।

यह तो हुई उनकी बाहरी गतिविधियों से जुड़ी बात। उनका आंतरिक जीवन पवित्रता व शुद्धता का दृष्टांत रहा है। **दयालुता और सौम्यता के वे भंडार थे।** धर्मशास्त्रों का उनका ज्ञान अत्यंत विशद् था। वे वंश परंपरा के एक महान् धार्मिक उपदेशक थे। उनकी स्मरण शक्ति अद्‌भुत थी। उनका जीवन जितना सरल-सादा था, उतना ही स्वच्छ-साफ।

उनकी राजनीति और अन्य बहुमुखी गतिविधियों की बात मैं अभी छोड़ रहा हूँ। उनका जीवन निःस्वार्थ सेवा के लिए समर्पित था। उनकी प्रतिभा बहुमुखी थी। स्वभावतया ऐसे व्यक्ति का जीवन असीमित गतिविधियों से भरा रहेगा। मैंने तो केवल उसी पक्ष का स्मरण किया है जो मेरी बुद्धि से उनकी सर्वाधिक प्रमुख सेवा का क्षेत्र है, जो लोग उनके जीवन की शुद्धता और सादगी को सचमुच स्वयं के जीवन में उतारना चाहते हैं, वे ही उस संस्था को सच्चे हिन्दुत्व का जीवंत उदाहरण बनाने में सच्ची सहायता देंगे।

24-2-1946

आजाद हिन्द फौज का जादू :

आजाद हिन्द फौज का जादू हम पर छा गया है। नेताजी का नाम सारे देश में गूँज रहा है। वे अनन्य देश भक्त हैं। (वर्तमान काल का उपयोग मैं जानबूझकर कर रहा हूँ)। उनकी बहादुरी उनके कार्यों में चमक रही है। उनका उद्देश्य महान् था, पर वे असफल रहे। असफल कौन नहीं रहा ? हमारा काम तो यह देखना है कि हमारा उद्देश्य महान हो और सही हो सफलता यानी कमायाबी हासिल कर लेना हर किसी की किस्समत में नहीं लिखा होता।

मैं कैप्टेन शाहनवाज के इस बयान का स्वागत करता हूँ कि नेताजी का योग्य अनुयायी बनने के लिए, हिन्दुस्तान की धरती पर आने के बाद वह कांग्रेस की सेवा में एक विनीत, अहिंसक सिपाही बनकर काम करेंगे।

24-2-1946

अस्पृश्यता के विरुद्ध लाला लाजपत राय का सतत युद्ध :

पर हमारे आपके लिए लाला लाजपत राय की जो सबसे बड़ी अपील, सबसे विशेष अपील होनी चाहिए, वह है अस्पृश्यता के विरुद्ध उनका सतत युद्ध। यह सहज ही कहा जा सकता है कि हिन्दू भारत में तथा कथित अछूतों, हरिजनों के प्रति कर्त्तव्य भावना जगाने के पहले ही, लाला लाजपत राय स्पष्टतया यही सदा मानते और कहते रहे थे कि **अस्पृश्यता हिन्दुत्व पर बहुत बड़ा कलंक है।** खालिस अधर्म है, पाप है। जीवन में लालाजी ने अगर और कुछ न किया होता, तब भी अस्पृश्यता के विरुद्ध उनहोंने जो युद्ध किया था, उसकी पवित्र स्मृति उनहें हिन्दुओं का श्रद्धास्पद बनाये रखती। पर उन्होंने तो अखिल भारत की सेवा की। इससे कौन इंकार कर सकता है ? उनकी वीरता और निडरता को कौन नहीं मानता ? जब पंजाबियों ने लाला लाजपतराय को ''शेरे पंजाब'' कहा तो यह कोई यों ही दी गयी उपाधि नहीं थी।

5-1-1934

हरिजनों हेतु लालाजी का महान प्रेम :

जब लोग तथाकथित राजनीति को भूल चुके होंगे, जब ध्यान खींचने वाले अन्य बहुत से तात्कालिक आकर्षणों को भी भूल चुके होंगे, उस समय भी हरिजनों के लिए लालाजी के महान प्रेम को, और उस प्रेम से प्रेरित उनकी महान सेवाओं को न केवल करोड़ों हरिजन, बल्कि करोड़ों सवर्ण हिन्दू भी याद करेंगे। वस्तुतः सारा

भारत उन्हें याद करेगा। लालाजी महान मानवतावादी में समस्त मानवजाति समाविष्ट थी। हमारा प्रयत्न होना चाहिए कि हर पिछली पुण्य-तिथि के मुकाबले आने वाले वर्ष में लाला जी की स्मृति हमारे आचरण में उत्तरोत्तर सजीव होती जाये। लाला लाजपतराय जैसे सुधारकों के लिए मृत्यु तो केवल शरीर-क्षय होने के समान है। उनके कार्य और विचार शरीर के साथ नहीं मरते।

उनकी शक्ति समय के साथ-साथ बढ़ती जाती है। अब उसकी प्रतीति हमें अधिक गहरी होती है, क्योंकि समय बीतने के साथ-साथ वह शक्ति हमें शरीर की सीमाओं के सन्दर्भ से परे स्पष्टता से अनुभव होती है। मनुष्य में जो अस्थायी तत्त्व हैं वे मनुष्य की मृत्यु के साथ ही समाप्त हो जाते हैं। मनुष्य का स्थायी तत्त्व देह के भस्म होने पर भी बचा रहता है और हमें स्पष्टतर दिखने लगता है और हमें इसी प्रकाश में लालाजी की समृति को संजोकर रखना चाहिए। लालाजी की याद में हरिजन हिन्दुओं और सवर्ण हिन्दुओं को चाहिए कि वे अस्पृश्यता के अभिशाप से समाज को मुक्त करने का नया संकल्प करें। हरिजन हिन्दू अपने आपको उन बुराइयों से मुक्त करें जो उनमें दमन का शिकार रहने के फलस्वरूप आ गयी हैं, और सवर्ण हिन्दू अपने को ऊँचा मानने के उस पाप से मुक्त हों, जो पाप संपूर्ण अस्पृश्यता की धारणा में निहित है।

16-11-1934

गांधी के निराशा के क्षण :

अपने जीवन की संध्या में गांधी जी भारतीय प्रेम तथा 'हरिजन' से भी निराश हो गये। उन्होंने हिन्दू-मुस्लिम दंगों तथा देश के भारत व पाकिस्तान में विभाजन के फलस्वरूप हत्याओं के समाचारों पर सरकार के नियंत्रण को पसंद नहीं किया। सरकार विभिन्न स्थानों में मारे जाने वाले लोगों की संख्या तथा वह समुदाय विशेष जो दंगे शुरू करने के लिए उत्तरदायी था, का विस्तृत विवरण नहीं देना चाहती थी, ताकि भय व्याप्त होने से रोका जा सके, जबकि गांधी जी चाहते थे कि समाचार-पत्र सत्य से जुड़े रहें।

गांधी जी ने 'हरिजन' के मैनेजर को लिखा, संभवतः हमें 'हरिजन' को बन्द करने का निर्णय लेना पड़े...**मेरा मन हमारे नेताओं के द्वारा किये जा रहे अनेक कार्यों के विरुद्ध विद्रोह करता है,** तथापि मुझे उनका सक्रियतापूर्वक विरोध करने की इच्छा नहीं है। किन्तु भला मैं किस प्रकार इससे बच सकता हूँ, यदि मैं एक समाचार-पत्र चला रहा हूँ?

1947 के प्रारम्भ में उन्होंने पाठकों को संबोधित करते हुए लिखा, 'मुझे ऐसा लगता है कि अब ब्रिटिश शासन से आजादी मिल गयी है तो 'हरिजन' की कोई जरूरत नहीं है कोई 6 महीने बाद जब मई 1947 में वे दिल्ली आये तो उन्होंने 'हरिजन' के लिए अपनी मृत्यु 30 जनवरी 1948 को होने तक लिखना जारी रखा। 15 फरवरी 1948 को स्वतंत्र भारत के तत्कालीन गवर्नर जनरल सी. राजगोपालाचारी के हस्ताक्षर से 'हरिजन' में यह छपा कि **'हरिजन' बापू की आवाज थी और उनका शरीर पंचतत्वों में विलीन हो चुका है, अतः 'हरिजन' आगे नहीं चल सकता।** मुझे चालू रखने के किसी भी प्रयास को कोई दूसरा आकार लेना होगा। यद्यपि यह कुछ महीनों तक और चलता रहा, किन्तु शीघ्र ही इसका प्रकाशन बंद हो गया।

'हरिजन' का मूल्य एक आना (तीन पेनी) था। प्रारम्भ में इसकी 10,000 प्रतियाँ छापी गयीं। 'हरिजन' उनके अन्य पूर्व पत्रों से भिन्न था। इसमें **ग्रामीण स्वच्छता, खद्दर, हिन्दुओं के पशुओं के बारे में दृष्टिकोण इत्यादि पर गांधी जी ने लेख लिखे।** 18 अक्टूबर 1939 को 'हरिजन' को यह चेतावनी मिली कि सत्याग्रह के समाचार बिना पूर्व अनुमति के न छापे जायें। इसके उत्तर में 24 अक्टूबर 1939 को गांधी जी ने स्पष्ट घोषित किया, 'यदि प्रेस सलाहकार को सत्याग्रह के बारे में मेरे द्वारा लिखित हरेक लाइन नयी दिल्ली भेजना पड़े तो मैं खुलकर काम नहीं कर सकता हूँ। तीनों साप्ताहिक सत्य के हित में चलाये गये हैं, इसलिए सभी पार्टियों के हित में है। किन्तु मैं उस हित की सेवा नहीं कर सकता यदि संपादन को दंड की धमकी के नीचे काम करना पड़े। प्रेस की स्वतंत्रता एक प्रिय विशेषाधिकार है...मैं सरकारी नोटिस के साथ सामंजस्य सथापित करने में असमर्थ हूँ जिसकी प्रकृति सलाह जैसी है, किन्तु वास्तव में यह एक आदेश है जिसके उल्लंघन के अपने परिणाम होंगे।' गांधी जी ने अंग्रेज सरकार के सामने घुटने टेकने की अपेक्षा पत्र प्रकाशन को रोक देना ही श्रेयस्कर माना। उन्होंने लिखा, **'पाठकों से विदा : मैं आप लोगों से साप्ताहिक वार्ता से वंचित हो रहा हूँ। पत्र का स्थगन एक सत्याग्रही के द्वारा गलत सरकारी आदेश के विरोध का सम्मानजनक तरीका है।'**

गांधी ने पुनः 24 सितंबर 1938 को लिखा : **'हरिजन अखबार नहीं है। यह एक व्यक्ति के विचारों का प्रतिनिधित्व करने वाला विचार पत्र है। जब तक मैं जिंदा हूँ, इसमें महादेव और प्यारेलाल भी नहीं लिख सकते।'**

पत्रकार : चलते-फिरते प्लेग :

18 जनवरी 1942 को गांधी के पत्रों का प्रकाशन फिर शुरू हुआ। 'हरिजन' गांधी का बेहद लोकप्रिय पत्र साबित हुआ। वह अंग्रेजी और हिन्दी सहित नौ भाषाओं में निकल रहा था और विदेशों में भी उसकी खासी माँग थी। उसने बढ़-चढ़ कर अंग्रेजों के भारत छोड़ने की वकालत की। भारत दोड़ों आंदोलन शुरू हुआ।

गांधी गिरफ्तार हुए और 'हरिजन' सहित 'नवजीवन प्रेस' को जब्त कर लिया गया। हरिजन की पुरानी फाइलें नष्ट कर दी गयीं। गांधी ने पत्र को जिंदा रखने की इच्छा छोड़े नहीं। वे जेल में थे तभी कस्तूरबा का निधन हुआ। वे 6 मई 1944 को छूटे और 10 फरवरी 1946 को साढ़े तीन साल बाद 'हरिजन' का प्रकाशन फिर शुरू कर दिया। वह देश में सांप्रदायिक तनाव का दौर था। वे लगातार लिखते और बोलते थक चुके थे। वे अपने अनुयायियों को भटकते देख रहे थे। पत्रकारों को अफवाहें फैलाते देख रहे थे। इसीलिए उन्होंने पत्रकारों को खामोश रहने की भी सलाह दी : **'पत्रकार चलते-फिरते प्लेग हो गए हैं। ...ऐसे अवसर आते हैं जब एक पत्रकार खामोश रह कर अपने व्यवसाय की ज्यादा सेवा करता है।'**

5 नवम्बर 1917 को महात्मा गांधी ने अस्पृश्यता के सन्दर्भ में बताया : **''अछूतों का एक अलग वर्ग बना देना हिन्दू धर्म के माथे पर कलंक है।''** अछूतपन तो पाप है, सख्त जुर्म है और यदि हिन्दू धर्म इस बड़े सांप को समय रहते नहीं मार डालेगा तो वह उसको खा जायेगा।

रावण राक्षस था, पर अस्पृश्यता रूपी राक्षसी तो रावण से भी भयंकर है और इस राक्षस की धर्म के नाम पर जब हम पूजा करते हैं तो पाप की गुरुता और भी बढ़ जाती है। फिर यह पाप हिन्दू धर्म का अंग कैसे हो सकता है?

भंगी जो मैला उठाता है, वह शारीरिक है और वह तुरन्त दूर किया जा सकता है किन्तु जिन पर असत्य और पाखण्ड का मैल चढ़ गया है, उनका मैल इतना सूक्ष्म है कि उसे दूर करना बहुत कठिन है। यदि किसी को अस्पृश्य गिन सकते हैं, तो असत्य और पाखण्ड से भरे हुए लोगों को।

हिन्दू धर्म इतना महान और व्यापक है कि आज तक कोई उसकी व्याख्या करने में कृत कार्य नहीं कर सका। मेरा जन्म वैष्णव सम्प्रदाय में हुआ है और इसके सिद्ध-सिद्धान्त मुझे बड़े ही प्रिय हैं। वैष्णव धर्म में अथवा हिन्दू धर्म में मुझे कहीं यह विधान नहीं मिला कि भंगी, डोम आदि जाति अस्पृश्य हैं। हिन्दू धर्म अनेक रूढ़ियों से घिरा हुआ है। उसमें से कुछ रूढ़ियाँ प्रशंसनीय हैं, शेष निन्द्य

हैं। **अस्पृश्यता की रूढ़ि तो सर्वथा ही निन्द्य है।** मैं इस रूढ़ि को पाखण्ड कहता हूँ। जिस धर्म में नरसी मेहता जैसे समदर्शी भगवद् भक्त हो गये हों, उसमें अस्पृश्यता की भावना का रह सकना, कदापि सम्भव नहीं है।''

23 मार्च 1925 ई. के 'हिन्दू' में उन्होंने लिखा–

अस्पृश्यों को बदलने का असर :

आप किसी व्यक्ति के साथ केवल इसलिए अस्पृश्यता का व्यवहार न करें कि वह किसी एक खास जाति में पैदा हुआ है। क्या ईश्वर किसी के मस्तक पर 'नीच' लिखकर जन्म देता है ? जिस दिन वह ऐसा करेगा, उस दिन वह ईश्वर नहीं रहेगा।

आप आश्रम में जायें और उन पंचम बालकों को देखें, जिनका पालन-पोषण वहाँ हुआ है और मैं दावे के साथ कहता हूँ कि आप पंचम बालकों और ब्राह्मण या सवर्ण हिन्दू बालकों के बीच भेद नहीं कर सकेंगे। थोड़ी-सी करुणा, थोड़ी-सी मानवता और प्रेम के स्पर्श ने उन्हें आराम में रहने वाले प्रत्येक व्यक्ति जैसा बना दिया है।

आत्माभिव्यक्ति की स्वतंत्रता सभी के लिए अपरिहार्य है। 13 अक्टूबर 1940 के **'हरिजन'** में बापू ने लिखा–

''मैंने वाइसराय साहब से बिल्कुल साफ कह दिया कि आज हमारे सामने तात्कालिक प्रश्न स्वतंत्रता का नहीं है, वह तो केवल अपनी हस्ती को कायम रखने का है यानी आत्माभिव्यक्ति का है, जिसका मोटा अर्थ है–बोलने की स्वतंत्रता। वह स्वतंत्रता कांग्रेस केवल अपने लिए नहीं, बल्कि सबके लिए मांगती है। शर्त सिर्फ इतनी है कि अहिंसा की मर्यादा तनिक भी भंग न हो।''

इसी पत्र में 18 नवम्बर 1940 में उनका वक्तव्य प्रकाशित हुआ–

समाचार-पत्रों की आवाज बन्द :

18 अक्टूबर को पूना के जिला मजिस्ट्रेट के दफ्तर से 'हरिजन' के संपादक को नीचे लिखा नोटिस मिला : ''श्री विनोबा भावे के सत्याग्रह से सम्बन्धित घटनाएँ, उनके व्याख्यान या उनके सत्याग्रह से सम्बन्ध रखने वाली और कोई आगे की बात न छापी जाय।''

नोटिस यह जाहिर करता है कि श्री विनोबा भावे का सत्याग्रह कितना प्रभावशाली रहा।

मेरे लिए सिवाय इसके कोई चारा नहीं है कि **'हरिजन' 'हरिजन बन्धु'** और **'हरिजन सेवक'** छापना बन्द कर दूँ। यदि मुझे हर एक पंक्ति, जो मैं सत्याग्रह के

बारे में लिखता हूँ, प्रेस एडवाइजर को नई दिल्ली भेजनी पड़े, तो मैं स्वतंत्रतापूर्वक लिख ही नहीं सकता। यदि कानून की धमकी के नीचे मुझे संपादन-कार्य करना पड़े तो यह सेवा मेरे लिए असंभव हो जाती है।

सत्याग्रह केवल अखबारी प्रचार पर ही निर्भर नहीं है। यदि सत्याग्रह वास्तविक है, तो स्वयं इसमें इतना वेग है कि वह चलता रहेगा। अभी भी मैं नहीं कह सकता कि अगला कदम क्या होगा?

10 फरवरी 1946 ई. के अंक में छपा–

'हरिजन' का पुनः प्रकाशन :

'हरिजन' पुनः प्रकाशित हो रहा है। 10 जनवरी 1946 को इस पर से रोक हटा ली गयी। बहुत से पाठकों को, जिनमें अंग्रेज और अमेरिकी भी शामिल हैं, 'हरिजन' की कमी बराबर खटकती रहती थी। फासिस्ट देशों की हार के बाद तो वह कमी और भी ज्यादा खटकने लगी थी। कारण स्पष्ट है, समूची दुनिया में नहीं, तो कम-से-कम हिन्दुस्तान में बहुत-सी बातें हो रही हैं। सत्य और अहिंसा की दृष्टि से मुझ पर उनका क्या असर पड़ रहा है, इसे जानने की उत्सुकता 'हरिजन' के पाठकों में हो रही है और मैं उनकी इस इच्छा को पूरा करना चाहता था।

क्या अणुबम ने मेरी श्रद्धा को चूर-चूर नहीं कर डाला? नहीं, जरा नहीं। इसके विपरीत उसकी वजह से मेरा यह विश्वास और अधिक दृढ़ हुआ है कि दुनिया में सत्य और अहिंसा से बढ़कर कोई ताकत नहीं है। इस सत्य को माने बिना और इसके साक्षात्कार का सच्चा प्रयत्न किये बिना आत्म-नाश से बचने का दूसरा कोई इलाज नहीं है। इससे बचने का सच्चा उपाय यही है कि हर आदमी जीवन के हर एक क्षेत्र में, अपने पड़ोसियों से किसी प्रतिफल की आशा रखे बिना इन सिद्धान्तों पर अमल करने लग जाये।

18 अक्टूबर 1927 के **'हिन्दू'** में गांधी जी का वक्तव्य था–

अपमानित और लज्जित करने वाली अस्पृश्यता :

विभिन्न प्रकार की अस्पृश्यता के बारे में सुनता हूँ तो मैं अत्यंत अपमानित और लज्जित हो जाता हूँ। मेरे इस दुःख को बढ़ाने वाली एक ऐसी चीज आज मैंने अपनी आँखों देखी है, जिसे मैं आसानी से नहीं भूल सकूँगा।

जैसे ही मैं पालघाट पहुँचा, मुझे उस मकान के पड़ोस में एक चीख की आवाज सुनाई पड़ी। श्री च. राजगोपालाचार्य मेरे पास आये उन्होंने पूछा कि क्या मैं कुछ अजीब तरह की आवाजें सुन रहा हूँ? मैंने कहा–हाँ। उन्होंने बताया कि

यह एक नायडी की आवाज है, जो इस बात की सूचक है कि वह कुछ दूरी पर भीख मांग रहा है। मैं जल्दी से उसे देखने निकला। वह सड़क के किनारे लगी बाड़ी से कुछ दूर हट कर चल रहा था। मैंने उससे निकट जाने को कहा। उसने मुझसे कहा कि वह सड़क के किनारे आने की हिम्मत नहीं कर सकता। उसने यह भी कहा कि वह पालघाट की सड़कों पर कभी नहीं चलता। कुछ तो किसी भी सड़क पर नहीं चल सकते। **इस भयंकर अन्याय के विरुद्ध मेरा सारा हिन्दुत्व विद्रोह कर उठता है।**

यदि हमने अंधविश्वास के आगे अपने विवेक को गिरवी न रख दिया होता, तो हम पलक झपकते इस बुराई को दूर कर सकते थे।

यदि आप राष्ट्रवादी हैं और देश के लिए आपके हृदय में दर्द। इसी कारण अपने देश के सबसे तुच्छ व्यक्ति के लिए भी आप सहानुभूति महसूस करते हैं तो आप उन स्थानों में जाइये, जहाँ नायडी और पुलाया तथा भ्रमवश अस्पृश्य कहलाने वाले अन्य लोग रहते हैं और उनकी **स्थिति को सुधारने के काम में अपना जीवन लगा दीजिए।**

मैं इस बुराई को दूर करने को हिन्दू धर्म की अग्नि परीक्षा मानता हूँ। मेरी नम्र राय में ब्राह्मण-अब्राह्मण प्रश्न, हिन्दू-मुसलमान का सवाल और हमारे सामने जो अन्य कई प्रश्न मौजूद हैं और जितने आज हम त्रस्त हैं, सब इसी अस्पृश्यता के सवाल के विभिन्न पहलू हैं।

मैं ईश्वर से प्रार्थना करूँगा कि वह आपकी समझ की आँख खोले, आपके अन्तःकरण को जाग्रत करे और आपको शक्ति दे कि आप इन लोगों के बीच जायें, और समस्या के जिस समाधान और राहत के वे अधिकारी हैं, वह उन्हें दें।

अध्याय-12

गांधी का सम्पादन कौशल

"In reality, a good editor is one who opens our eyes to what is happening around us, one who helps us to meet them, one gives utterances to our thoughts and feelings what oft was thought but never so well expressed."

–H.Y. Sharda Prasad

*

"सम्पादक का पद आजीविका के लिए नहीं बल्कि केवल लोक सेवा के लिए है।"

*

"To be true to my faith, therefore, I may not write in anger or malice. I may not write idly. I may not write merely to excite passion."

–Young India, 2-7-1925

*

"यदि मैं अपनी आस्था के प्रति कर्त्तव्यनिष्ठ रहूँ तो क्रोध में आकार या द्वेष से कुछ नहीं लिखूँगा। मैं बिना किसी प्रयोजन के भी नहीं लिखूँगा। मैं यह नहीं चाहूँगा कि लिखते समय मैं केवल भावनाओं में बह जाऊँ। पाठकों को क्या मालूम कि हर सप्ताह अपना विषय चुनने में, शब्दों के इस्तेमाल में मुझे अपने पर कितना नियन्त्रण रखना पड़ता है। ऐसा करते समय मुझे अपने आपमें झाँकने का और अपनी कमजोरियों को दूर करने का अवसर मिल जाता है। अक्सर मेरा खालीपन या क्रोध मुझे कुछ बड़ी या कड़वी बातें लिखने पर मजबूर कर देता है। यह एक

कड़ी परीक्षा का समय होता है लेकिन बाद में उन शब्दों को काटना या बदलना एक अच्छा खासा अभ्यास हो जाता है।''

—महात्मा गांधी

*

''शब्द ब्रह्म का रूप है। इसे नष्ट न करें और कम शब्दों से अधिक बात कहने की कला सीखें।''

—अज्ञेय

*

लिखने के पूर्व सम्पादक को 'सारं गृह्णन्ति पंडिताः' के अनुरूप समाचार-चयन का महत्त्वपूर्ण कार्य करना पड़ता है। संवाद समितियों, संवाददाताओं एवं अन्य स्रोतों से प्राप्त समाचारों के अम्बार से किसी समाचार के चयन के सन्दर्भ में 'डेली हेराल्ड' के जूलियस साल्टर इलियास का सुझाव द्रष्टव्य है–

''हम अपने पत्र में ऐसे समाचार दें जिससे पाठक मुस्कुराए और उत्साहित हो। प्रत्येक पृष्ठ पर ऐसे समाचारों को स्थान मिले जिनसे पाठकों का मन प्रसन्न हो।''

गांधी जी समाचारों के चयन एवं लेखन के सन्दर्भ में यही कहते थे–''समाचारों का चयन सावधानी से हो, उनका संक्षेपीकरण हो, अहिंसा का पालन हो और संयत भाषा का प्रयोग हो। समाचार देना भी कला है। **कम-से-कम स्थान पर ज्यादा-से-ज्यादा समाचार मैं देता था और साथियों को भी सिखाता था।**''

समाचारों के चयन में निम्नलिखित तथ्यों का ध्यान रखने पर बापू का जोर था :

(1) जनाकर्षण–सामयिकता, सामीप्य, आकार-प्रकार तथा महत्त्व इन चार विशेषताओं से परिपूर्ण समाचार आकर्षक होते हैं जिनके चयन पर बल दिया जाता है।

(2) जनरुचि–जनरुचि, जातिरुचि और समूहरुचि को तुष्ट करने वाले समाचार वरेण्य होते हैं। लोक-नाड़ी को परखकर उसके अनुरूप समाचारों का प्रकाशन होना चाहिए परन्तु यहीं एक कठिनाई है। हत्या, डकैती, पॉकेटमारी, जालसाजी, धोखाधड़ी और बलात्कार सम्बन्धी लोकरुचि के समाचारों के घिनौने अंशों को प्रस्तुत कर पाठकों की रुचि को विकृत भी किया जा सकता है। आदर्श सम्पादक सत्य को न छिपाने की मजबूरी में रहते हुए भी **शालीनता के परिधान में आवेष्टित कर ऐसे समाचार को प्रकाशित करते हैं।**

(3) तथ्यों की पवित्रता–कहा जाता है कि 'तथ्य पवित्र हैं, प्रचार पवित्र नहीं।' सत्य ही प्रकाश्य है। कभी-कभी चयन-प्रक्रिया में धर्मसंकट की स्थिति आ जाती है। जैसे सूचना विभाग द्वारा हड़ताल की असफलता सम्बन्धी विज्ञप्तियों के ढेर के साथ ही विविध सूत्रों द्वारा हड़ताल की असफलता के समाचार प्राप्त होते हैं। ऐसी परिस्थिति में राष्ट्रहित तथा पत्रकारिता की न्यायोचित माँग के अनुरूप बड़ी ईमानदारी से उभय पक्ष के तथ्यों को पाठकों के समक्ष रख दिया जाता है।

समाचार पर बेलन–समाचार-चयन के आदर्शों के सम्मुख व्यावहारिकता का पलड़ा भारी हो जाता है। फलतः समाचारों पर बेलन फेरने की आवश्यकता पड़ जाती है :

1. प्रकाशक, प्रधान सम्पादक और सम्पादक की मान्यता, धारणा, दृष्टिकोण और सनक।
2. प्रसार क्षेत्र की आवश्यकताएँ।
3. पाठकों का शिक्षा-स्तर
4. पृष्ठ पर कितना और कैसा स्थान।
5. समय का बंधन।
6. आपातकाल, संकट-काल, सेंसर तथा अधिकारियों की हठधर्मिता।
7. विज्ञापनदाता का हित।
8. पत्र तथा पत्रकारों के हिताहित का ध्यान।
9. राष्ट्र की मर्यादा, परम्परा एवं आदर्श।

समाचार लेखन :

पत्रकारिता-जगत् में समाचार को 'कथा' (News Story) भी कहते हैं। समाचार को कथा के रूप में रसीला, नशीला, चुटीला और दिलचस्प बनाकर प्रस्तुत करना एक सफल कलाकार की क्षमता पर निर्भर है। समाचार लिखते समय निम्नलिखित बातों को ध्यान में रखना चाहिए–

"कोई भी कथा कम से कम सत्य प्रतीत होनी चाहिए, सुसंगत होनी चाहिए, अच्छे ढंग से कही जानी चाहिए, संक्षिप्त और नगी होनी चाहिए। जब कभी इन नियमों का उल्लंघन होगा, बुद्धिमान मनुष्य उसे छोड़कर सो जाएगा, मूर्ख भले ही उसकी प्रशंसा करें।"

समाचार-लेखन में निम्नलिखित प्रक्रियाएँ पूरी की जाती हैं–

1. समग्र तथ्यों को संकलित करना।
2. कथा की काया की योजना बनाना एवं लिखना।
3. आमुख लिखना।
4. परिच्छेदों का निर्धारण करना।
5. वक्ता के 'कथन' को अविकल रूप में प्रस्तुत करना।
6. सूत्रों के संकेत को उद्धृत करना।

कथा-काया की प्रस्तुति में ऐसा प्रयास होता है कि प्रथम अनुच्छेद में घटना की जानकारी हो जाय। पुनः घटना के उद्देश्य, उसकी प्रक्रिया, पृष्ठभूमि तथा प्रतिक्रिया को स्पष्ट करना चाहिए। तत्पश्चात् समाचार का प्रारस्परिक सम्बन्ध उल्लेख्य होता है। एल.के. डिकर के अनुसार Information (सूचना), Intention (उद्देश्य), Method (प्रक्रिया, विधि), Administration (घटना की पृष्ठभूमि एवं प्रबंध) और Intercommunication (पारस्परिक संचार) से परिपूर्ण समाचार ही सुबोध और ग्राह्य होता है। संक्षेप में I.I.M.A.I इसे के रूप में जाना जाता है।

समाचार-लेखन में वही पत्रकार सफल माना जाता है जो भाषाविद् हो। सरल, प्रवाहपूर्ण, सुस्पष्ट और चटपटी भाषा में लिखित समाचार सर्वग्राह्य होता है। छोटे वाक्य, छोटे अनुच्छेद, स्वीकारात्मक भाव और जोशीली भाषा का प्रयोग कर कोई भी सुलेखक हो सकता है जैसा कि अर्नेस्ट हेमिंग्वे का निर्देश है :

Use short sentences. Use short paragraphs. Use vigorous English not forgetting to strive for smoothness. Be positive, not negative.

गांधी जी एक गम्भीर भाषाविद् थे। हिन्दी, गुजराती पर उनका अधिकार तो था ही अंग्रेजी भाषा के वे पारखी थे। अंग्रेजी मुहावरे तथा प्रीपोजिशन के उचित प्रयोग की उन्हें जानकारी थी जैसा कि एडवर्ड थामसन ने लिखा है :

"Unsurpassed command of English idiom comes partly from perfect control over his mind. The hardest thing in our language for a foreigner is prepositions. I have never met an Indian who had mastered them as Gandhi has."

गांधी जी की सम्पादन-कला आज भी अनुकरणीय है। यद्यपि वे लेखकों को द्रव्य-दक्षिणा नहीं देते थे तथापि उनसे मानक के अनुरूप अच्छी आर्टिकल ही चाहते थे। स्पष्ट शब्दों में लेखकों को दिशा-निर्देश देने में वे हिचकते नहीं थे :

"Your article on Mr. Jamnadas was ill-conceived and hurriedly written. It could not be printed in Young India nor is it worth printing in any other paper."

स्वतंत्रता संग्राम सेनानी और वरिष्ठ पत्रकार श्री सैलेन चटर्जी ने गांधी की सम्पादन-क्षमता पर एक प्रामाणिक लेख लिखा है। उन्होंने बतलाया है कि गांधी जी सिद्धहस्त सम्पादक थे। उनसे बहुत कुछ सीखा जा सकता है :

To edit big News Items

I prepared a big copy of his speech and was going to the telegraph office to sent it. When Gandhiji returned from his evening walk, he called me and wanted to see my copy. He said that it was well ritten. But such a big copy will not reach my Bombay office quickly. Moreover, the news item may get mutilated. He said that he had been a journalist, and if I had no objection, he would edit my copy. He edited and made it one-fourth of what I had written. He asked me to type the edited copy and send it through the Telegraph office. The news item was well published. I told Gandhiji that I was grateful to him for teaching me how to edit big news items. He said that I could always seek his help because I was very young and have to learn a lot in journalism.

संशोधन एवं संवाद सूत्र-गोपन :

गांधी जी का मत था कि सम्पादक को ख्यातिलब्ध लेखकों के लेखों का भी संशोधन-परिमार्जन करने का अधिकार है। सार्वजनिक हित में समाचार प्रकाशन के सम्बन्ध में उनका यह दृढ़ मत था कि गोपनीय समाचारों के प्रकाशन से भी यदि जनहित होता हो तो उसको छिपाया नहीं जाना चाहिए। पत्रकार इस बात को बताने के लिए विवश नहीं किया जा सकता कि अमुक समाचार उसने कहाँ से और किससे प्राप्त किया। यहाँ गांधी जी के जीवन की एक घटना का उल्लेख आवश्यक है जब श्री विट्ठल पटेल वाइसराय की व्यवस्थापिका परिषद् के अध्यक्ष थे, उन्हीं दिनों गांधी जी को अत्यन्त महत्त्वपूर्ण गुप्त सरकारी बात का पता लगा जो बात सार्वजनिक हित की थी। अतः गांधी जी ने उसका प्रकाशन अपने पत्र में कर दिया। सरकार प्रयत्न करने लगी कि गांधी जी को यह समाचार किस सूत्र से प्राप्त हुआ। गांधी जी ने भी इस संबंध में पूछताछ की गयी पर उन्होंने सरकार को समाचार का सूत्र बताने से साफ-साफ अस्वीकार कर दिया। उनका कहना था–बात

सार्वजनिक हित की थी इसे चाहे जैसे भी हो प्राप्त करना पत्रकार का कर्त्तव्य था। यह समाचार कहाँ से प्राप्त हुआ। इसका सूत्र बताने के लिए पत्रकार बाध्य नहीं किया जा सकता।

गांधी जी अप्रतिम और अनुकरणीय पत्रकार थे। सम्पादकों, पत्र-प्रबंधकों, लेखकों के कर्त्तव्य, अधिकार से वे पूर्णतः परिचित थे। सम्पादकों को उन्होंने अत्यन्त संयमित रहने की सलाह दिया। उनकी उद्घोषणा थी–

''मैं अपने समाचार-पत्रों के लेखकों एवं पत्रकारों से कहता हूँ कि जो कुछ कहना है, खुल्लम खुल्ला कहिए। यह हमारा अधिकार व कर्त्तव्य है किन्तु हमें यह न भूल जाना चाहिए कि हमें यह कार्य शिष्टता व संयम की मर्यादाओं के भीतर रहकर करना है।''

राष्ट्रपिता का जुझारू तेवर :

राष्ट्रपिता द्वारा सम्पादित पत्रों के गहन अध्ययन के पश्चात् प्राप्त उनके दो टूक संदेशों से महामानव की संघर्ष शक्ति का अनुमान लगाया जा सकता है।

जमानत हमारी कलम पर किसी भी प्रकार का अंकुश नहीं लगा सकती और न उसके अभाव में हमारी निरंकुशता में रत्ती भर की वृद्धि ही होती है, बल्कि इससे हमारा उततरदायित्व सहज ही बढ़ जाता है। कुछ भी हो, हम विवेक और मर्यादा के साथ, निर्भयतापूर्वक जनता के सामने अपने विचारों और मंतव्यों को पेश करने का प्रत्यन करते रहेंगे।

जब तक इस प्रकार के अखबारों को लिखने और प्रकाशित करने का साहस करने वाले लोग मौजूद हैं, तब तक संसार की कोई भी सरकार इन पर नियंत्रण नहीं रख सकती।

अभिव्यक्ति की स्वतंत्रता की दमन-नीति का विरोध उसी दिन समाप्त होगा, जिस दिन इस सरकार का अंत होगा।

पत्रकार लोग यदि जनमत के सच्चे प्रतिनिधि हैं तो वे इस अध्यादेश से भयभीत नहीं होंगे। इसलिए पत्रकारों और प्रकाशकों से गेरा अनुरोध है कि वे कोई जमानत न दें, और यदि उनसे जमानत देने को कहा जाए तो वे या तो अपना प्रकाशन बंद कर दें या फिर अधिकारियों को, वे जो कुछ चाहें, जब्त कर लेने की चुनौती दें। आज जबकि स्वतंत्रता सचमुच हमारा दरवाजा खटखटा रही है और जबकि उसे प्राप्त करने के लिए हजारों लोगों ने न जाने कितनी यातना सही है, आप किसी को भी यह कहने का मौका न दें कि पत्रकारों की कसौटी हुई तो वे

पूरी तरह खरे नहीं पाए गए। वे भले ही आपका टाइप और आपकी मशीनें जब्त कर लें, लेकिन आपकी कलम तो नहीं छीन लेंगे, और न आपकी वाणी ही छीन लेंगे। यदि छीन भी लें तो वे एक चीज नहीं दबा सकते, वह है राष्ट्र का संकल्प और वास्तव में महत्व की चीज भी यही है। आज भारत में शायद ही कोई ऐसा पुरुष या स्त्री हो, जिसकी हर साँस में असंतोष, राजद्रोह, राज्य के प्रति अभिव्यक्ति और वर्तमान शासन-प्रणाली को समाप्त कर देने को कटिबद्ध राष्ट्र की मनोवृत्ति का वर्णन चाहे जिस शब्द में कीजिए, उसकी आहट न आती हो।

किसी दबाव में दबे रहकर अखबार निकालने से बेहतर तो यह है कि अखबार निकाला ही न जाए।

आप उन जंजीरों को तोड़ डालिए, जिनमें आप जकड़े हुए हैं। समाचार-पत्रों को आजादी का रास्ता दिखाने और आजादी के लिए जान देने का उदाहरण प्रस्तुत करने का गौरवमय सौभाग्य प्राप्त करना चाहिए। आपके हाथ में कलम है, जिसे सरकार नहीं रोक सकती।

विश्ववंद्य बापू के जीवन में पत्रकारिता का दुरुपयोग प्रारम्भ हो चुका था। स्वच्छन्दता, अनैतिकता, अशिष्टता का बोलबाला है। इतनी विकृति होने पर भी एक आशा की किरण दीख रही है। गणेश, शंकर, नारद जिसके इष्टदेव हैं, महर्षि अरविन्द, गोखले, तिलक, माखनलाल चतुर्वेदी, गणेश शंकर विद्यार्थी तथा पराड़कर जिसके पिता-पितामह हैं, पूज्य गांधी जिसके आलोक स्तम्भ हैं, वे पत्रकार आत्म निरीक्षण करें। आत्म सुधार द्वारा वे मीडिया-जगत् में आदर्शों की स्थापना करें। मुझे दृढ़ विश्वास है कि मानव जीवन के प्रत्येक क्षेत्र में व्याप्त माफिया वर्ग को श्रीहत कर पत्रकार 'सत्यश्रमाभ्यांसकलार्थ सिद्धिः' को आत्मसात करें जिससे साम्प्रतिक संचार-जगत 'सत्यं शिवं सुन्दरम्' का पर्याय होगा। राष्ट्रपिता के प्रत्येक क्रियाकलाप पर चिन्तन करने से सुस्पष्ट होगा कि गांधी जी ने मूल्यपरक, पारदर्शी प्रजातंत्र की अवधारणा दी थी, उन्होंने सामाजिक-मानवीय आँख दी थी तथा सत्ता को त्याग करना सिखाया।

सम्प्रति मीडिया आधुनिक चेतना का संवाहक है जो व्यक्ति और राष्ट्र को विचित्र स्थिति में छोड़ रहा है। प्रिंट मीडिया चाक-चिक्य के चक्कर में है। आनलाइन मोबाइल संचार (साधन), डाट कम्यूनिकेशन, साइबर पत्रकारिता सूचनाओं का जंगल उगा रहे हैं। टीवी, सिनेमा के लिए छल, कपट, स्मगलिंग, हत्या, सेक्स, पापडांस ही विषय वस्तु है। राजनीतिक, सामाजिक, आर्थिक दुष्चक्र से पूरा मीडिया संत्रस्त है। मीडिया खबर के नाम पर लाभ-हानि की भाषा बोल रहा है। मीडिया प्रजातंत्र का तकनीकी जड़तंत्र नहीं अपितु वह समाज की आँख, मस्तिष्क और संवेदनतंत्र है।

आदर्श चिन्तन, विवेक और क्षमता के विविध उपादान मंगलकारी कार्यों में कैसे लगें, इसका राष्ट्रपिता ने गहन अध्ययन किया। उनकी सचेत प्रतिरोधी आत्मा ने अपने बलिदान से समय का रुख बदल दिया। रुख बदलने वाले काल के कपाल पर अमिट हस्ताक्षर **महात्मा गांधी की पत्रकारिता वस्तुतः विश्व की पत्रकारिता का आलोक स्तम्भ है** जिसका अध्ययन-अध्यापन जीवन को अभ्युदय और कल्याण मार्ग पर ले चलने वाला है।

पत्रकारिता : गांधी के लिए एक प्रशिक्षण :

'यंग इंडिया' में महात्मा गांधी ने कई स्थानों पर स्पष्ट लिखा है कि उन्होंने धर्म पर आरूढ़ रहने, संयम सीखने के लिए ही पत्रकारिता को अंगीकार किया–

"मैंने पत्रकारिता के क्षेत्र में प्रवेश स्वयं पत्रकारिता की खातिर नहीं किया है, बल्कि यह मेरे जीवन के ध्येय की पूर्ति में सहायक है, ऐसा मान कर किया है। मेरा ध्येय अत्यंत संयम के साथ, उदाहरण और उपदेश देते हुए, सत्याग्रह के बेजोड़ अस्त्र के प्रयोग की शिक्षा देना है–सत्याग्रह जो अहिंसा तथा सत्य का प्रत्यक्ष परिणाम है। ...इसलिए यदि मुझे अपने धर्म पर आरूढ़ रहना है, तो मुझे क्रोध में आकर या विद्वेष की भावना से नहीं लिखना है। मुझे निष्प्रयोजन नहीं लिखना है। मुझे केवल उत्तेजना फैलाने के लिए नहीं लिखना है।

पाठक इस बात को समझ ही नहीं सकते कि मुझे हफ्ते-हर-हफ्ते शीर्षकों और शब्दों के चुनाव में कितना संयम बरतना पड़ता है। यह मेरे लिए एक प्रशिक्षण है। इससे मुझे अपने अंदर झाँकने और अपनी कमजोरियों का पता लगाने का मौका मिलता है। कई बार मेरा दंभ मुझे चुभने वाली भाषा का प्रयोग करने या मेरा क्रोध मुझे कोई सख्त विशेषण लगाने का आदेश देता है। यह बड़ी विकट परीक्षा है, पर दुर्भावनाओं को दूर करने का यह एक उत्तम उपाय है।

27-9-1925

मीडिया में जिस तरह सतहीपन, पक्षपात, अवास्तविकता, बेईमानी, कदाचार की प्रवृत्ति प्रविष्ट है, वह ईमानदार लोगों को गलत रास्ते पर ले जाने वाली है :

मेरे सामने पत्र पत्रिकाओं के ऐसे उदाहरण हैं जिनमें वीभत्स बातें दी गयी हैं। उनमें सांप्रदायिकता भड़काने, घोर मिथ्या कथन और राजनीतिक हिंसा को भड़काने की हत्या के समान गंभीर बातें हैं। सरकार के लिए ऐसी पत्र-पत्रिकाओं पर मुकदमे चलाना या दमनकारी अध्यादेश जारी करना मुश्किल बात नहीं है, लेकिन इससे कोई मतलब हल नहीं होता और यदि कोई प्रभाव होता भी है, तो वह बड़ा ही अस्थायी

होता है। किसी भी हालत में, इनसे लेखकों के रवैये में कोई परिवर्तन नहीं भाता जो प्रेस के खुले मंच से वंचित होने पर प्रायः गोपनीय प्रचार में प्रवृत्त हो जाते हैं।

इसका असली उपचार स्वस्थ लोकमत है जिसे विषैली पत्र-पत्रिकाओं को संरक्षण देने से इन्कार कर देना चाहिए। ...प्रेस की स्वतंत्रता एक मूल्यवान विशेषाधिकार है जिसे कोई देश छोड़ नहीं सकता। लेकिन बहुत हलकी रोक-थाम के अलावा कोई कारगर कानूनी रोक न हो, जो नहीं होनी चाहिए, तो जैसा मैंने ऊपर कहा है, आंतरिक रोक का होना जरूरी है जो न तो असंभव है और न उस पर आपत्ति की जानी चाहिए।

12 जनवरी 1928 के अंक में गांधी जी ने लिखा था कि स्वतंत्रता से बढ़कर मेरी कामना कमजोर वर्गों, शोषित भारतीयों का उन्नयन है–"...My ambition is much higher than an independence. Through the deliverance of India, I seek to deliver the so-called weaker races of the earth from crushing heels of western exploitation in which England is the greatest partner..."

28-5-1931

अध्याय-13
विज्ञापन और गांधी जी

"Advertising is the printed, written, spoken or pictured representation of a person, product, service or movement sponsored by the advertiser and at his expense for the purpose of influencing sales, use, vote or endorsement."

–Advertising Age

*

"The newspaper is a collection of advertisements that are sold with the help of the reading matter."

*

"एक सीधी कार्यवाही को उकसाने के उद्देश्य से किसी संचार माध्यम में समय या स्थान की खरीद का नाम विज्ञापन है।"

–डॉ. एम. बाडस

*

"विज्ञापन मीडिया का वह जादू है जिसमें तब तक मन बँधा रहता है जब तक कि पाकेट खाली न हो जाय।"

–अर्जुन तिवारी

*

अपने द्वारा सम्पादित पत्रों में गांधी जी ने विज्ञापनों के बहिष्कार की बात प्रकाशित की :

"आजकल समाचार-पत्र मुख्य रूप से चंदे पर नहीं विज्ञापनों की आय पर निर्भर हो गए हैं, जिसका परिणाम हानिकारक हुआ है। जो समाचार-पत्र

मदिरापान तथा तंबाकू के विरुद्ध लिखते हैं, वे उसकी प्रशंसा तथा बिक्री-स्थानों के विज्ञापन छापते हैं। दवाइयों के विज्ञापनों से तो जनता का बहुत नुकसान हुआ है, जिसे मैंने अपनी आँखों से देखा है। यह परिपाटी पश्चिम से आई है। चाहे कितने भी प्रयत्न क्यों न करने पड़ें, लेकिन हमें विज्ञापनों में बहुत सुधार करना चाहिए। प्रत्येक समाचार-पत्र का कर्त्तव्य है कि वह विज्ञापनों पर अंकुश रखे।

जो वस्तुएँ देश के लिए उपयोगी हैं तथा स्वदेशी हैं, उनका विज्ञापन **'नवजीवन'** में निःशुल्क छपेगा। विज्ञापन जब पैसे लेकर छपते हैं तब उनमें से 99 प्रतिशत वस्तुएँ बेकार होती हैं और दवाइयों के विज्ञापनों में तो धोखा ही होता है तथा विज्ञापन से वस्तुओं की कीमत भी बढ़ जाती है।

पत्रकारिता की शुद्धता के लिए हम विज्ञापनों के रूप में एक भारी अप्रत्यक्ष कर देने से इनकार करें तथा अश्लील विज्ञापनों का बहिष्कार करें।

मैं इन विज्ञापनों से हृदय से घृणा करता हूँ। निःसंदेह, मैं यह मानता हूँ कि इन **अनैतिक विज्ञापनों के बल पर अखबार चलाना सरासर गलत है।** मैं यह भी समझता हूँ कि अगर विज्ञापन स्वीकार किए ही जाएँ तो अखबार-मालिकों और संपादकों की ओर से उसकी वांछनीयता की कड़ी पूर्व-परीक्षा की व्यवस्था होनी चाहिए, और सिर्फ स्वस्थ विज्ञापन ही दिए जाने चाहिए।''

विज्ञापन मीडिया-जगत का अब प्राण तत्त्व हो चुका है। सभी माध्यम समाचार और विचार पर उतना ध्यान नहीं देते जितना विज्ञापन पर। वस्तुतः विज्ञापन समाचार पाठकों, रेडियो, श्रोताओं और टी.वी. दर्शकों को उपभोक्ता बना डालता है। अतिरंजित भ्रमपूर्ण विज्ञापन पत्रकारिता के लिए प्रश्न चिह्न बन चुके हैं। गांधी प्रथमतः तो विज्ञापन स्वीकार करने के पक्ष में नहीं थे। यदि विज्ञापन छापना ही हो तो उसकी यथार्थता की परख अनिवार्य है। 25 मार्च 1926 को **'यंग इंडिया'** में उन्होंने लिखा :

''मेरी धारणा है कि अनैतिक विज्ञापनों के बल पर अखबार चलाना गलत है। मेरा विश्वास है कि यदि विज्ञापन लिया ही जाये तो अखबारों के मालिकों और स्वयं संपादकों को पहले उनकी कड़ी छानबीन करनी चाहिए और केवल तटस्थ विज्ञापन ही स्वीकार किये जाने चाहिए।

आज बड़े से बड़े प्रतिष्ठित अखबार और पत्रिकायें भी अनैतिक विज्ञापनों की बुराई का शिकार हैं। इसका सामना अखबारों के मालिकों और संपादकों के विवेक का परिष्कार करके ही किया जा सकता है। यह परिष्कार मेरे जैसे नौसिखुआ संपादक के प्रभाववश नहीं हो सकता। यह तो तभी होगा जब इस बढ़ती हुई बुराई

को पहचान कर उनका अपना विवेक जाग्रत होगा या जनता की प्रतिनिधि सरकार जनता के नैतिक आदर्शों के प्रति जागरूक होकर उन पर अपना विवेक आरोपित करेगी।''

गांधी जी ने कभी भी विज्ञापनों को अपने पत्रों में स्वीकार नहीं किया। उनका विश्वास था कि संपादकों और प्रकाशकों को बड़े व्यवसायियों की अधीनता स्वीकार करनी पड़ेगी। उन्होंने 8 अक्टूबर 1919 को **'यंग इंडिया' के प्रथम अंक में लिखा,** 'यंग इंडिया' के मालिकों ने निर्णय किया है कि वे विज्ञापनों को त्याग देंगे। मैं जानता हूँ कि वे मेरे विचार कि एक समाचार-पत्र को बिना विज्ञापनों के चलाया जाना चाहिए, से सहमत नहीं हैं। गांधी जी ने विज्ञापनों का विरोध नैतिक और सैद्धांतिक आधारों पर किया। उनका तर्क था कि 'समाचार-पत्र प्रकाशक पैसे के लिए अभद्र और हानिकारक विज्ञापन स्वीकार कर लेते हैं जो पत्रकारिता का उद्देश्य नहीं है। किसी भी सच्चे समाचार-पत्र को विज्ञापन की खातिर समाचार को भला क्यों हटा देना चाहिए? क्या पैसा कुछ पत्रों की नीति को प्रभावित नहीं कर रहा है? उनका कहना था कि समाज सेवा उनकी पहली चिंता है। 'यदि कोई वस्तु **अच्छी है तो उत्पादक को उसके विज्ञापन हेतु पैसा क्यों खर्च करना चाहिए?** यदि समाज के लिए कोई वस्तु उपयोगी है, तो समाचार-पत्र संपादक को समाज को उसके फायदों के बारे में लिखना चाहिए न कि अपने वित्तीय फायदों के लिए। अधिकांश विज्ञापन **विलासिता की वस्तुओं की प्रतिस्पर्धात्मक विज्ञापन होते हैं** जो आम जनता नहीं खरीद सकती तथा उनका विज्ञापन करने पर उनके विज्ञापन के खर्च अप्रत्यक्ष करों के रूप में उपभोक्ताओं पर पड़ेंगे।'

कलियुग में व्यावसायिक पत्रकारिता के बीच अव्यावसायिक पत्रकारिता का बीजारोपण पूर्वांचल के मासिक पत्र 'कल्याण' द्वारा ही हुआ क्योंकि सम्पादक श्री हनुमान प्रसाद पोद्दार ने महात्मा गांधी के निम्नलिखित सत्-परामर्श का अक्षरशः पालन किया :

'बाहरी कोई विज्ञापन नहीं देना तथा पुस्तकों का समालोचना मत छापना।' विज्ञापन के छापने के सम्बन्ध में उन्होंने कारण यह बताया कि 'तुग अपनी जान में गहले पहल यह देखकर विज्ञापन लोगे कि वह किसी ऐसी चीज का न हो, जो भद्दी हो और जिसमें जनता को धोखा देकर ठगने की बात हो, पर जब तुम्हारे पास विज्ञापन आने लगेंगे और लोग उसके लिए अधिक पैसे देने लगेंगे, तब तुम्हारे विरोध करने पर भी ...साथी लोग कहेंगे–'देखिए, इतना पैसा आता है, क्यों न यह विज्ञापन स्वीकार कर लिया जाए?' बस, पैसे का

प्रलोभन आया कि फिर जनता के लाभ-हानि की बात एक ओर रह जायेगी। अतएव आरम्भ से ही यह नियम बना लो कि बाहरी विज्ञापन स्वीकार करना ही नहीं है। समालोचना के लिए अपनी पुस्तकें तुम्हारे पास भेजेंगे, उनमें से अधिकांश इसलिए भेजेंगे कि तुम्हारे पत्र में उस ग्रन्थ की प्रशंसा निकले। यथार्थ समालोचना कराने के लिए अपनी पुस्तक भेजने वाले बिरले निकले। ऐसी स्थिति में पुस्तक चाहे जैसी हो, या तो झूठी प्रशंसा करनी होगी या उन साहित्यकारों, लेखकों से झगड़ा मोल लेना होगा, इसलिए समालोचना मत छापना।'

4 जून 1903 को प्रकाशित 'इंडियन ओपिनियन' (सम्पादक-मनसुखलाल नाजर) में गांधी जी ने लिखा :

"To European and Indians alike it would serve as the best advertising medium in those branches of trade in which Indians are especially concerned."

प्रारम्भ में गांधी जी भारतीयों से सम्बद्ध विज्ञापनों के प्रकाशन के पक्ष में थे किन्तु इसी पत्र के 15 सितम्बर 1912 के अंक में उन्होंने लिखा :

"We gave up job-work many years ago. We now feel that we should also discontinue the practice of publishing advertisement. We believed that advertisements were a good thing to have, but on reflection we see that the practice is wholly undesirable. Advertisements are inserted by people who are impatient to get rich, in order that they may gain over their rivals. They are so much in fashion these days that any and every kind of advertisement is published and paid for. This is one of the sorriest features of modern civilization and for our part, we wish to be rid of it...We believe that the system of advertisement is bad in itself, in that it sets up insidiouus competition, to which we are opposed."

जाब वर्क और विज्ञापन के विरोध में पाठकों को सम्बोधित करते हुए गांधी जी ने 7 मार्च 1920 को **'नवजीवन'** में लिखा :

"At the time that Navajivan was converted into a weekly and I took over its editorship (September 7, 1919), I had mentally decided upon certain conditions. Some of those which the reader knows I recall here : 1. Not to accept advertisement for money in Navjivan 2. Not to publish Navjivan at a loss."

इसी प्रकार की बात को गांधी ने 'यंग इंडिया' में लिखा :

"It is bad policy to print a cheap newspaper by making profits from other works. I want the readers to be just as much interested in the upkeep of the papers as the manager and the editor are."

15 मई 1924

'यंग इंडिया' के 25 मार्च 1926 के अंक में गांधी जी ने सुस्पष्ट लिखा कि विज्ञापन के हित में पत्र निकालना बुरा है। स्वस्थ, संतुलित, सत्य विज्ञापन वरेण्य हो सकता है। विज्ञापन प्रकाशन में संपादक को जनहित को ध्यान रखना चाहिए :

"I hold that it is wrong to conduct newspapers by the aid of immoral advertisements. I do believe that if advertisements should be taken at all, there should be a rigid censorship instituted by newspaper proprietors and editors themselves and that only healthy advertisement should be taken. The evil of immoral advertisements is overtaking even what are known as the most respectable newspapers and magazines. That evil has to be combated by refinning the conscience of the newspapers and editors. That refinement can come, not through the influence of an amateur editor like myself but it will come when their own conscience is roused to the recognition of the growing evil or when it is super-imposed upon them by a Government representing the people and caring for the people's morals."

गांधी जी इस बात में विश्वास नहीं करते थे कि समाचार-पत्र किसी भी कीमत को देकर चलाया जाय। उनकी नजर में समाचार-पत्र को चलाने के पीछे रुपयों की नहीं सेवा की भावना होनी चाहिए। गांधी जी यह सवाल पूछते थे, "क्या किसी भी कीमत पर पत्र को चलाना जरूरी है ?" गांधी जी के पास इस समस्या के लिए भी एक सकारात्मक विचार था। उनका आत्म नियंत्रण में विश्वास था। वे यह आशा करते थे कि पत्रकार समुदाय स्वयं एक आचार संहिता का पालन कर गंदे विज्ञापनों के प्रकाशन पर रोक लगाये।

'हरिजन' के 14 नवम्बर 1936 के अंक में गांधी जी ने 'हाउ टू स्टाप आब्सीन एडवर्टिजमेंट' शीर्षक में लिखा–'एक बहन ने, एक सुपरिचित पत्रिका में प्रकाशित एक अति आपत्तिजनक पुस्तक के विज्ञापन की कटिंग भेजा और लिखा है–"यह उस समय मेरे आँखों के सामने आया जब मैं पत्रिका के पृष्ठों को पलट रही थी। मैं यह नहीं मानती कि यदि यह पत्रिका आपके पास भेजी भी जाती है

तो आपको इस पर नजर डालने का समय होगा। एक बार पहले भी मैंने आपसे अश्लील विज्ञापनों के बारे में बोला था। मैं आपसे यह आशा करती हूँ कि कभी इनके बारे में लिखेंगे। विज्ञापन की गई पुस्तक की तरह की किताबों से बाजार अटा पड़ा है एवं कई जिम्मेदार पत्र इनकी बिक्री को प्रोत्साहित करने में सहायता पहुँचा रहे हैं। मेरी नारी मर्यादा इन सारी बातों से इतनी आहत हुई है कि मैं आपके सिवाय किसी दूसरे को नहीं लिख सकती हूँ। मैं आपसे यह आशा करती हूँ कि आप इस सम्बन्ध में प्रमुख भारतीय पत्रों एवं पत्रिकाओं की जिम्मेदारी पर लिखेंगे।''

''विज्ञापन से किसी अंश को पुनःप्रकाशित करने का प्रस्ताव नहीं करता हूँ सिवाय पाठक से यह बताने के कि विज्ञापित किये गये किताब का यह सजेटिव अन्तर्वस्तु हो सकती है। इसका शीर्षक 'सेक्सुअल ब्यूटी ऑव दि फिमेल फार्म्स' है एवं विज्ञापन देने वाली फर्म पाठक से यह कहती है कि वह पाठक को दो और पुस्तकें ''न्यू नॉलेज फॉर दी ब्राइड'' एवं ''दी सेक्सुअल इम्ब्रेस ऑर हाऊ टू प्लीज योर पार्टनर'' मुफ्त देगा।

मुझे भय होता है कि इस तरह के किताबों के विज्ञापनों के रास्ते को बदलने या इस सम्बन्ध में प्रकाशकों एवं सम्पादकों से अपना विचार बदलवाने के सम्बन्ध में मुझ पर भरोसा कर यह एक टूटे हुए सरकंडा पर भरोसा कर रही है। मेरे अपील की किसी भी मात्रा का इस तरह के आपत्तिजनक किताबों एवं विज्ञापनों के प्रकाशकों पर कोई प्रभाव नहीं पड़ेगा परन्तु मैं इस पत्र की लेखिका एवं उसी की तरह जागरूक अन्य बहनों से खुले में आने को कहना चाहूँगा एवं उनसे खास काम के लिए कार्य करने को कहूँगा जो कि खास तौर पर उनका है।''

वे स्पष्ट रूप से चाहते थे कि इस तरह के विज्ञापनों के विरुद्ध एक जोरदार जनमत तैयार किया जाय जिसका नेतृत्व महिलाओं द्वारा किया जाय। गांधी जी ने विज्ञापन के सम्बन्ध में साथी पत्रकारों से आचार संहिता स्वीकार करने की अपील की थी एवं इस तरह के विज्ञापनों पर रोक लगाने की भी मांग की थी। इसका कुछ प्रभाव पड़ा भी था। हरिजन के 2 जनवरी 1937 के अंक में उन्होंने लिखा–''एक संवाददाता जिसने अश्लील विज्ञापनों पर मेरा लेख देखा, लिखता है, 'जैसा कि आपने उल्लेख किया है, आप ऐसे पत्रों एवं पत्रिकाओं का नाम उद्घाटित कर, जो लज्जाविहीन विज्ञापन करती हैं, अश्लील विज्ञापन के प्रकाशन पर रोक लगाने के लिए बहुत कुछ कर सकते हैं।''

जैसा कि मेरे संवाददाता ने सलाह दिया है कि मैं सेंसरशिप का पालन नहीं कर सकता लेकिन मैं एक बेहतर तरीका सुझा सकता हूँ।

"यदि जनता का विवेक जीवित है, ग्राहक अपने सम्बन्धित पत्र को लिख सकते हैं कि यदि वे आपत्तिजनक विज्ञापन प्रकाशित करते हैं तो यदि पत्र ऐसे विज्ञापन प्रकाशित करना बन्द नहीं करेंगे तो वे अपनी सदस्यता वापस ले लेंगे।"

सम्प्रति नारी 'चीज बड़ी है मस्त मस्त' के रूप में उपभोक्ता की वस्तु है। विज्ञापन ने उसे नंगा दिखाने का पावन संकल्प कर लिया है। आज के अधिकांश विज्ञापन चामत्कारिक माया के विस्तार हैं। बड़े अभिनेता, राजनेता, अपना धंधा छोड़कर विज्ञापन एजेंसियों द्वारा आहूत होने में गर्व का अनुभव करते हैं। शराब, कपड़े, जूते, हिंगोली, सभी इन्हीं के द्वारा बेचे जा रहे हैं। अमेरिका के राष्ट्रपति अब्राहम लिंकन ने एक कम्पनी वाले से कहा–**"क्या आपने अमेरिका के राष्ट्रपति को कमीशन एजेण्ट समझ रखा है? यह रहा सामने का दरवाजा।" काश! आज के लोकप्रिय अभिनेता, खिलाड़ी लिंकन को याद कर अपनी गरिमा बनाए रखते।**

हेनरी पोल ने लिखा है कि किस तरह सभी तरह के विज्ञापनों पर रोक लगा दी गयी–"एक दिन गांधी जी ने अपने पास बुला मुझे यह बताकर आश्चर्य में डाल दिया कि मदद के लिए विज्ञापनों पर निर्भर नहीं रहा जा सकता एवं इंडियन ओपिनियन अब विज्ञापनों पर निर्भर नहीं रहेगा। इसे पत्र के लिए मृत्युकारी समझकर मैंने पूछा कि क्या वे पत्र को बन्द करने की इच्छा रखते हैं। "नहीं", उनका जवाब था। विज्ञापन बन्द करने से हमें जो क्षति होगी उसकी भरपाई हम ग्राहकों की संख्या बढ़ाकर करें। लेकिन हमें यह कैसे करना है–"मैंने पूछा। "अच्छा", उन्होंने जवाब दिया–तुम स्वयं देश भर में भ्रमण कर सकते हो और भारतीय जनता को बेहतर तरीके से जान सकते हो। तुम इस तरह के ढेर सारे लोगों की नजर में पत्र को ला सकते हो जो पहले पत्र को नहीं जानते थे एवं यदि तुम उन्हें समझा सकते हो कि उन्हें खरीदना चाहिए तब वे निश्चित तौर पर वे दूसरे लोगों को पत्र का ग्राहक बनने के लिए प्रेरित करेंगे। उनसे बताओ कि यह जनता की सेवा के लिए अलाभकारी उद्यम है एवं इसके लिए उत्तरदायी सभी कार्यकर्ता श्रम कर रहे हैं। यह वास्तव में सत्य है। इंडियन ओपिनियन के सम्बन्ध में गांधी जी को विज्ञापन लेने से रोका था लेकिन यंग इंडिया के सम्बन्ध में गांधी जी के पास अब एक सुस्पष्ट विचार था। **यंग इंडिया** के प्रथम अंक में 8 अक्टूबर 1919 को गांधी जी ने लिखा–" 'यंग इंडिया' के मालिकों ने विज्ञापन न लेने का निर्णय किया है। मैं जानता हूँ कि वे पूर्णतः मेरे विचार से सहमत नहीं हुए हैं कि समाचार-पत्र को बिना विज्ञापन के चलाया जाना चाहिए। लेकिन मुझे सहयोग देने को इच्छुक जान पड़ते हैं।"

यद्यपि **यंग इंडिया** के मालिकों के लिए यह एक प्रयोग था परन्तु जहाँ तक गांधी जी का प्रश्न है यह एक ऐसा निर्णय था जिस पर वे पत्रकारिता के क्षेत्र में वर्षों काम करने के बाद पहुँचे थे। उन्होंने पाठकों से **यंग इंडिया** को विज्ञापन के अभिशाप से मुक्त करने की अपील की।

विज्ञापन के विरुद्ध होने के गांधी जी के विचार के पीछे सामाजिक सेवा के प्रति उनकी चिन्ता थी। उनका मानना था कि यदि कोई उत्पाद गुणवत्ता में सही है तब उस बढ़े विज्ञापन पर पैसे खर्च करने की क्या जरूरत है। समुदाय की भलाई के लिए सभी पत्रों को उस उत्पाद की उपयोगिता बतानी चाहिए। इस तरह **गांधी की पत्रकारिता सेवा की पत्रकारिता थी।** काका साहेब कालेलकर ने इस बात का उल्लेख किया है कि गांधी जी ने अपने पत्र में एक पम्पिंग सेट का प्रचार किया जिसके बारे में वे समझते थे कि इससे ग्रामीण इलाके के लोगों को काफी लाभ होगा। देश के बहुसंख्यक किसान समुदाय के हित के लिए गांधी जी अपने पत्र में विशेष लेख प्रकाशित करते थे। वे अपने पत्र में सुधरी हुई तकनीक के ऑयल क्रशर का स्वयं विज्ञापन प्रकाशित करते थे। वे किसानों को धान कूटने की उस मशीन के बारे में बताते थे जो कि बिना किसी विशेष घर्षण के चावल देती थी। वे और उनके सहयोगी लगातार चरखा और इसके द्वारा कपड़ा बनाने के बारे में बात करते थे। तीस के दशक तक समाचार-पत्रों में विज्ञापन आयातित वस्तुओं का ही मुख्य रूप से होता था। सिगरेट विज्ञापन का सबसे बड़ा मद था एवं उसके बाद बारी साबुन की थी। समाचार-पत्र के प्रतिनिधियों को विभिन्न पार्टियों से विज्ञापन प्राप्त करने के लिए रात-दिन मेहनत करनी पड़ती थी। द्वितीय विश्वयुद्ध तक सरकारी या गैर-सरकारी पार्टियाँ विज्ञापन के महत्व के प्रति जागरूक हो गयीं। गांधी जी आर्थिक सिद्धान्तों के आधार पर भी अपनी विचारधारा का समर्थन करते थे कि विज्ञापन में जो रुपया लगता है उससे उत्पाद की लागत बढ़ जाती है। जो एक तरह से अप्रत्यक्ष कराधान है जिसे भारत की गरीब जनता नहीं बर्दाश्त कर सकती है।

'**यंग इंडिया**' के 10 अगस्त 1919 के अंक में गांधी जी ने लिखा–"देश को क्या वित्तीय लाभ होगा यदि प्रत्येक राज्य के लिए विज्ञापन का केवल एक ही माध्यम है–एक भी ऐसा समाचार-पत्र नहीं है जो कि जनहित में जनता के लिए उपयोगी सामानों की सूचना दें। लेकिन अपनी आपराधिक तटस्थता के कारण इस विज्ञापन के जरिए हम भारी मात्रा में अप्रत्यक्ष कराधान कर रहे हैं।"

समाज में लालचपूर्ण कार्य अस्वस्थ चिह्न माना जाता है। सुप्रसिद्ध इतिहासकार आर्नोल्ड टायनबी ने विज्ञापन के सम्पूर्ण खेल को 'गैर-इसाई' कहा था। उन्होंने

लिखा है–"हमारी कुशलता, ऊर्जा, समय और संसाधनों का बहुत बड़ा भाग आज हमको कुछ खरीदने को प्रेरित करने के लिए लगाया जा रहा है।"

विज्ञापन क्रमबद्ध असंतोष पैदा करता है। विज्ञापन यह वादा करता है कि–उस उत्पाद का उपयोग औरत को ज्यादा खूबसूरत बनाएगा। औरत के कान में लगातार यह बात डालने से वह अपनी छवि के प्रति नाखुश रहने लगती है। इसके बाद वह विज्ञापित वस्तुओं की ओर देखती है और धीरे-धीरे विज्ञापित वस्तुओं के प्रति उसकी उत्सुकता बढ़ती जाती है और यह अन्तहीन सिलसिला लगातार चलता रहता है।

गांधी जी का विज्ञापन का विरोध ज्यादातर नैतिक एवं आचार के आधार पर था। दक्षिण अफ्रीका में पत्रकारिता के अपने अनुभवों से गांधी जी ने यह अनुभव किया था कि अच्छे और बुरे विज्ञापन में अन्तर करना काफी कठिन था। एक बार जब एक समाचार-पत्र विज्ञापन लेने लगता है तो अच्छे एवं बुरे विज्ञापन के बीच फर्क मिट जाता है।

'यंग इंडिया' के 25 जून 1927 के अंक में गांधी जी ने 'इन्डिसेन्ट एडवर्टाइजमेंट' शीर्षक से लिखा–"जब मैं समाचार-पत्रों के विज्ञापन पृष्ठ पर दृष्टिपात करता हूँ। कभी-कभी ये दुखदायी होते हैं। मैं प्रतिष्ठित समाचार-पत्रों में बहुधा कामुक प्रवृत्ति के विज्ञापन देखता हूँ। शीर्ष-पंक्तियाँ छलपूर्ण होती हैं। एक मामले में शीर्ष-पंक्ति थी–'बुक रिलेटिंग टू योगा'। विज्ञापन का अन्तर्वस्तु को देखने के बाद मैंने पाया कि दस में से एक भी किताब ऐसी नहीं थी जिसमें योग के बारे में कोई उल्लेख हो। शेष सभी किताबें सेक्स के बारे में थीं जिनमें यह सलाह दी गयी थी कि स्त्री एवं पुरुष बिना किसी पीड़ा के काम-सुख का आनन्द ले सकते हैं एवं यह वादा किया गया था कि इन किताबों में काम-सुख प्राप्त करने के गुप्त रहस्य बताये गये हैं। मैं इस निष्कर्ष पर पहुँचा कि इन पृष्ठों में जो प्रस्ताव किया गया है यह निहायत घटिया है।" गांधी को इस बात से काफी पीड़ा पहुँचती थी कि सम्पादक **विज्ञापनों के जरिए समाज में बुराई का प्रचार कर रहे हैं जिनको रोकना उनका उद्देश्य होना चाहिए।**

'यंग इंडिया' के 31 अक्टूबर 1929 के अंक में उन्होंने लिखा–"विदेशी कपड़ों के विक्रेताओं द्वारा अनैतिक विज्ञापन चित्रों का उपयोग किया जा रहा है।" उन्होंने एक संवाददाता से इस तरह के कई चित्र पाया था और उस संवाददाता ने इस तरह के और चित्र देने को कहा था। इस तरह के एक चित्र पर लिखा गया था 'विलास जीवन'। गांधी जी ने इस पर प्रतिक्रिया व्यक्त करते हुए कहा था कि इस तरह के गंदे तरीकों से साधारण जन को विदेशी कपड़ों के लिए प्रेरित करने से पीड़ा पहुँचती है।

इस प्रकार के कई विज्ञापन थे जो सामान्य जन को बहकाते थे। इनमें से ज्यादातर रोगों से सम्बन्धित औषधियों एवं दवाओं के बारे में थे जिनके लिए विशेषज्ञ डॉक्टरों की जरूरत थी न कि नीम हकीमों की। यौन रोगों के इलाज एवं गर्भधारण को रोकने के लिए कई सन्देहपूर्ण दवाओं का विज्ञापन स्वतंत्रतापूर्वक किया जाता है। भोली-भाली जनता को ऐसी संस्थाओं में निवेश करने के लिए विज्ञापन के जरिए प्रोत्साहित किया जाता है जिनका अस्तित्व ही नहीं होता। कुछ विज्ञापनों के जरिए ऐसी नौकरियों के बारे में विज्ञापित किया जाता है जिनमें पहले कुछ सुरक्षा-राशि ली जाती है। ऐसी भी औषधियों का विज्ञापन किया जाता है जो कि आदत बन जाती है एवं आगे चलकर स्वास्थ्य पर काफी प्रतिकूल असर डालती है। ''एक साप्ताहिक या मासिक पत्रिका का एक भी अंक ऐसा नहीं पाया गया है जिसमें कम से कम 10 से 15 विज्ञापन ऐसी दवाओं के सम्बन्ध में न हो जो मासिक धर्म एवं अन्य दुष्प्रवृत्तियों के बारे में हों।''

ऐसे भी कई विज्ञापन प्रकाशित होते हैं जो कि धोखेबाजी से भरे होते हैं। इनमें से कई विज्ञापन देश में व्याप्त बेरोजगारी की समस्या से लाभ उठाकर लोगों को नौकरी दिलाने के नाम पर झांसा देते हैं। विज्ञापनों के जरिए ज्योतिषियों के बारे में प्रचार किया जाता है कि वे सभी तरह की समस्याओं को हल करने में सक्षम हैं। कई बार औरतों की ऐसी अर्द्धनग्न तस्वीरें पाठकों का ध्यान आकर्षित करने के लिए छापी जाती हैं जिनका पाठ्य सामग्री के साथ कोई ताल्लुकात नहीं होता। इसके साथ ही बड़ी मात्रा में सिनेमा के विज्ञापन छापे जाते हैं जिनकी चित्र एवं पाठ्य-सामग्री कई बार आपत्तिजनक होती है।

विज्ञापनों की कम्पोजिंग में अच्छी रुचि का अभाव भी देखा जाता है। वैवाहिक विज्ञापनों में कभी-कभी शब्दों का चयन बेतुका होता है। हालांकि यह गैर-जिम्मेदारी से किया जाता है परन्तु महिलाओं की बीमारियाँ एवं खासकर विवाहित युगलों के लिए प्रकाशित विज्ञापन की पाठ्य सामग्री गम्भीर रूप से आपत्तिजनक होती है। विज्ञापन अपनी उत्पादों की बिक्री बढ़ाने के लिए राष्ट्रीय प्रतीक चिह्नों एवं राष्ट्रीय नेताओं के चित्रों का भी उपयोग करने से बाज नहीं आते। जनता एवं प्रेस दोनों इन बातों को हल्के में लेती हैं। हिन्दू देवी एवं देवताओं के चित्र माचिस बाक्स, सिगरेट बाक्स, साइन बोर्ड एवं कैलेण्डरों के ऊपर अक्सर देखे जा सकते हैं। हरिजन के 18 अप्रैल 1948 के अंक में के.जी. माशरूवाला ने लिखा–''एक तरफ हम उन्हें सर्वोच्च सत्ता के रूप में पूजते हैं और दूसरी तरफ हम उनका प्रदर्शन मंच एवं पर्दे पर विज्ञापन के रूप में करते हैं एवं उनके नाम पर अपने व्यावसायिक प्रतिष्ठान चलाते हैं। जब आप किसी व्यक्ति के साथ सर्वोच्चता का सम्बन्ध जोड़ते हैं, तब

यह गलत तरीका समझा जाना चाहिए कि उसके नाम का उपयोग कर व्यवसाय चलाने के हल्के प्रयोग किये जायें।''

जो अश्लील विज्ञापनों से लड़ते रहे स्वयं गांधी जी विज्ञापकों के शोषण का शिकार बने। 'गांधी नेशनल मेमोरियल फण्ड' के सचिव जे.बी. कृपलानी को इसके खिलाफ एक वक्तव्य जारी करना पड़ा था जिसमें उन्होंने कहा था–''गांधी जी की स्मृति को श्रद्धांजलि देने के नाम पर फर्मों के द्वारा अपने बर्तनों के विज्ञापन में उनके नाम का उपयोग करने से मुझे काफी पीड़ा पहुँची है। विज्ञापित किए गए बर्तनों को गांधी जी ने हानिकारक एवं राष्ट्र विरोधी समझा होगा। गांधी जी, जैसा कि सुविदित है, सामान्य रूप से विज्ञापनों के खिलाफ थे एवं स्वयं से जुड़े किसी भी पत्र के लिए विज्ञापन स्वीकार नहीं करते थे। मैं आशा करता हूँ कि व्यवसायी वर्ग मेरी अपील का जवाब देगा एवं अपने विज्ञापनों में महात्मा गांधी के नाम से परहेज करेगा।''

पत्र-पत्रिकाओं और अश्लील प्रकाशनों का बहुत ही बुरा असर युवा वर्ग के मन-मस्तिष्क पर पड़ता है एवं इस तरह के साहित्य के प्रचार-प्रसार में विज्ञापनों की काफी बड़ी भूमिका होती है। ऐसे साहित्य के विज्ञापन में इस तरह की भाषा होती है कि इससे यह पता लगा पाना कठिन होता है कि विज्ञापित पुस्तकों का अन्तर्वस्तु क्या है? इस तरह की पुस्तकों के सम्बन्ध में गांधी जी ने किस तरह 'योग' की पुस्तक के उदाहरण द्वारा लोगों का ध्यान खींचा है। यह द्रष्टव्य है। भारत में 'यंग पर्सन्स' (हार्मफुल पब्लिकेशन्स एक्ट) 1956 बना जिसके द्वारा ऐसे साहित्य के प्रकाशन एवं प्रसार पर रोक लगाने की व्यवस्था की गयी जो कि युवा वर्ग के मन-मस्तिष्क पर गंदा प्रभाव डालती हो। इस कानून के तहत युवा की उम्र 20 से नीचे स्वीकार की गयी है। 'हानिकारक प्रकाशन' की व्यवस्था करते हुए कानून में कहा गया है। 'कोई पुस्तक, पत्रिका, पम्फलेट, पर्चा, समाचार-पत्र या इसी तरह का अन्य प्रकाशन जिसमें चित्र था या बिना चित्र के या पूर्णतः चित्र के साथ कहानी कही जाती है और (1) जो अपराध के लिए उकसाती हो, (2) हिंसा और अभद्रता को बढ़ावा देती हो, (3) बदले की भावना या भयानक प्रकृति की हो और जो इस तरह छपती है कि जो एक युवा को हिंसा, कामुकता एवं अपराध के लिए प्रेरित करे।

इस तरह की सामग्री का वितरण करने वाले व्यक्ति, प्रकाशनों में विज्ञापन देने वाले व्यक्ति को भी सजा हो सकती है जिसके अनुसार उसे छह माह तक कारावास या अर्थदण्ड या दोनों हो सकता है। दोष सिद्धि पर न्यायालय ऐसे हानिकारक प्रकाशनों की कापियों को नष्ट करने का उपदेश दे सकता है। इस कानून के तहत किये जाने वाले किसी भी आपत्तिजनक अपराध को संज्ञेय अपराध घोषित किया

गया या एक ऐसा अपराध जिसके लिए एक पुलिस अफसर बिना अपराध के किसी की गिरफ्तारी कर सकता है। गांधी जी द्वारा सुझाये गए विज्ञापन के सुधारों के बाद 'इंडियन एण्ड ईस्टर्न न्यूज पेपर सोसायटी' द्वारा अपनाया गया परन्तु आधे मन से। सोसायटी ने प्रेस के लिए विज्ञापनों के सम्बन्ध में एक आचार संहिता तय की। दुर्भाग्यवश ज्यादातर समाचार-पत्रों की इस कोड के सम्बन्ध में व्याख्या यही है कि यह कोड अनुशंसात्मक है न कि आदेशात्मक। अतः वे इसे मानने के लिए बाध्य नहीं हैं।

अध्याय-14

राष्ट्रपिता और राष्ट्रभाषा

"भाषा एक माध्यम है, औजार है जिसके ज़रिए एक-दूसरे का विचार विनिमय होता है।"

—स्तालिन

*

"अगर आपके पास भाषा है तो आपके पास सांस्कृतिक विरासत भी होती है जिसका अपना अतीत और भविष्य होता है।"

—डॉ. अम्बेडकर

भाषा के सन्दर्भ में समय-समय पर व्यक्त बापू के विचार द्रष्टव्य हैं :

भाषा जातियों के गुण-कर्म के अनुरूप बनती है। यह बात हम निःसंकोच कह सकते हैं कि जिस भाषा में वीरता, सच्चाई, दया आदि लक्षण नहीं होते, उस भाषा को बोलने वाली जातियों में वीर, सत्यशील और दयालु लोग नहीं होते। ऐसी भाषा में दूसरी भाषाओं के वीरता या दयासूचक शब्द ठूँस देने से न उस भाषा का विस्तार हो सकता है, न उस भाषा को बोलने वाले लोग वीर ही बनेंगे। शौर्य किसी में भी बाहर से नहीं भरा जा सकता। हाँ वह भीतर हो और उस पर जंग लग गया हो तो जंग के हटते ही वह चमक उठेगा।

भाषा का साधारण नियम यह है कि लोगों के मन में जो विचार भर जाते हैं, वे ही उनकी भाषा में व्यक्त होते हैं। लोग विवेकशील होंगे तो उनकी बोली में विवेकशीलता होगी, लोग मूढ़ होंगे तो उनकी बोली में भी मूढ़ता होगी।

अंग्रेजी भाषा के माध्यम से शिक्षा में कम से कम सोलह वर्ष लगते हैं। यदि उन्हीं विषयों की शिक्षा मातृभाषा के माध्यम से दी जाय तो ज्यादा दस वर्ष लगेंगे। यह राय बहुत से अनुभवी शिक्षकों ने प्रकट की है। हजारों

विद्यार्थियों के छः-छः वर्ष बचने का अर्थ यह होता है कि कई हजार वर्ष जनता को मिल गये।

विदेशी भाषा द्वारा शिक्षा पाने में दिमाग पर जो बोझ पड़ता है, वह असह्य है। यह बोझ हमारे बच्चे उठा तो सकते हैं, लेकिन उसकी कीमत उन्हें चुकानी पड़ती है। वे दूसरा बोझ उठाने के लायक नहीं रह जाते। इससे हमारे स्नातक अधिकतर निकम्मे, कमजोर, निरंकारी, रोगी और कोरे नकलची बन जाते हैं। उनमें खोज की शक्ति, विचार की शक्ति, साहस, धीरज, वीरता, निर्भयता और अन्य गुण बहुत क्षीण हो जाते हैं। इससे हम नई योजनाएँ नहीं बना सकते और यदि बनाते हैं तो उन्हें पूरा नहीं कर पाते। कुछ लोग जिनमें उपुर्यक्त गुण दिखाई देते हैं, अकाल ही काल के गाल में चले जाते हैं।

–गांधी

राष्ट्रभाषा की अराजकता पर **आचार्य शिवपूजन सहाय** ने 7 अगस्त 1946 के '**हिमालय**' में लिखा :

"प्रचार के नाम पर संस्कार का संहार असह्य अनाचार है। जान पड़ता है, यह **भाषा-संस्कार के बदले भाषा-संहार का युग** है। पत्रकारों का न इधर ध्यान है, न इसमें अनुराग ही।"

कृती सम्पादक अज्ञेय के अनुसार, "आज विचार-क्षेत्र में हम अग्रगामी भी कहला लें, तो कर्म के नैतिक आधारों की अनुपस्थिति में निजी रूप में हम चरित्रहीन ही हैं और सम्मान के पात्र नहीं हैं। ...कभी-कभी यह देखकर मुझे क्लेश और दुःख होता है कि भाषा का ठीक उत्तरदायी ढंग से उपयोग करने वाले लेखक हिन्दुस्तान में और हिन्दी में दिन-दिन कम होते जा रहे हैं।"

सन् 1945 में 'विश्व भारती पत्रिका' के माध्यम से डॉ. हजारी प्रसाद द्विवेदी ने हमें सचेत किया–"हम भाषाओं की एक लस्टम-पस्टम रेल-पेल न खड़ी कर दें जो भविष्य में हमारी सभी योजनाओं के लिए घातक साबित हो। भाषा ही हमारे भावी महालक्ष्य की पूर्ति का साधन है।"

हिन्दी भाषा के स्वरूप पर हमें मीर के शेर को याद रखना चाहिए–

क्या कहिये अपने अहद के जितने अमीर थे।
टुकड़े पर जान देते थे सारे फकीर थे।।

हिन्दुस्तान की राष्ट्रभाषा हिन्दी :

राष्ट्रपिता गांधी ने समय-समय पर सुस्पष्ट शब्दों में हिन्दी की वकालत की : "**हिन्दी प्यार और संस्कार की भाषा है, इसमें सबको समेट लेने की अद्‌भुत क्षमता**

अक्षुण्ण है, यह यह अपने आप में बहुत मीठी, नम्र और ओजस्वी है।''

अपने देश की सभी भाषाओं की उन्नति होनी चाहिए पर **हिन्दी सभी को आनी चाहिए**। हिन्दुस्तान की राष्ट्रभाषा तो हिन्दी ही होनी चाहिए।

भारतीय शिक्षा प्रणाली में हिन्दी का आवश्यक स्थान होना चाहिए। अंग्रेजी में हिन्दुस्तान की राष्ट्रभाषा बनने के योग्य 'एक भी लक्षण' नहीं है। **अंग्रेजी का प्रभाव और मोह कैसे मिटे? उसे मिटाना स्वराज्य की लड़ाई का बड़ा हिस्सा है, नहीं तो स्वराज्य के मानी बदलने होंगे।**

हर एक पढ़े-लिखे हिन्दुस्तानी को अपनी भाषा का, हिन्दू को संस्कृत का, मुसलमान को अरबी का, पारसी को पर्शियन का और सब को हिन्दी का ज्ञान होना चाहिए।

हिन्दी भाषा वह भाषाा है, जिसके उत्तर में हिन्दू व मुसलमान बोलते हैं और जो नागरी अथवा फारसी लिपि में लिखी जाती है, यह हिन्दी एकदम संस्कृतमयी नहीं है, न वह एकदम फारसी शब्दों में लिखी हुई है।

हम तो भारतीय भाषाओं को पढ़ना, आवश्यक इसलिए मानते हैं कि **अपनी भाषा के ज्ञान के बिना कोई सच्चा देशभक्त बन ही नहीं सकता**। मातृभाषा के ज्ञान के बिना हमारे विचार विकृत हो जाते हैं और हृदय से मातृभूमि का स्नेह जाता रहता है। भारत के साहित्य और धर्म को विदेशी भाषा के माध्यम से कभी नहीं समझा जा सकता।

''यदि भारत को राष्ट्र बनाना है, तो चाहे कोई माने या न माने, राष्ट्रभाषा तो हिन्दी ही बन सकती है।''

हिन्दी को हम राष्ट्र भाषा मानते हैं। यह राष्ट्रीय होने के लायक है। वही भाषा राष्ट्रीय बन सकती है, जिसे अधिसंख्यक लोग जानते-बोलते हों और जो सीखने में सुगम हो। ऐसी भाषा हिन्दी ही है। यह बात यह सम्मेलन 1910 से बता रहा है और इसका कोई वजन देने लायक विरोध आज तक सुनने में नहीं आया। अन्य प्रान्तों ने भी इस बात को स्वीकार कर लिया है।

मेरा नम्र निवेदन है कि पाठ्य पुस्तकों का चुनाव सूक्ष्म विवेक के साथ होना चाहिए। उसमें राष्ट्रीय दृष्टि रहनी चाहिए और पाठ्यक्रम भी आधुनिक आवश्यकताओं को खयाल में रखकर निश्चित करना चाहिए।

भारतवर्ष में 7 लाख देहात हैं। सारा कार्य देहातों पर निर्भर है। इसलिए जिसे वे समझ सकें, ऐसी भाषा का प्रयोग करने की आवश्यकता है।

—हिन्दी साहित्य सम्मेलन, इन्दौर, 20-4-1935

'संसार की कोई भी भाषा मनुष्य जाति को उतना ऊँचा उठाने, मनुष्य को यथार्थ में मनुष्य बनाने तथा संसार को सभ्य बनाने में उतनी सफल नहीं हुई; जितनी आगे चलकर हिन्दी होगी।'

–गणेश शंकर विद्यार्थी

'संस्कृत माँ, हिन्दी गृहिणी और अंग्रेजी नौकरानी है।'

–डॉ. कामिल बुल्के

'विदेशी भाषा के माध्यम से शिक्षा की हिमायत करने वाले जनता के दुश्मन हैं।'

–महात्मा गांधी

गांधी जी भाषा को देश की संस्कृति से जोड़कर देखते थे। उनका मानना था कि जिस भाषा में बच्चों को शिक्षा दी जाती है उसके समुदाय की संस्कृति से उसका सहज सम्बन्ध बन जाता है।

अपनी मातृभाषा गुजराती को माँ के समान आदर देते हुए गांधी जी राष्ट्रभाषा हिन्दी को जो महत्त्व देते थे वह विवाद का विषय नहीं है। हिन्दी ही राष्ट्रभाषा बन सकती है इस बात का मौका पाते ही उल्लेख करने से वह नहीं हिचकते थे। पर उनकी राष्ट्रभाषा हिन्दी, उर्दू के साथ मेलजोल रखकर चलने वाली हिन्दुस्तानी ही थी। हालांकि वह अच्छी हिन्दी के लिए संस्कृत के ज्ञान को जरूरी मानते थे। पर जहाँ सभा-समितियों में बोलने अथवा सामान्य तौर पर सम्पर्क-संवाद कायम करने की बात आती वह उर्दू से मेलजोल वाली हिन्दी अर्थात् हिन्दुस्तानी के प्रयोग को ही श्रेयस्कर मानते थे।

एक बार वायसराय की सभा में उन्हें बोलने का मौका मिला तो 'हिन्दी-हिन्दुस्तानी' में बोलने की उन्हें इजाजत लेनी पड़ी। इजाजत भी मिली और हिन्दुस्तानी में बोलने के लिए लोगों ने धन्यवाद भी दिया। लोगों के अनुसार वायसराय की सभा में हिन्दुस्तानी बोलने का यह पहला उदाहरण था। गांधीजी के लिए यह फख्र की बात नहीं दुःख और शर्म की बात थी। 'धन्यवाद और पहले उदाहरण की बात सुनकर मुझे दुःख हुआ। मैं शरमाया। अपने ही देश से संबंध रखने वाले काम की सभा में, देश की भाषा का बहिष्कार अथवा उसकी अवमानना कितने दुःख की बात थी और मेरे जैसा कोई हिन्दुस्तानी में एक या दो वाक्य बोले, तो उसमें धन्यवाद किस बात का ऐसे प्रसंग हमारी गिरी हुई दशा का खयाल करने वाले हैं।'

क्या उस गिरी हुई दशा से, आजादी के इतने वर्षों बाद भी हम उबर सके

हैं। अपने को उस दशा से बाहर निकाल पाए हैं ? सरकार और संसद में अदालतों और स्कूल-कॉलेजों में बड़े-बड़े नेताओं, विद्वानों और विशेषज्ञों को अंग्रेजी में देश और समाज के लिए काम करते देखकर हम लोग आज दुःख या शर्म महसूस नहीं करते बल्कि गर्व का ईर्ष्या का ही अनुभव करते हैं। हालांकि आम जनता से संपर्क साधने की मजबूरी होती है तो बड़ी निर्लज्जता से हिन्दी या देश की अन्य भाषाओं का दामन थाम लेते हैं। अपनी जीवनी में गांधी जी इस बात को प्रमाणित करते नहीं थकते कि 'हिन्दी-उर्दू ही राष्ट्रभाषा बन सकती है।'

इस देश में अंग्रेजी की स्थिति के बारे में गांधी जी का स्पष्ट दृष्टिकोण था। 'हिन्दी स्वराज' में यह पूछने पर कि क्या आप स्वराज्य के लिए अंग्रेजी शिक्षा का कोई उपयोग नहीं मानते, गांधीजी ने कहा कि **'करोड़ों लोगों' को अंग्रेजी की शिक्षा देना उन्हें गुलामी में डालने जैसा है। उन्होंने समझाने की कोशिश की है कि 'अंग्रेजी शिक्षा लेकर हमने अपने राष्ट्र को गुलाम बनाया है। अंग्रेजी शिक्षा से दंभ, राज, जुल्म वगैरा बढ़े हैं। अंग्रेजी शिक्षा पाए लोगों ने प्रजा को ठगने में, उसे परेशान करने में कुछ उठा नहीं रखा है।'** पर देश में अंग्रेजी के बढ़ते उपयोग के लिए वह अंग्रेजी को नहीं बल्कि खुद भारतीयों को जिम्मेदार ठहराते हैं।

यह उनके लिए अत्यन्त दुःख की बात है कि हम स्वराज्य की बात भी अंग्रेजी में करते हैं। वह मुझे गुलामी की हद मानते हैं कि 'अपने देश में मुझे इंसाफ पाना हो तो मुझे अंग्रेजी भाषा का उपयोग करना चाहिए। **बैरिस्टर होने पर मैं स्वभाषा में बोल ही नहीं सकता। ...यह गुलामी की हद नहीं तो और क्या है?'**

'सारे हिन्दुस्तान के लिए जो भाषा चाहिए वह तो हिन्दी ही होनी चाहिए।' यह मानते हुए गांधी जी सभी भाषाओं की उन्नति चाहते थे। 'हमें सभी भाषाओं को उज्ज्वल-शानदार बनाना चाहिए।' यह कैसे संभव है ? वह कहते हैं कि हरेक पढ़े-लिखे हिन्दुस्तानी को अपनी भाषा का और सबको हिन्दी का ज्ञान होना चाहिए। पर इतने से भी भाषाई मेलजोल की संस्कृति विकसित नहीं होगी, जबकि गांधीजी कहते थे कि ऐसी ही संस्कृति इस देश में विकसित हो। इसलिए वह सुझाव देते हैं कि 'कुछ हिन्दुओं को अरबी और कुछ मुसलमानों और पारसियों को संस्कृत सीखनी चाहिए। उत्तरी और पश्चिमी हिन्दुस्तान के लोगों को तमिल सीखनी चाहिए।' गांधी जी सारे हिन्दुस्तान की भाषा हिन्दी को 'उर्दू या नागरी लिपी में लिखने की छूट' चाहते थे। ताकि, भाषाई मेलजोल की संस्कृति विकसित हो। ऐसा ही संस्कृति विकसित होने पर हम अंग्रेजी का मुकाबला कर सकते हैं। वे कहते हैं तभी 'हम आपस के व्यवहार में अंग्रेजी को निकाल सकेंगे।' इसमें वे पढ़े-लिखे लोगों की भूमिका के

विशेष महत्व की ओर इशारा करते हैं और यह सब किसके लिए जरूरी है ? हम जो गुलामी से छूट जाएं तो प्रजा तो छूट ही जाएगी।' गांधी जी ने महसूस किया कि देश का पढ़ा-लिखा सुविधा-संपन्न तबका अंग्रेजी का गुलाम बन गया है जिसकी वजह से देश की जनता भी उसकी गुलाम हो गयी है। अगर पढ़ा-लिखा तबका अपने को इस गुलामी से छुड़ा लेता है तो प्रजा के लिए, आम जनता के लिए इससे छूटना आसान हो जाएगा।

गांधी जी हिन्दी के बहुत बड़े समर्थक थे क्योंकि उनके विचार में **हिन्दी के द्वारा ही भारत की बौद्धिक पराधीनता समाप्त की जा सकती थी**। वर्ष 1947 में जब स्वतन्त्र भारत के एक मन्त्री ने महात्मा गांधी को अंग्रेजी में पत्र लिखा तो 11 मई 1947 को गांधी जी ने हिन्दी-अंग्रेजी की बात से ही अपना उत्तर शुरू किया था–'मुझे अंग्रेजी में क्यों लिखते हो ? अंग्रेजी में लिखने के झंझट में हम क्यों पड़ें? हाँ यह कह सकते हो साधन मंत्रियों के आफिस में तैयार पड़े हैं। हम अंग्रेजी के बदले में हिन्दुस्तानी में लिखने वाले क्लर्क रख सकते हैं। उससे खर्च कम होगा और प्रजा-जन के लिए सहूलियत होगा। आखिर अंग्रेजी जानने वाले हिन्दुस्तान भर में इनेगिने लोग ही हैं। स्वदेशी राज्यतंत्र कुछ उनके लिए नहीं चल सकता। आज जो कुछ भी करेंगे सो अंग्रेजी तंत्र जड़मूल से जाने के बाद होने वाला है। यह भी याद रखो कि तुम्हें तो सबसे ज्यादा गिरे हुए दलितों की सेवा करना है और उनका प्रतिनिधित्व सुशोभित करना हैं।'

आप अंग्रेजी शिक्षा के विरुद्ध क्यों है ?

इससे पहले की बात है 1921 की। उड़ीसा की एक सभा में महात्मा गांधी से प्रश्न किया गया–"आखिर आप अंग्रेजी शिक्षा के विरुद्ध क्यों हैं? अंग्रेजी शिक्षा ने ही तो राजा राम मोहन राय, लोकमान्य तिलक और आपको पैदा किया हैं।"

तब महात्मा गांधी ने उत्तर में बतलाया था–"मैं तो कुछ भी नहीं हूँ, पर लोकमान्य तिलक भी जो आज हैं, उससे कहीं अधिक बड़े हुए होते यदि उन्हें अंग्रेजी के द्वारा शिक्षा का बोझ न ढोना पड़ता। राजा राम मोहन राय और लोकमान्य तिलक, श्री शंकराचार्य, गुरू नानक, गुरु गोविन्द सिंह और कबीरदास के मुकाबले में कहाँ है ? आज तो सफर के और प्रचार के इतने साधन मौजूद हैं। उन लोगों के समय में तो कुछ भी नहीं था फिर भी उन्होंने विचारों की दुनिया में कितनी बड़ी क्रान्ति की थी ?"

इससे भी पहले की बात है 1917 की। कलकत्ता कांग्रेस अधिवेशन के

अवसर पर अल्फ्रेड थियेटर, में राष्ट्रभाषा प्रचार सम्बन्धी कान्फ्रेंस आयोजित की गयी थी जिसमें लोकमान्य बालगंगाधर तिलक के भाषण का विशेष रूप से प्रबन्ध था। लोकमान्य बालगंगाधर तिलक ने अंग्रेजी, मिस्त्री, असीरियाई आदि संस्कृतियों पर अंग्रेजी में भाषण किया। लोकमान्य तिलक के सारगर्भित भाषण के पश्चात् महात्मा गांधी ने मंच पर आकर विनम्रतापूर्वक जनता से पूछा–"आप लोगों में जिन-जिन ने लोकमान्य का अंग्रेजी का भाषण समझा हो, वे कृपया अपने हाथ उठाएं ?"

उत्तर में एक चौथाई से भी कम हाथ उठे। तब गांधी जी ने पूछा 'अगर यह भाषण हिन्दी में हुआ होता तो कितने लोग समझते ?' उत्तर में जब सभी हाथ उठ गए तो महात्मा गांधी ने कहा–'बस इसलिए मैं कहता हूँ कि हिन्दी सीखने की आवश्यकता है। मैं ऐसा कोई कारण नहीं समझता कि हम अपने देशवासियों के साथ अपनी भाषा में बात न करें। वास्तव में अपने लोगों के दिलों तक तो हम अपनी भाषा के द्वारा ही पहुँच सकते हैं।'

लोकमान्य तिलक महात्मा गांधी के विचारों से बहुत प्रभावित हुए। अतः उन्होंने जनता को वचन दिया–**'मैं अब छह महीने में हिन्दी सीख लूँगा और तब हिन्दी में ही भाषण दिया करूँगा।'** और सचमुच अपनी उच्च इच्छा शक्ति के कारण लोकमान्य तिलक ने कुछ ही महीनों में हिन्दी पर पूर्ण अधिकार पा लिया था।

गांधी जी ने एक बार कहा था–'यदि हिन्दी अंग्रेजी का स्थान ले ले तो कम से कम मुझे तो अच्छा ही लगेगा। अंग्रेजी अन्तर्राष्ट्रीय भाषा है लेकिन वह राष्ट्रभाषा नहीं हो सकती। अगर हिन्दुस्तान को हमें सचमुच एक राष्ट्र बनाना है तो चाहे कोई माने या न माने राष्ट्रभाषा तो हिन्दी ही बन सकती है। क्योंकि जो स्थान आज हिन्दी को प्राप्त है वह किसी दूसरी भाषा को कभी नहीं मिल सकता।'

करोड़ों जनता के दिल में घर करने के निमित्त गांधी ने सरल, सहज, मातृभाषा, क्षेत्रीय भाषा के प्रयोग हेतु पत्रकारों को प्रेरित किया :

"Aa a result of his wide interest, his genius for simplification, his eagerness to reach the largest number of people and the starting nature of his activities, then was a quickening of life in journalism. Many of his followers were moved to write and publish in the indian language and in imitation of his over direct style they wrote a simple prose, Regional journalism began to acquire an importance and there was hardly an area of the country which did not have its newspaper."

–S. Natarajan : A history of the press in India

गांधी जी भारत में भाषायी पत्रकारिता के प्रबल पक्षधर थे। भाषायी पत्रकारिता के उत्थान को वे राष्ट्र के विकास के लिए आवश्यक मानते थे। इस सम्बन्ध में गांधी जी के दक्षिण अफ्रीका से वापस आने के शीघ्र बाद की एक घटना का उल्लेख किया जा सकता है जिसका उल्लेख काका साहब कालेलकर ने किया है। उन्होंने लिखा है–''गांधीजी के दक्षिण अफ्रीका से स्वदेश आने पर एक पारसी पत्रकार ने उनका साक्षात्कार लिया और उन दिनों की परम्परा के अनुसार उसने अंग्रेजी में उनसे सवाल पूछना प्रारम्भ किया। गांधीजी ने चतुराईपूर्वक उसका जवाब दिया', मित्र, तुम एक भारतीय हो, और मैं भी। तुम्हारी मातृभाषा गुजराती है और मेरी भी। तब तुम क्यों अंग्रेजी में सवाल पूछते हो ? क्या तुम समझते हो कि अंग्रेजी में बात करना ज्यादा गौरवपूर्ण है क्योंकि मैं बैरिस्टर हूँ।''

गांधी जी की आत्मकथा, जो मूलतः गुजराती में लिखी गयी और **'यंग इंडिया'** में क्रमशः प्रकाशित हुई, जिसका अंग्रेजी में अनुवाद महादेव देसाई ने किया, गुज़राती की सर्वश्रेष्ठ कृतियों में से एक है। हालांकि साहित्यिक जादू नहीं है परन्तु यह सुस्पष्ट और प्रेरणादायक है। यह ईमानदारी को ध्वनित करती है। गांधी जी की लेखन शैली की तुलना साहित्यिक लोगों के साथ नहीं की जानी चाहिए। उन्होंने अपने लेखन के गुणों का विकास जनता के साथ सम्प्रेषण के एक अंग के रूप में किया। एक सुप्रसिद्ध लेखक बनने की तुलना में लोगों को समझना उनके लिए ज्यादा महत्त्वपूर्ण था। जिसने उनके साहित्यिक प्रयासों को ज्यादा स्वागत योग्य बनाया। यह सम्बंध में जे.एच. होमन ने लिखा है–''गांधी जी की साहित्यिक उपलब्धियाँ इस सत्य के दृष्टिकोण से ज्यादा महत्त्वपूर्ण हैं कि वह, उद्धरणों के किसी भी अर्थ में, एक साहित्यकार नहीं थे। अपने महान् समकालीन रवीन्द्रनाथ टैगोर और अपने सिद्धहस्त उत्तराधिकारी पंडित नेहरू के विपरीत महात्मा गांधी के पास शैली की विशेष चमक नहीं थी। शायद ही कभी अपने लेखन से वे सौंदर्य की ऊँचाई तक पहुँचे। स्मरणीय प्रसंग कभी-कभी मिलते हैं। गांधी की रुचियाँ सौन्दर्यपरक न होकर लोकोपकारी थीं। उनके पास इच्छा या आकांक्षा या समय कलाकार बनने का नहीं था। उनका एकमात्र विचार जनता की सेवा एवं उनका एकमात्र संघर्ष अपनी जनता को स्वतंत्र कराना था। इसलिए उन्होंने अनुशासित सरलता के साथ लिखा। ऐसा लिखा कि जिसे सभी समझ सके। परिणाम था कि एक महत्त्वपूर्ण साहित्यिक कला-सुस्पष्टता सामने आयी। मुझे संदेह नहीं गांधी जी ने अपने समस्त कार्यों में एक भी वाक्य ऐसा लिखा हो जो उस विचार की न व्यक्त कर सका है जो गांधी कहना चाहते हों। उन्होंने एक ऐसी शैली अपनायी

जो उनके संप्रेषण के उद्देश्यों को पूरा करती हो। गांधी जी का माध्यम पर पूर्ण अधिकार था। उनके लेखन को पढ़ते समय उनकी शैली पर ध्यान न देकर उनके लेखन की विषयवस्तु पर ध्यान दिया जाना चाहिए जो कि उनकी विजयों को ग्रहण करने का चरम लक्ष्य है।'

गांधी जी के पत्रों का भी खासा साहित्यिक महत्व है। गांधी जी के पत्र छोटे हों या बड़े, अधिकारिक हो या व्यक्तिगत, विशुद्ध साहित्यिक रत्न संपदा है। उनमें भाषा का उपयोग किया गया है और ये हृदय के निकले शब्द हैं।

कई खिलदंड़, कुछ प्यारे। कई पिता समान डाँट पिलाते हैं, कुछ अवर्णनीय प्रतिबंध लगाते हैं, मारते हैं, अच्छी तरह। कुछेक घनिष्ठतम हैं। शायद ही कोई असुरक्षित क्षणों से विस्पंदित हैं। लेखक स्वर को समायोजित करता है, प्रत्येक पत्र की भाषा और उद्देश्यों को अत्यंत सावधानी के साथ संक्षिप्त करता है जिससे कि मनचाहा प्रभाव पाठक पर पड़ सके। ये पत्र हाथ के सबसे बड़े हथियार हैं जिसकी सहायता से वे अपने मित्रों और अनुगामियों के विवेक और व्यवहार को नियंत्रित करते हैं। किसी भी व्यक्ति ने पत्रों की सहायता से इतना महान प्रभाव नहीं उत्पन्न किया है, और कुछ ही साहित्यकारों ने अपने पत्रों को इतनी कलात्मकता के साथ लिखा है।

गांधी जी प्रायः कहा करते थे कि—भाषा माता के समान है। माता पर हमारा जो प्रेम होना चाहिए, वह हम लोगों में नहीं है। यदि हिन्दी भाषा राष्ट्रीय भाषा होगी तो साहित्य का विस्तार ही राष्ट्रीय होगा।

राष्ट्रभाषा हिन्दी के व्यापक प्रचार-प्रसार हेतु गांधी जी ने मद्रास में दक्षिण हिन्दी प्रचार सभा तथा वर्धा में राष्ट्रभाषा प्रचार समिति की स्थापना की। स्थान-स्थान पर नागरी प्रचारिणी सभा की स्थापना कर बापू ने हिन्दी को स्वाधीनता आन्दोलन का अंग बना दिया।

अध्याय-15

पत्रकारिता जिनकी चिर ऋणी है

"Great is the journalism, Is it not every able editor a Ruler of the world, being a persuader of it."

–Carlyle

*

"Gandhiji was a very unusual and effective journalist. His works were means of service and journalism was no exception."

–J.L. Nehru

*

"समाचार-पत्रों के शब्दों ने लोगों के बीच गीता, बाइबिल और कुरान का स्थान ले लिया है। उनके लिए लिखे अक्षर ब्रह्म वाक्य के समान हैं।"

–महात्मा गांधी

*

"पत्रकार नीर-क्षीर विवेक युक्त वह सतर्क प्राणी है जो लोकमानस में डूबता है, विविध घटनाओं से उन्मथित होता है, जनता को सशक्त वाणी देता है एवं राष्ट्र को ऊर्जा प्रदान करता है। इसलिए वह नरेश, शिक्षकों का शिक्षक, नेताओं का नायक, लोक गुरु और मर्करी के नाम से पुकारा जाता है।"

–डॉ. अर्जुन तिवारी

*

"There was not only a new thought but a new language in newspaper writing and what he wrote was the best in political thought and finest in journalistic writings. No editor could escape being influenced by Gandhiji's writings."

A.S. Lyengar

*

गांधी जी की पत्रकारिता राष्ट्र-चेतना का पांचजन्य है। भारत ही नहीं पूरे विश्व में चेतना के सक्षम प्रहरी वे ही थे। गांधी की विचारधारा में प्रेस वह आईना है जिसमें लोक और तंत्र की शक्लें देखी जा सकती हैं। इसलिए वे प्रेस को सदा स्वच्छ बनाये रहने के हिमायती थे। गांधी की दृष्टि में मीडिया की सबसे महत्त्वपूर्ण भूमिका सही जानकारी के सम्प्रेषण के द्वारा जनता को अंधेरे से उजाले में ले जाने की है। समाज की जड़ मान्यताओं पर प्रहार कर उनका विसर्जन कर नये मूल्यों का सर्जन कर समाज को सही दिशा प्रदान करना ही गांधी की पत्रकारिता का उद्देश्य था और उससे प्रेरणा पाने वालों ने भी पत्रकारिता के माध्यम से समाज को जगाने का ऐसा ही स्तुत्य प्रयास किया।

समकालीन और परवर्ती भारतीय साहित्य और पत्रकारिता पर गांधी का प्रभाव बेजोड़ है। गांधी ने पत्रकारों और साहित्यकारों के विचारों एवं लेखन पर व्यापक प्रभाव डाला। गांधी की पत्रकारिता से प्रभावित होकर भाषायी पत्रकारिता और साहित्य का उत्थान हुआ। अंग्रेजी जानने वाले पत्रकारों ने भी भाषायी पत्रकारिता एवं साहित्य के विकास पर जोर दिया। ऐसे लोगों ने भी भारतीय भाषाओं में लेखन किया जिनका अंग्रेजी भाषा पर पूर्ण अधिकार था। उन्होंने गांधी की ही तरह भाषा की सरलता, स्पष्टता और शीघ्र प्रभाव पैदा करने की क्षमता पर ध्यान दिया। विषयवस्तु के चयन और चरित्रों के प्रदर्शन में भी गांधी का प्रभाव कम महत्त्वपूर्ण नहीं है। शहरों से गाँवों की ओर मुड़ने की सतत चेतना सर्वत्र दिखाई पड़ती है या दोनों-एक ओर शहरी विलासिता और जटिलता तथा दूसरी ओर ग्रामीण आचार और व्यवहार के विरोधाभास दिखाने का प्रयास किया जाता है।

गांधी ने अपनी पत्रकारिता के माध्यम से यह सिद्ध कर दिया कि हर व्यक्ति के लेखन की खास स्टाइल है। शब्द प्रवहमान जल-स्रोत की तरह है। उनकी अंग्रेजी बाइबिल सरीखी थी। हम उनकी तुलना रस्किन और थोरों के साथ करते हैं। वे अंग्रेजी शब्दों के चयन में अत्यन्त सावधानी बरतते थे। वे इनका चयन सावधानीपूर्वक करते थे एवं सही जगह के लिए सही शब्द का चयन करते थे।

'सन् 1920 में लाला लाजपत राय की अध्यक्षता में कांग्रेस का एक विशेष अधिवेशन आहूत हुआ जिसमें गांधी जी के नेतृत्व में हिन्दी को राष्ट्रभाषा माना गया।

श्री शिवप्रसाद गुप्त ने 5 अप्रैल 1920 को 'आज' हिन्दी-पत्र का प्रकाशन प्रारम्भ किया। 'दैनिक वर्तमान' और 'प्रताप' भी इसके बाद निकले। कांग्रेस ने सामान्य जनता तक पहुँचने के लिए हिन्दी भाषा को अपनाया। फलतः हिन्दी पत्रकारिता द्रुतगति से आगे बढ़ी। जैसे-जैसे राष्ट्रीय आन्दोलन तीव्र हुआ, हिन्दी पत्रकारिता सशक्त व तेजस्वी हुई। कांग्रेस के असहयोग आन्दोलन के साथ ही हिन्दी पत्रकारिता का इतिहास जुड़ा है :

"From the point of view of Hindi journalism, the session was very important, for it was here that for the first time national opinion was diverted on the absence of a recognised national language, and Hindi was recognised as such under the lead of Gandhiji. This at once started a new era in political journalism in Hindi language. Shri Siva Prasad Gupta founded 'Aj' at Banares on April 5, 1920, and other papers like 'Dainik Vartaman' and 'Pratap' and others were soon to follow. The increasing interest of the Congress in the cause of Hindi language an Lingua India did much to foster courage and spirit of adventure in Hindi journalism and from this lime onward Hindi Journalism grew with the rapidity it had never known. The Congress intended to reach the masses, and could not be reached by any other Indian language. As the national movement went deeper and deeper into the masses, Hindi Journalism grew more and more powerful. The history of Hindi journalism here after is, in realty, the history of Congress reaching the masses - a history of the rapid awakeing of the mass upheaval with the progress of the non-co-operation movement". Dr. Ram Rattan Bhatnagar. 'The Rise and Growth of the Hindi Journalism', pp. 357-58.

गांधी जी पत्रकारिता को वैचारिकता व क्रान्ति का सशक्त माध्यम मानते थे। हिन्दी पत्रकारिता ने पूर्वी उत्तर प्रदेश में वैचारिक क्रान्ति का बीज बोया। क्रान्तिकाल के विभिन्न परिस्थितियों पर 'आज' दैनिक के संपादक श्री बाबूराव विष्णु पराड़कर ने अद्‌भुत प्रकाश डाला जिसका व्यापक प्रभाव पड़ा। गांधीजी के 'खादी अपनाओ अभियान' पर आज की टिप्पणी द्रष्टव्य है–

'खादी की बिक्री बढ़े तो
विदेशी कपड़ों का

बहिष्कार सफल हो जाय,
बहिष्कार सफल हो तो स्वराज्य मिले
इसलिए खादी की बिक्री बढ़ने से
स्वराज्य की दूरी घटती है।'

—1 जनवरी, 1931

खादी के सम्बन्ध में एक और अपील इस प्रकार है–

'सरकार से बिना जोखिम की लड़ाई
क्यों नहीं लड़ते ?
खादी खरीदना बिना जोखिम की
लड़ाई है।'

—5 जनवरी, 1931

इसी प्रकार 'आज' के पृष्ठों में **'खादी को आधा स्वराज्य समझो'** तथा **'खादी खरीदना हर भारतीय का धर्म है, इस युद्ध में और कुछ न कर सको तो खादी ही खरीदो'** आदि अनेक विचारपूर्ण अपीलें छपी हैं, क्योंकि–

'हमारे दस करोड़ किसान
साल में छः मास बेकार रहते हैं
वे बेकार में चरखा कातें। फसल पर
कपास संग्रह करें, नंगे भूखे क्यों रहें ?'

—2 जनवरी, 1931

गांधी का साहित्यिक अवदान :

क्रान्तिकाल में गांधी जी एक ऐसे नेता थे, जिन्होंने भारत की राजनीति, साहित्य, कला तथा संस्कृति को सर्वाधिक प्रभावित किया। लगातार 25 वर्षों तक राष्ट्रीय आन्दोलन का नेतृत्व महात्मा गांधी ने किया। उन्होंने भारतीय इतिहास को एक नया स्वरूप ही नहीं प्रदान किया अपितु भारत की विचारधारा पर एक अमिट छाप छोड़ी।

"Mahatma Gandhi took over the leadership of the national movement for over twenty five years and shaped not only the course of India's history but left an indelible imprint on the thinking of India."

K.M. Panikkar : 'The Foundation of New India', p. 179.

नन्द दुलारे वाजपेयी ने कहा है कि छायावाद के मूल में एक ऐतिहासिक

व्यक्तित्व गांधी हैं। हिन्दी का छायावाद युग की साहित्यिक उपलब्धि है। छायावादी कवियों और स्वच्छन्दतावादी लेखकों के साथ साहित्यकार भी हुए जो गांधी जी के सत्याग्रह आन्दोलन के सक्रिय कार्यकर्ता थे और इन्होंने गांधी जी के समाचार-पत्र से भी काफी प्रभाव ग्रहण किया। माखनलाल चतुर्वेदी, नवीन, मैथिलीशरण गुप्त और सियाराम शरण गुप्त ऐसे कवि हैं। ये हिन्दी काव्य के विशिष्ट पुरस्कर्ताओं में हैं। कथा-लेखकों में प्रेमचन्द और जैनेन्द्र पर गांधी-दर्शन का प्रभाव स्पष्ट है :

साहित्यकार प्रेमचन्द की साहित्यिक चेतना के प्रेरणास्रोत गांधी जी ही थे। अपने उपन्यासों और कहानियों के द्वारा उन्होंने गांधी जी के मानवतावादी सिद्धान्तों का प्रचार-प्रसार किया।

गांधी जी पाठकों की अच्छी किताबों के बारे में जानकारी देने के साथ-साथ वे उन्हें गंदी किताबों से बचने के लिए भी सावधान करते थे। इसका एक अच्छा उदाहरण कैथरीन मेयो की किताब 'मदर इंडिया' पर लिखी गयी उनकी पुस्तक समीक्षा है जो 'यंग इंडिया' के 5 सितम्बर 1927 के अंक में 'ड्रेन इन्स्पेक्टर्स रिपोर्ट' शीर्षक से भी इसमें उन्होंने लिखा–सुश्री मेयो ने स्वयं यह किताब मेरे पास भेजी है। ...किताब चतुराईपूर्वक एवं सशक्त रूप से लिखी गयी है परन्तु मेरे ऊपर यह जो प्रभाव छोड़ती है वह यह है कि यह एक ड्रेन इंस्पेक्टर की रिपोर्ट है जो केवल पूरे देश के नालों को खोलने और उनकी सफाई के उद्देश्य से छापी गयी है या इसका उद्देश्य पेट की सफाई के लिए नालों के ऊपर बैठने का विशद वर्णन है। इस तरह सुश्री मेयो की यह किताब पश्चिमी साहित्य का एक दुःखपूर्ण आँखों देखा हाल जान पड़ता है। गांधी जी किताबों द्वारा गलत-बयानी के खिलाफ थे एवं वे लेखकों एवं पत्रकारों को ऐसी किताबों के बारे में जनता को बताने का आह्वान करते थे जिससे कि जनता ऐसी किताबों के कुप्रभाव से बच सके।

अपनी पत्रकारिता के द्वारा गांधी ने हिन्दी के प्रचार-प्रसार और इसे राष्ट्र भाषा के रूप में प्रतिष्ठापित करने का महत्त्वपूर्ण कार्य किया। उनके प्रयास से समूचे देश में हिन्दी का प्रचार-प्रसार जोर-शोर से हुआ। गांधी के प्रभाव और प्रेरणा से बहुत सारे क्षेत्रीय लेखकों और पत्रकारों ने हिन्दी को राष्ट्रभाषा के रूप में स्थापित करने के लिए जोरदार प्रयास किया। इस तरह हिन्दी के प्रचार-प्रसार में गांधी की पत्रकारिता का अप्रतिम योगदान रहा।

महात्मा गांधी राष्ट्रीय नेता ही नहीं थे वरन् एक प्रभावशाली पत्रकार भी थे। भारत का राजनीतिक आन्दोलन ही नहीं वरन् समस्त भारतीय साहित्य और पत्रकारिता उनकी चिर-ऋणी रहेगी। **'यंग इंडिया'** और **'हरिजन'** गांधी जी के विचारों का प्रचार करने, सरकार को अपने विचारों से और राजनैतिक कार्यक्रमों से

अवगत कराने तथा आम भारत की जनता को एक बड़े आन्दोलन के प्रति जाग्रत कराने के महत्त्वपूर्ण माध्यम थे। गांधी के जीवनादर्शों को लेकर देश की आजादी के बाद भी विभिन्न भाषाओं में अनेक लघु पत्रिकाएँ प्रकाशित हो रही हैं जिसकी एक लम्बी सूची बनायी जा सकती है। लेकिन उनकी प्रसार संख्या अत्यंत सीमित है। इनमें से अनेक तो घाटे में निकल रही हैं। लेकिन उनका मुख्य लक्ष्य लोक शिक्षण है। ये पत्रिकाएँ प्रसार संख्या की दृष्टि से छोटी हो सकती हैं लेकिन महान विचार की पोषक हैं।

क्षेत्रीय पत्रों में बंगाल के **नायक, बसुमती, नवशक्ति, संजावनी, मराठी, संदेश** और **लोकमान्य,** हिन्दी के **भारत मित्र** और **विश्वमित्र** काफी प्रसिद्ध हुए। पंडित मदन मोहन मालवीय ने स्वयं 'अभ्युदय' नामक पत्र आरम्भ किया। उर्दू पत्र खासकर अबुल कलाम आजाद का 'अल हिलाल', मुहम्मद अली का 'हमदर्द' और लाहौर तथा लखनऊ से प्रकाशित होने वाले इसी भाषा के अन्य पत्र काफी लोकप्रिय हुए। केरल से प्रकाशित मलयालम पत्र 'मलयाला मनोरमा' का नाम भी उल्लेखनीय है। तमिल पत्रों 'स्वदेश मित्रम्' एवं 'देशभक्तम्' ने भी शीघ्र ही अपना चिन्ह छोड़ा।

गांधी से प्रभावित होकर श्री शंकरन् ने 'चिल्ड्रेन ऑफ कावेरी' लिखी, हुमायूँ कबीर ने 'मैन एण्ड रिवर्स' में बेंगाल के ग्रामीण जीवन का चित्र खींचा। यह आम आदमी के जीवन का प्रदर्शन था। के.एम. वेंकटरमणन के लेखन की भी विषयवस्तु आम आदमी की जिन्दगी से ही जुड़ी थी। अपनी 'गुरुजन एण्ड टिलर' या 'कन्दन ए पेट्रियट' की रचना कर बीस और तीस के दशक के तमिलनाडु में सनसनी फैला दी। भारतीय समाज के गहन विश्लेषण को आर.के. नारायणन की 'वेटिंग फार महात्मा', मुल्कराज आनन्द की 'अनटचेबल', ख्वाजा अहमद अब्बास की 'इन्कलाब' और भवानी भट्टाचार्य की 'सो मेनी हंगर्स' नामक कृतियों में सशक्त ढंग से प्रस्तुत किया गया है। सभी गांधी से प्रभावित थे। गांधी के आन्दोलन ने लेखकों को प्रचुर सामग्री उपलब्ध करायी।

गांधी जी ने अपनी जाग्रत पत्रकारिता द्वारा राष्ट्र के विराट पुरुष को जगाया। तमिस्रगामी पत्रकारों ने बापू के चलते निम्नलिखित शब्दों पर चिन्तन-मनन किया :

अब तो दरवाजे से अपने नाम की तख्ती उतार।
लफ्ज नंगे हो गए शोहरत भी गाली हो गयी।।

गांधी जी की पत्रकारिता ने सदाचरण और गुरुत्व का पाठ पत्रकारों को पढ़ाया जिससे उनमें सद्भाव और सांस्कृतिक दायित्व की भावना जगी।

प्रेस स्वातन्त्र्य :

गांधी जी प्रेस की स्वतंत्रता के पक्षपाती थे। सरकार की नीतियों की समीक्षा में पत्रों को कभी दब्बू नहीं होना चाहिए तथा सरकार को भी कभी पत्रों को नियंत्रित या दमित करने की बात नहीं सोचनी चाहिए। जनमत के प्रकाशन पत्रों को पूरी छूट होनी चाहिए कि वे निर्भीकता से अपनी आवाज़ बुलन्द कर सकें। 12 जनवरी, 1922 को 'यंग इंडिया' में गांधी जी ने प्रेस स्वातन्त्र्य पर लिखा–

"Liberty of speech means that it is unassailed even when the speech hurts; liberty of the press can be said to be truly respected only when the press can comment in the severest terms upon and even misrepresent matters; broken against misrepresentation or violence being secured not by an administrative gagging order, not by closing down the press but by punishing the real offender, leaving the press itself unrestricted. Freedom of association is truly respected when assemblies of people can discuss even revolutionary projects, the state relying upon the force of public opinion and the civil policy, not the savage military at its disposal, to crush any actual outbreak of revolution that is designed to confound public opinion and the state representing it".

किसी बात को केवल पत्रों में प्रकाशित कर गांधी चुप नहीं बैठ जाते थे। वे व्यक्तिगत पत्र भी लिखते तथा उच्च प्रशासकों का ध्यान आकृष्ट करते रहते। 1 फरवरी 1922 को गांधीजी ने बारदोली से वायसराय को पत्र लिखा कि राष्ट्र के समक्ष भाषण की स्वतंत्रता, प्रेस की स्वतंत्रता के अहम प्रश्न हैं। उन्होंने अत्यन्त विनीत भाव से अनुरोध किया कि सभी प्रकार के नियंत्रणों से प्रेस मुक्त किया जाय।

"...not again can the administrative interference with the liberty of the Press under a Law what is under promise of repeal be regarded as anything but repression. The immediate task before the country, therefore, is to rescue from paralysis freedom of speech, freedom of association, and freedom of Press ...I would further urge you to free the Press from all administrative control and restore all the fines and forfeitures recently imposed. In thus urging. I am asking You Excellence to do what is today being done in every country which is deemed to be under civilised government."

प्रेस की स्वतंत्रता के उद्घोषक गांधी की नीतियों से प्रभावित होकर तत्कालीन पत्रकारों का बहुत बड़ा समूह अपने को गांधीवादी पत्रकार कहलाने में गर्व का अनुभव करता था।

विश्ववंद्य महात्मा गांधी ने दुर्धर्ष अंग्रेजी शासन के विरुद्ध अहिंसात्मक आन्दोलन का अनूठा हथियार उठाया और उनके नेतृत्व में भारत भक्तों ने अपना सर्वस्त्र अर्पित कर स्वतंत्रता अर्जित की। गांधी जी ने स्वतंत्रता का अर्थ राजनीतिक आजादी ही नहीं बतलाया बल्कि उसके साथ आर्थिक, सामाजिक, सांस्कृतिक नव निर्माण पर जोर दिया। उन्होंने कहा–

राजनीतिक स्वतंत्रता ने जहाँ हमें अपना भविष्य अपने हाथों बनाने, संवारने का अधिकार और अवसर दिया वहीं अपनी नव-स्वतंत्रता की हर परिस्थिति में रक्षा करने का दायित्व भी सौंपा। साम्प्रदायिक वैमनस्य का विष, जातिगत और क्षेत्रीय संकीर्णता, शरणार्थियों की विषम समस्या, छोटी-छोटी रियासतें टूटी-फूटी अर्थ व्यवस्था, ये सभी समस्याएँ प्रारम्भ से ही विकराल रूप ले चुकी थीं। ऐसे समय में गांधीजी से प्रेरित तपः पूत पत्रकारों ने भारतीय जन-मानस को आजादी मिलने के बाद मदोन्मत्त नहीं होने दिया। यशस्वी पत्रकारों ने जन-जन में सुदृढ़ मनोबल और सुन्दर भविष्य के प्रति अटूट विश्वास जगाया तथा राष्ट्र-निर्माण हेतु सतत संघर्ष जारी रखा। राष्ट्र को समग्र विकास की दिशा में अग्रसर करने हेतु स्वस्थ व्यवस्था की कामना के साथ विकास की दिशा में अग्रसर करने हेतु स्वस्थ व्यवस्था की कामना के साथ हिन्दी पत्र निकले जो नव निर्माण के कारक सिद्ध हुए। गांधीवादी पत्रकारों ने भारत के निर्माण में समर्पित भाव से कार्य किया। महात्मा गांधी के हिन्दी सहायक तथा राजस्थान की हिन्दी पत्रकारिता के भीष्मपितामह श्री रामनारायण चौधरी ने लेखक को बतलाया कि बापू ने **पत्रकारिता को शाश्वत महत्त्व प्रदान किया**। उनके अनुसार पत्रकारिता एक मिशन है जिसके द्वारा अन्याय का प्रबल विरोध और अपराधियों का सुधार अहिंसात्मक ढंग से सम्भव है। गांधीजी पत्रकारों को न्यायाधीश मानते थे जिनको 'समरी ट्रायल' का अधिकार प्राप्त है। वे पत्रकारों से कहते थे कि यदि किसी के विरुद्ध कोई सामग्री प्रेस में आवे तो सर्वप्रथम अभियुक्त को सफाई का मौका दो। संतोषजनक उत्तर न मिले तो दोनों पक्षों की बातों को सम्पादक अपनी टिप्पणी के साथ प्रकाशित करे। श्री चौधरी ने बापू के निर्देशानुसार पत्रकारिता की जिसके अद्‌भुत परिणाम का एक उदाहरण उनके ही शब्दों में प्रस्तुत है–

'सन् 1925 ई. की बात है। रात्रि में लगभग 10 बजे एक सुन्दरी नवयुवती एक युवक के साथ मेरे प्रेस में आयी। पूछने पर नवयुवक ने सूचित किया कि यह नवयुवती किशनगढ़ स्टेट के ड्राइवर की धर्मपत्नी है। स्टेट के दीवान बहादुर पवनास्कर इसके रूप के लोभी हैं। कई बार कुचेष्टा हुई लेकिन ड्राइवर और इस महिला के संयुक्त प्रयास से दीवान असफल रहा। अभी कुछ दिनों पूर्व ड्राइवर की

हत्या कर दी गयी तथा अब भी इस युवती पर दीवान की गिद्ध दृष्टि लगी हुई है, हम लोगों की सहायता करें। लिखित रिपोर्ट को पवनास्कर के पास भेजा गया। उसने मुझे अपने यहाँ बुलाया, घटना की फाइल सौंप दी। मैंने उसे आद्योपांत पढ़ने के बाद यही कहा कि 'फाइल आपके अगेंस्ट है, आप सीधी पकड़ में आ रहे हैं।' दीवान ने यही कहा कि 'Every saint has a past and sinner has a future, आप जो भी दण्ड देंगे मुझे स्वीकार है।' मैंने नवयुवती को बुलाया तथा उसे पूरी बातें कह दीं। यह भी पूछा कि 'तुम दीवान को किस तरह दण्डित करना चाहती हो ?' नवयुवती एक सप्ताह बाद अपने घरवालों के साथ आयी। घरवालों ने यही कहा कि यदि दीवान इसे चाहते हैं तो हिन्दू धर्म के अनुरूप शादी हो जाय तथा इसके लड़कों को उनकी सम्पत्ति मिले।

मैंने इन बातों को दीवान के पास लिखित भेजा तथा दीवान ने मुझे ही शादी की तिथि तय करने के लिए अधिकृत कर दिया। धूमधाम से शादी हुई। दीवान ने उसे पढ़ाया। उससे लड़के हुए। आज भी वह महिला 'ताईजी' के नाम से श्रद्धेया बनी हुई है।'

गांधी जी के पद चिह्नों पर चलकर पत्रकारिता करने के एक और विस्मयकारी परिणाम को भी रामनारायण चौधरी के शब्दों में पाठकों के समक्ष प्रस्तुत किया जा रहा है :

मैं बम्बई चला गया था। सन् 1938 ई. में मेरे पत्र 'नवज्योति' में मेरे एक सहयोगी ने तत्कालीन डिप्टी पुलिस सुपरिंटेंडेंट श्री मीर-मुम्ताज हुसेन की रिश्वतखोरी तथा बदचलनी संवाद छाप दिया। श्री हुसेन एक तेज-तर्रार पुलिस अधिकारी माने जाते थे तथा सरकार ने उन्हें अजमेर के क्रान्तिकारियों को कुचल डालने के निमित्त भेजा था। एक दिन मेरे एक मित्र के साथ श्री हुसेन ने प्रेस में आकर मुझसे पूछा–'आप गांधीवादी पत्रकार हैं, बिना पूछ-ताछ किए रिश्वतखोरी एवं बदचलनी सम्बन्धी समाचार आपने क्यों छाप दिया।' मैंने कहा–'**भाई, बापू की अहिंसा की दृष्टि से मुझसे गलती हुई, मैं माफी माँगता हूँ।** अब आप दिल को टटोलें, सत्य के खयाल से बतलावें कि दोनों कमजोरियाँ आप में नहीं है क्या ?' इस प्रश्न के उत्तर में उन्होंने यही कहा 'अगली मुलाकात में मेरा जवाब आपको मिलेगा।'

संयोग से अगली मुलाकात श्री सरदार बहादुर भगवान सिंह, पब्लिक प्रोजेक्यूटर के मकान पर हुई। मेरे पूछने पर उन्होंने कहा, 'आप पक्के गांधीवादी हैं, आपने अपने गलती के लिए जिस दिन मुझसे माँफी माँगी, उसी दिन मैं आपका हो गया। भविष्य में आप मेरी कोई गलती नहीं सुनेंगे।'

श्री मीर मुम्ताज हुसेन मेरे आत्मीय हो गए, जो क्रान्तिकारियों को दबाने आया था वह क्रान्तिकारियों का रहनुमा हो गया। जब भी मेरे प्रेस पर छापा मारने सम्बन्धी कार्रवाई होती थी उसकी सूचना डिप्टी साहब एक दिन पूर्व हेड कांस्टेबल श्री रामचन्द्र द्वारा प्रेषित कर दिया करते थे। एक दिन सायंकाल रामचन्द्र मेरे पास आया और कहा कि कल प्रातः आप से तीन हजार रुपए की जमानत वसूल की जाएगी, नहीं देंगे तो प्रेस जब्त कर लिया जाएगा। मैंने हेड कांस्टेबल से कहा, 'भाई जमानत की राशि तो डूँगरपुर रियासत के महाराज लक्ष्मण सिंह देते हैं अब समय नहीं है कि उनसे धन प्राप्त किया जाय, आप डिप्टी साहब से कह देंगे कि कल उन्हीं को पैसे का इन्तजाम करना है।' दूसरे दिन प्रातः ९ बजे सेठ अल्लाहरखाँ तीन हजार रुपयों के साथ मेरे पास आए। कुछ घण्टों बाद जमानत की राशि दे दी गयी। प्रेस अबाधित ढंग से चलता रहा। पैसे डिप्टी एस.पी. ने ही सेठ के माध्यम से भिजवाए। वास्तव में पूज्य बापू के अनुरूप पत्रकारिता की जाय तो राष्ट्र का सर्वाधिक हित हो तथा इस प्रकार संत, मार्गदर्शक एवं उपदेशक के रूप में पूज्य हो सकता है।

गांधी जी की पत्रकारिता ने जीवन और जगत को उपकृत किया। उनका पूरा जीवन पत्रकारिता से संश्लिष्ट था। अपनी बात कहने दूसरों की सुनने, समस्या सुलझाने, जनमत जगाने के निर्माण जीवन के हर पग पर उन्होंने इसी पत्रकारिता का आश्रय लिया। गांधी ने अनेक स्थानों पर स्वीकार किया कि **'यंग इंडिया', 'नवजीवन', 'इंडियन ओपीनियन' महज पत्र नहीं थे। उनके जीवन के निचोड़ थे।**

जगे रहने, जागते रहने के उद्घोष के साथ गांधी जी ने भारत की स्वतंत्रता का स्वर्णिम पथ निर्मित किया। आजादी की लड़ाई के वे महानायक थे, भारत के महात्मा थे, राष्ट्रपिता के साथ पूज्य बापू थे। अभिव्यक्ति की छटपटाहट के चलते उन्होंने अहिंसात्मक पत्रकारिता की नींव रखी। शत्रुओं ने उनको Printer's Devil कहा। गांधी-चिंतन का मूल आधार पत्रकार चिन्तन है। यदि वे मात्र वकील ही रहते तो कब ही काल-कलवित हो गए होते। उनको अजर-अमर बनाने में पत्रकारिता की ही एक मात्र भूमिका है। आजकल के अभिव्यक्ति के अनर्गल प्रलाप के समय गांधी की पत्रकारिता आलोक स्तम्भ है, मानव-कल्याण का सेतु है जिसकी ओर सबकी दृष्टि आवश्यक है।

'सत्यं, शिवं, सुन्दरम्' वाली राष्ट्रपिता की चिन्तनधारा से ही 'आ नो भद्राः क्रतवो यन्तु विश्वतः' की सद्भावना का प्रचार-प्रसार हो तो मानवता विजयिनी होगी, पत्रकारिता गौरवदीप्त होगी।

'हिन्दू' 23 मार्च 1925 के अंक में प्रकाशित गांधी जी के विचार सतत स्मरणीय हैं :

''हम सभी अपने देश में पत्रकारिता को सर्वोत्तम परंपराएँ बना रहे हैं या कहना चाहिए कि हमें अभी बनानी हैं। हमारे यहाँ कई अत्यन्त सुयोग्य पत्रकार हैं। हम उनका अनुकरण कर सकते हैं। मैं जानता हूँ कि हम अपने ध्येय की ओर जैसे-जैसे बढ़ते जायेंगे, पत्रकारिता हमारे देश के भाग्य के निर्माण में वैसे-वैसे अधिक महत्त्वपूर्ण भूमिका अदा करती जायगी।

मैं पत्रकारों से हर अवसर पर यही बात कहता रहता हूँ कि अपने स्वार्थ साधन करने या केवल अपने जीविकोपार्जन करने, उससे भी बुरी बात धन-संचय करने के लिए पत्रकारिता का दुरुपयोग नहीं किया जाना चाहिए। पत्रकारिता देश के लिए तभी उपयोगी और कारगर होगी, और अपना उचित स्थान प्राप्त करेगी, जब वह निःस्वार्थ भाव से चलायी जायगी, जब उसकी अधिकांश शक्ति संपादकों या स्वयं पत्र-पत्रिकाओं पर आने वाली किसी भी विपत्ति का विचार किये बिना देश की सेवा में लगेगी और जब सम्पादक परिणामों की परवाह छोड़कर देश की जनता के विचारों को व्यक्त करेंगे। मैं समझता हूँ कि हमारे देश में इस तरह की पत्रकारिता पनप रही है।''

परिशिष्ट-I

एक अचूक मंत्र

एक अचूक मंत्र

मैं आपको एक मंत्र देता हूँ। जब कभी आप दुविधा में हों या आपको अपना स्वार्थ प्रबल होता दिखाई दे तो यह नुस्खा आज़मा कर देखिएगा।

अपने मन की आँखों के सामने किसी ऐसे गरीब और असहाय व्यक्ति का चेहरा लाइये जिसे आप जानते हों और अपने आपसे पूछिए कि आपकी करनी उसके किस काम आयेगी? क्या उसे कुछ लाभ होगा? क्या उस काम से उसे अपना जीवन और भविष्य बनाने में कुछ मदद मिलेगी, दूसरे मानों में, क्या आपकी करनी हमारे, देश के लाखों, करोड़ों, भूखे नंगे लोगों को स्वराज की राह दिखाएगी?

बस इतना सोचते ही आपकी सारी दुविधाएँ दूर हो जायेंगी और स्वार्थ पिघलकर बह जाएगा।

हस्ताक्षर

A TALISMAN

I will give you a talisman. Whenever you are in doubt or when the self becomes too much with you, apply the following test.

Recall the face of the poorest and the weakest man whom you may have seen and ask yourself. If the step you contemplate is going to be of any use to him? Will he gain anyting by it? Will it restore him to a control over his own life and destiny. In other words, will it lead to Swaraj for the hungry and spiritually starving millions?

Then you will found your doubts and yourself melting away.

Signature

परिशिष्ट-II

आज मेरी भी दास्तां सुनो

उन्नासी लाख प्रजाओं का उद्धार कब होगा? मान्यवर महात्मा, किस्सा सुनते हो रोज औरों के, आज मेरी भी दास्तां सुनो...

बेतिया

27 फरवरी 1917

मान्यवर महात्मा,

किस्सा सुनते हो रोज औरों के, आज मेरी भी दास्तां सुनो...

आपने उस अनहोनी को प्रत्यक्ष कर कार्य रूप में परिणत कर दिखलाया, जिसे टालस्टॉय जैसे महात्मा केवल विचार करते थे। इसी आशा और विश्वास के वशीभूत होकर हम आपके निकट अपनी रामकहानी सुनाने के लिए तैयार हैं। हमारी दुःखभरी कथा दक्षिण अफ्रीका के उस अत्याचार से, जो आपके अनुयायी वीर सत्याग्रही बहनों और भाइयों के साथ हुआ, कहीं अधिक है।

हम अपना वह दुःख, जो हमारी 19 लाख आत्माओं के हृदय पर बीत रहा है, सुनाकर आपके कोमल हृदय को दुखी करना उचित नहीं समझते। बस केवल इतनी प्रार्थना है कि आप स्वयं आकर अपनी आँखों से देख लीजिए, तब आपको अच्छी तरह विश्वास हो जाएगा कि भारतवर्ष के एक कोने में यहाँ भी प्रजा, जिसको ब्रिटिश छत्र की सुशीतल छाया में रहने का अभिमान प्राप्त है, किस प्रकार के कष्ट सहकर पशुवत जीवन व्यतीत कर रही है।

हम और अधिक न लिखकर आपका ध्यान उस प्रतिज्ञा की ओर आकृष्ट करना चाहते हैं जो लखनऊ कांग्रेस और फिर वहाँ से लौटते समय कानपुर में आपने की थी, अर्थात् मैं मार्च/अप्रैल महीने में चम्पारण आऊँगा। बस, अब समय आ गया है श्रीमान अपनी प्रतिज्ञा को पूर्ण करें। चम्पारण की 19 लाख दुःखी प्रजा

श्रीमान के चरण कमल के लिए टकटकी लगाए बैठी है और उन्हें आशा ही नहीं पूर्ण विश्वास है कि जिस प्रकार भगवान् श्रीरामचन्द्र के चरण स्पर्श से अहल्या तर गई, उसी प्रकार श्रीमान के चम्पारण में पैर रखते ही हम 19 लाख प्रजाओं का उद्धार हो जाएगा।

श्रीमान का दर्शनाभिलाषी

राजकुमार शुक्ल

परिशिष्ट-III

नील का धब्बा

गांधी की आत्मकथा 'सत्य के मेरे प्रयोग' से उद्धृत

चम्पारण राजा जनक की धरती है। चम्पारण में जैसे आमों के वन हैं, वैसे वहाँ 1917 ई. में नील के खेत थे। चम्पारण के किसान अपनी ही जमीन के 3/20 में नील की खेती, उसके असल मालिक के लिए कानूनी रूप से करने को विवश थे। इसे 'तीनकठिया' प्रथा कहते थे। बीस कट्ठे का वहाँ एक एकड़ था और उसमें तीन कट्ठे की बोवाई का नाम था 'तीनकठिया का रिवाज'।

मुझे स्वीकार करना चाहिए कि वहाँ जाने के पूर्व मैं चम्पारण के नाम से अनभिज्ञ था। वहाँ नील की खेती होती है, इसका विचार भी न के बराबर था। नील की गोटियाँ देखी थीं परन्तु इसे चम्पारण में बनाया जाता है और उसके कारण हजारों किसानों को दुख भोगना पड़ता है, इसकी तनिक भी खबर नहीं थी।

राजकुमार शुक्ल चम्पारण के एक किसान थे। उन पर दुख पड़ा। यह दुख उनके लिए खलता था। परन्तु इस दुःख से उनके अंदर नील का धब्बा सबके लिए धो डालने की आग जली।

मैं लखनऊ की महासभा में गया था। वहीं इन किसानों से मेरा पल्ला पड़ा। "वकील बाबू आपको सब हाल बताएँगे", यह कहते हुए मुझे चम्पारण आने का न्योता देते जाते थे। वकील बाबू से मतलब था मेरे चम्पारण के प्रिय साथी, **बिहार के सेवा-जीवन के प्राण ब्रजकिशोर बाबू**। राजकुमार शुक्ल उन्हें मेरे तंबू में लाए। उन्होंने काले आलपके की अचकन, पतलून वगैरह पहन रखी थी। मेरे मन पर उनकी कोई अच्छी छाप न पड़ी। मुझे लगा कि यह भोले किसानों को लूटने वाले कोई वकील साहब होंगे। मैंने चम्पारण के किसानों की थोड़ी-सी कहानी उनसे सुनी। अपनी साधारण रीति के अनुसार मैंने उत्तर दिया, "खुद देखे बिना इस विषय पर मैं कोई सलाह नहीं दे सकता। आप महासभा में बोलिएगा। मुझे

तो फिलहाल छोड़ ही दीजिए।'' राजकुमार शुक्ल को तो महासभा की सहायता की आवश्यकता थी ही। चम्पारण के बारे में ब्रजकिशोर बाबू महासभा में बोले और सहानुभूति सूचक प्रस्ताव प्रस्तुत हुआ।

राजकुमार शुक्ल को खुशी हुई। परन्तु इतने से उन्हें संतोष नहीं हुआ। वह तो खुद मुझे चम्पारण के किसानों का दुःख दिखाना चाहते थे। मैंने कहा कि अपने दौरे में मैं चम्पारण को शामिल कर लूँगा और एक-दो दिन दूँगा। उन्होंने कहा कि एक दिन दे दीजिए, बहुत होगा, अपनी आँखों से देखिए तो सही।

मैं लखनऊ से कानपुर गया। वहाँ भी राजकुमार मौजूद थे। ''यहाँ से चम्पारण बहुत निकट है, एक दिन दे दीजिए।'' ''अभी मुझे माफ करें परन्तु मैं आऊँगा, यह वचन देता हूँ।'' यह कहकर मैं बँध गया।

मैं आश्रम गया तो राजकुमार शुक्ल वहाँ भी मेरे पीछे लगे हुए थे। ''अब तो दिन तय कीजिए।'' मैंने कहा, ''जाइए फलाँ तारीख को मुझे कलकत्ता जाना है, वहाँ आइएगा और मुझे ले जाइएगा।'' कहाँ जाना, क्या करना, क्या देखना है, इसका मुझे कुछ पता नहीं था। कलकत्ते में भूपेन बाबू के यहाँ मेरे पहुँचने के पहले उन्होंने वहाँ डेरा डाल रखा था। **इस अपढ़-अनपढ़ परन्तु निश्चयवान किसान ने मेरा दिल जीत लिया।**

सन् 1917 के शुरू में कलकत्ते से हम दोनों ने प्रस्थान किया। दोनों की एक-सी जोड़ी थी। दोनों किसान जैसे ही लगते थे। राजकुमार शुक्ल जिस गाड़ी में ले गए, उसमें हम दोनों ही घुसे। सुबह पटने में उतरे।

पटने की यह मेरी पहली यात्रा थी। वहाँ मेरी किसी से ऐसी जान-पहचान नहीं थी कि उसके घर टिक सकूँ। मेरे मन में था कि राजकुमार शुक्ल यद्यपि अनपढ़ किसान हैं तथापि उनका कोई वसीला तो होगा ही। ट्रेन में मुझे उन्हें कुछ ज्यादा जानने का मौका मिला। पटने में उनका परदा खुल गया। राजकुमार बिल्कुल भोले थे। उन्होंने जिन्हें मित्र मान रखा था, वह वकील उनके मित्र नहीं थे, बल्कि राजकुमार शुक्ल उनके आश्रित सरीखे थे। **किसान मुवक्किल के बीच तो चौमासे की गंगा के चौड़े पाट जितना फर्क था।**

मुझे वह राजेन्द्र बाबू के घर लिवा ले गए। राजेन्द्र बाबू पुरी या कहीं गए हुए थे। बंगले पर एक-दो नौकर थे। खाने को कुछ मेरे पास था। मुझे खजूर की आवश्यकता थी, वह बेचारे राजकुमार शुक्ल बाजार से ले आए। परंतु बिहार में छुआछूत अधिक थी। मेरे डोल के पानी के छींटों से नौकरों की छूत लग जाती थी। नौकर को क्या मालूम कि मैं किस जाति का हूँ। राजकुमार ने अंदर का पाखाना

काम में लाने को कहा। नौकर ने बाहर के शौचालय की ओर उंगली दिखाई। मेरे लिए इसमें कहीं पेरशानी या रोष का कारण नहीं था। ऐसे अनुभवों से मैं दृढ़ हो गया था। नौकर तो अपने धर्म का पालन कर रहा था। राजेन्द्र बाबू के प्रति उनका जो फर्ज था, उसे बजाता था। **इन मनोरंजक अनुभवों से राजकुमार शुक्ल के लिए मेरे मन में आदर बढ़ा।** उसी के साथ उनके बारे में मेरी जानकारी भी बढ़ी। पटने में मैंने लगाम अपने हाथ में ले ली।

परिशिष्ट-IV

गांधी के पत्रों की झाँकी

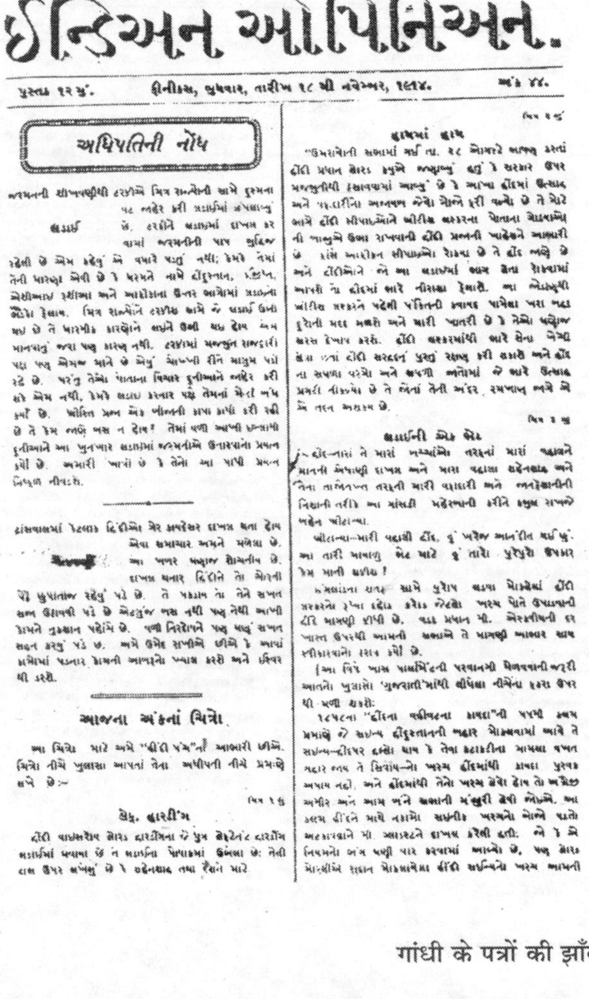
ઇન્ડિયન ઓપિનિયન.
પુસ્તક ૧૨ મું. ફીનીક્સ, બુધવાર, તારીખ ૧૮ મી નવેમ્બર, ૧૯૧૪. અંક ૪૪.
અધિપતિની નોંધ
આજના અંકનાં ચિત્રો

Worse than Martial Law

16 Pages
Three Annas.

Young India

A Weekly Journal — Edited by M. K. Gandhi

Vol. IV — Ahmedabad, Thursday 19 th January 1922 — No. 3

Delayed Despatch

We regret to inform our readers that after 7 hours' work on Thursday our engine failed suddenly and could not be repaired for full 24 hours. This has caused an unavoidable delay to nearly sixteen thousand copies, which are being despatched on Saturday morning.

Manager,
Young India

Contents

Articles etc.—

The Malaviya Conference by M. K. Gandhi...	33
Worse than Martial Law by M. K. Gandhi...	36
Hooliganism in Madras by M. K. Gandhi ...	41
In Cold Blood by K.	37
Mr. Gandhi's Two Speeches	47
Gleanings from the *Independent*	43
The Working Committee's Resolution on the Malaviya Conference	35

Notes—

1. Non-payment of taxes; 2. "Sarkar Salaam"; 3. New spinning Wheel; 4. Christian Awakening; 5. Young men's Sacrifice; 6. From America . . by M. K. G. . 42-48

Correspondence—

All about Gaol Life	39
Flogging in Prisons	45
A Correction	40

The Malaviya Conference

By M. K. Gandhi

The Conference was both a success and a failure. It was a success in that it showed an earnest desire on the part of those who attended to secure a peaceful solution of the present trouble, and in that it brought under one roof people possessing divergent views. It was a failure in that, though certain resolutions have been adopted, the Conference did not leave on my mind the impression that those who assembled together as a whole realised the gravity of the real issue. The mind of the Conference seemed to be centred more on a round table conference than upon asserting the popular right of free speech, free association and free press which are more than a round table conference. I had expected on the part of the independents to declare their firm attitude that no matter how much they might differ regarding the method of non-co-operation, the freedom of the people was a common heritage and that the assertion of that right was three-fourths of Swaraj; that therefore they would defend that right even with civil disobedience, if need be.

However, as the attention of the Conference could not be rivetted on that point but on a round table conference, the discussion turned upon the essentials of such a conference.

My own position was clear. I would attend any conference as an individual, without any conditions. My purpose as a reformer is to convert people to the view I hold to be right and therefore to see everybody who would care to listen to me. But when I was asked to mention the conditions necessary for an atmosphere favourable for a successful conference, I had to press home certain conditions. And I must own that the Resolutions Committee approached my viewpoint with the greatest sympathy and showed every anxiety to accommodate me. But side by side with this, I observed an admirable disposition on its part to consider the Government's difficulties. Indeed the Government's case could not have been better presented, if it had been directly and officially represented in the Conference.

The result was a compromise. The withdrawal of notifications and the discharge of prisoners coming under the notifications and of the *fatwa* prisoners, i. e. the Ali Brothers and others who have been convicted in respect of the *fatwas* regarding military service, was common cause. The Committee saw the force of the suggestions that the distress warrants should be discharged, the fines imposed upon the Press etc. should be refunded and that the prisoners convicted for non-violent or otherwise innocent activities under cover of the ordinary laws should be discharged upon the proof of their non-violence. For this purpose I had suggested the committee appointed by the conference. But on the Resolutions Committee showing that it would be difficult for the Government to accept such an uncontrolled recommendation, I agreed to the principle of arbitration now imported in the resolution. The second compromise is regarding picketing. My suggestion was that in the event of the round table conference being decided upon, non-co-operation activities of a hostile nature should be suspended and that all picketing except *bona fide* peaceful picketing should also be suspended, pending result of the conference. As the implications of hostile activities appeared to me to be too dangerous to be acceptable, I hastily withdrew my own wording and gladly threw over even *bona fide* peaceful picketing, much though I regretted it. I felt that the friends interested in liquor picketing for the sake of temperance would not mind the temporary sacrifice.

I agreed too to advise the Working Committee to postpone general mass civil disobedience contemplated by the

Annual Subscription including postage Rs. 4/-
Annual Subscription for Poona & Bombay by peons delivery Rs. 3/-
Single Copy Anna 1

HARIJAN

Foreign Subscription (including postage) Rs. 5/8 or Sh. 8/- or $ 3/-

EDITOR: R. V. SASTRY

Under the auspices of The Servants of Untouchables Society

VOL. I] POONA—SATURDAY, FEBRUARY 11, 1933. [No. 1

THE CLEANSER.

(A free rendering, from the Bengali, of Satyendranath Datta's "Scavenger".)

Why do they shun your touch, my friend, and call you unclean
Whom cleanliness follows at every step, making the earth and air sweet for our dwelling, and ever luring us back from return to the wild ?

You help us, like a mother her child, into freshness, and uphold the truth, that disgust is never for man.

The holy stream of your ministry carries pollutions away and ever remains pure.

Once Lord Shiva had saved the world from a deluge of poison by taking it himself.

And you save it every day from filth with the same divine sufferance.

Come friend, come my hero, give us courage to serve man, even while bearing the brand of infamy from him.

Rabindranath Tagore

WEEK TO WEEK

The Servants of Untouchables Society

During the fortnight ending the 31st Jany. 1933

Temples thrown open

One Shri Raghunath Swami temple at Berhampur, district Ganjam, Madras

One Kali temple at Charmuguria, Murshidabad district, Bengal.

One Vithalnathaji temple at Ode village, Karia district, Gujarat.

One Shri Amreshwar Swami temple at Angalur, Gudivada, Krishna district, Madras.

One Shiva temple (newly constructed) near Kingsway, New Delhi.

Fifteen State Temples in Baroda.

One Shiva temple at Juda, Banaras district, U. P.

Wells opened

One well of Messrs Baslaram Anantram Bhatia of Sultanwind gate, Amritsar, Punjab.

Four wells at Ladpur and Kanjhawala villages, Delhi Province.

One newly constructed well of Chaudhry Natakram, near Kingsway, New Delhi.

Schools started

Two night schools in Angul and Jajpur talukas, Orissa.

Two night schools in Mody Street, Fort, Bombay.

One night school at Royapettah, Madras City.

One night school at Jhansi, U. P.

General

1. The Utkal Board has started a free hostel in Cuttack for ten Harijan boys receiving secondary education. Besides this, the Board has sanctioned sixteen scholarships of Rs. 3/- each p. m. to Harijan boys studying in High Schools of Angul, a most backward district of Orissa.

A new boarding house, called 'Kaivalya Kutir', has been opened at Cuttack, Orissa, for Harijan students. The caste students are also allowed admission there. This was opened by Prof. P. K. Parija.

2. Under the auspices of the Dayanand Dalitoddhar Mandal, Hoshiarpur, Punjab, a "purohit" class has been started for the children of the Harijans to train them as priests to officiate at Sanskaras.

3. A Hindu Ashram has been started at Gandasinghwala, a suburb of Amritsar, for the education of Harijan boys.

(Continued on page 3 col. 2)

रजि० नं० बी ४४४८
लाअिसेन्स नं० १५

हरिजनसेवक

दो आना

(संस्थापक : महात्मा गांधी)

भाग १९ — सम्पादक : मगनभाई प्रभुदास देसाई — अंक १३

मुद्रक और प्रकाशक
जीवणजी डाह्याभाअी देसाअी
नवजीवन मुद्रणालय, अहमदाबाद–१४

अहमदाबाद, शनिवार, ता० २८ मअी, १९५५

वार्षिक मूल्य देशमें रु० ६
विदेशमें रु० ८; शि० १४

अणुबम विस्फोट और अमरीकी मदद

अणुबमके विस्फोटोंके बारेमें वैज्ञानिकोंकी यह राय स्पष्ट होती जा रही है कि अुनके परिणाम अिस पृथ्वी पर मानव-जीवनके लिअे निश्चित रूपसे हानिकारक होते हैं। अिसलिअे स्वभावतः मानवतावादी संसार अपनी यह आवाज अुठा रहा है कि पृथ्वीके वायुमंडलको जहरीला बनानेवाले अणुबमके और ज्यादा प्रयोग न किये जायं।

श्री राजाजीने अमेरिकासे अेक विशेष अपील की थी कि वह अणुबमके प्रयोग करना बन्द कर दे। मानो राजाजीकी अिस अपीलकी संपूर्ण अुपेक्षा करके अमेरिकाने हालमें ही अेक या दो प्रयोग और किये और ब्रिटिश सरकारने अिंग्लैण्डमें हाअिड्रोजन बम बनानेका निर्णय किया है!

अिस नये हथियारने दुनियाके राज्योंको दो भागोंमें बांट दिया है: (१) वे राज्य जिनके पास अिस हथियारका रहस्य है; (२) वे जिनके पास यह रहस्य नहीं है। दूसरे भागके राज्योंमें भारतकी तरह कुछ अैसे राज्य हैं, जिन्होंने यह घोषणा की है कि वे अणुशक्तिका अुपयोग केवल शांतिके लिअे ही करेंगे, सैनिक हेतुओंके लिअे नहीं।

अिस नये भयंकर हथियारके जन्मने दुनियामें जो स्थिति अुत्पन्न कर दी है, वह सचमुच बड़ी खतरनाक है। वह भावी युद्धके लड़नेवालोंको डराता ही नहीं, बल्कि अुसके दायरेमें आनेवाले सारे जीवनको नष्ट कर देगा और धरतीके सारे वातावरणको 'रेडियो-अेक्टिव्ह' बना देगा, जो पृथ्वी पर जीवनके लिअे घातक होता है। अिसका अर्थ यह है कि मनुष्य स्वयं अपना सर्वनाश करने पर तुला हुआ है। यह दुःखद स्थिति अत्यंत भयंकर और खतरनाक है। अिसलिअे यह हथियार मानव-जातिके अस्तित्वके लिअे लगभग अेक विश्वव्यापी समस्या बन जाता है।

परंतु आज मानव प्राणी राष्ट्र-राज्यके विचारके दायरेमें बंधा हुआ है। पिछली कुछ सदियोंके अपने अितिहासके दौरानमें और औद्योगिक क्रान्ति तथा विज्ञान और शिल्प-विज्ञानके अविवेकपूर्ण अुपयोगके फलस्वरूप मानव-जाति अिस विचार पर पहुंची और अुसने दुनियाकी प्रजाओंके व्यवहारके अेक मार्गके रूपमें अिसे अपनाया। अिसलिअे वे साधारणतया केवल पुरुष या स्त्रीके नाते या विश्व-नागरिकोंके नाते व्यवहार नहीं कर सकते। वे अगर कुछ कर सकते हैं तो अपने राज्योंके मारफत और अुनकी सीमाओंमें बंधे हुअे नागरिकोंकी तरह ही कर सकते हैं।

अिस दृष्टिसे बांडुंगमें कुछ समय पूर्व अेकत्र हुअे राष्ट्रोंका यह प्रस्ताव स्वागत करने योग्य है कि अणुबमके प्रयोग रोक दिये जायं। अिससे सबक लेकर दुनियाके राष्ट्रोंकी अधिक बड़ी संस्था संयुक्त राष्ट्रसंघको भी अैसा ही निर्णय करना चाहिये। परंतु बांडुंगकी अिस आवाजकी तरफ शायद ध्यान न दिया जाय — नहीं दिया जा रहा है। संयुक्त राष्ट्रसंघ आज लगभग अणुबम रखनेवाले राष्ट्रोंके हाथमें है, जो दो विरोधी गुटोंमें बुरी तरह बंटे हुअे हैं और परस्पर लगभग कभी न मिटनेवाली शंका और घृणाके शिकार बने हुअे हैं।

तब क्या किया जाय? अैसी अुलझनमें डालनेवाली स्थितिमें क्या किया जा सकता है? बेशक जरूरत पड़े तो मनुष्यको यहां अपनी राष्ट्रीय सीमाओंसे बाहर निकलना चाहिये। अुदाहरणके लिअे, गांधीजीकी तरह सामूहिक समस्याओंके हलके लिअे अहिंसाका अुपयोग करनेवाला कोअी दूत अैसी चुनौतीको स्वीकार करेगा और विश्वमंच पर आगे आकर सारे देशोंके विचारवान स्त्री-पुरुषोंको किसी समान विचार और कार्यके रास्ते ले जायगा। श्री राजाजीने, गांधीजीके पदचिन्हों पर चलते हुअे, आजके सबसे ज्यादा प्रभावशाली राष्ट्र अमेरिकाके लिअे अिस दिशामें अेकतरफा कदम अुठानेकी बात भी सुझाअी है। अब अुन्होंने पूरी गंभीरतासे यह सुझाया है कि हमें अमेरिकाकी आर्थिक सहायता लेनेसे अिनकार कर देना चाहिये, अगर वह अणुबमके प्रयोगोंसे दुनियाके वातावरणको बिगाड़ना बंद न करे। अुन्होंने अपनी बातको स्पष्ट करते हुअे कहा है कि अिसका मतलब अमरीकी सहायताका बहिष्कार करना नहीं है, बल्कि हमारे अपने लिअे यह आत्मसंयम और त्यागका कार्य होगा। यह अुसी तरह अमेरिकाके खिलाफ असहयोगका अेक कदम होगा, जिस तरह हमने भारतमें ब्रिटिश राज्यके खिलाफ अुठाया था। अुसी तरह अिसका अर्थ अमेरिकाके प्रति घृणा या शत्रुताका भी नहीं होगा।

मुझे डर है कि राजाजीका यह सुझाव शायद नहीं माना जायगा। सच तो यह है कि कुछ दिन पहले कोलम्बो योजनावाले राष्ट्र दिल्लीमें मिले थे और अुन्होंने अैसी सहायता पानेके लिअे कुछ प्रश्नोंका निबटारा किया था!

और अिसके लिअे काफी कारण भी हैं। ब्रिटिश हुकूमतके खिलाफ असहयोग तब किया गया, जब हमने दीर्घकाल तक निराशाका अनुभव किया और भारतको स्वराज्य देनेके बारेमें ब्रिटिश शासकोंकी अीमानदारी पर हमारी कोअी श्रद्धा न रह गअी। क्या अमेरिकाके साथ अिस प्रश्न पर हमारा अैसा गहरा संबंध या दीर्घकालीन संपर्क रहा है? क्या अणुशक्तिका शांतिके लिअे अुपयोग करनेकी हमारी घोषणामात्रसे हमें अेक अैसे देशके खिलाफ, जो स्वयं भी अपनी बुद्धिसे शांतिके लिअे काम करना चाहता है, असहयोगके हथियारका अुपयोग करनेका नैतिक अधिकार और न्यायपूर्ण दर्जा मिल जाता है? जहां तक अुसकी अन्तरात्मासे अपील करनेका संबंध है वह ठीक है, परंतु अुसके खिलाफ असहयोगकी पुकार करना ठीक नहीं होगा। क्या भारतका अैसा अेकतरफा कदम